子どもと家庭を
支える保育

ソーシャルワークの視点から

大阪地域福祉 サービス研究所 監修

小口　将典
得津　愼子 編著
土田美世子

ミネルヴァ書房

刊行にあたって

　このたび本書を刊行することになった大阪地域福祉サービス研究所は，社会福祉法人キリスト教ミード社会舘に付置された民間の研究所で，1986（昭和61）年に故岡本千秋理事長が地域福祉に関する課題を広く研究する機関として開設された。主として，関西の福祉関係の学部をもつ大学に籍を置く先生方が集まって毎月定時に研究会を行い，研究成果を出版してきた。主な刊行物としては，『介護福祉学入門』（2000年），『介護予防実践論』（2006年），『災害福祉とは何か』（2010年）などがあり，関西の社会福祉学会の重鎮，西尾祐吾先生が研究所所長を務めてくださっていた。

　お仕事で多忙を極める先生方が，寒暖をものともせず，遠方から大阪十三まで夕方に集まって研究に勤しまれるその熱意に大いに敬意を表するものであるが，その研究継続のエネルギーが，これまでのミード社会舘の歴史的な働きから醸成されているとみることは多くの人が賛同するところであろう。

　創立110余年のミード社会舘は，1908（明治41）年に米国バプテスト女性宣教師のラビニア・ミード女史により創立された女子神学校から生まれた。付近を流れる淀川の頻繁な氾濫を目のあたりにして，神学生や宣教師の自主的な社会救援活動が発端となり，隣人に愛の手を差し伸べよと教えるイエス・キリストの言葉に動かされてミード社会舘が生まれた。当時の，日本の庶民の生活レベルに即して，母子の栄養改善・育児相談・衛生知識の普及・医療活動・保育園・幼児教室など，いまの保育園をまたぐ，コミュニティセンターの仕事が行われていた。戦後の復興期にミード社会舘運営の手が日本人に移るまで，リーダーシップを取った献身的な女性宣教師は15人余りをかぞえる。

　ミード社会舘の主な仕事は地域コミュニティを大きく意識した仕事群である。そして，隣接するミード保育園は，児童福祉法が公布され保育所が児童福祉施設として位置づけられた直後の1949（昭和24）年に大阪市によって認可された。長い歴史の中でこれまで子どもたちと子育て家庭をみつめてきた。現代の社会が抱える諸問題により，大きく負担がのしかかり変化する保育所保育に端を発し，本来あるべき姿の議論を重ねてきた。研究者と現場の保育者との対話によっていろいろな角度から鋭く問題点を突いた議論がまとめられ，このたび書籍として刊行されて一石を投じるものになったことは喜ばしい限りである。

2019年9月

社会福祉法人キリスト教ミード社会舘前理事長

榎原　良行

は じ め に

　それは「0歳児保育の是非」に始まった。大阪地域福祉サービス研究所研究会のテーマにこの「保育とソーシャルワーク」が取り上げられたのは2009年だった。社会福祉における保育やケアにまつわる現場経験者とソーシャルワークの研究者が中心のこの研究会において，その質問はあまりに挑発的だった。良いも悪いも，現実的なニーズに対処するのが保育所の使命ではないのか？　保育所の是非については，とっくに「3歳児神話」は否定され，保育で問われるべきは，「誰が」ではなく，「質」なのだということでケリはついていたはずではないのか？

　しかしながら，現場のベテラン保育士の，保護者——多くの場合は母親——が子どもを適切に養育することへの期待や思いは熱かった。もちろん現状における保育士の使命が，母親の代わりに適切に日中活動を通して子どもの育ちを支えることにとどまらず，地域全体で増大する子育てニーズに応じうる子ども・子育て支援の中核的な機能をもっていること，すなわち，ニーズがあるからこその保育所であるのだと十分理解しているにもかかわらずである。

　保育の現場での現実的な困難のひとつは，従来親や保護者に当然予期・期待できたはずのことが，期待通りにはならなかったり，思いがけない展開になったりしてしまうことが近年増えてきていることにあると考えられる。親の役割と保育士・保育所の役割，それぞれの思いや行動にギャップがみられる場合がある。その一方で，あるいはだからこそ，保育所や保育士に予期，期待されている役割が拡大し，重層的に複雑化し，煩雑になっていること，そのことに保育士自身がどのように対処したらよいか，気持ちのもち方が揺れていることが論議された。保育士たちは，子どものために重い責任を負って多忙な毎日を送っている。多くの保育士たちは，忙しくても，困難な状況にあっても，「そのこと自体はいい」のだ。それは子どもたちのために当然なのだ。だが，その次に保育士たちの前に立ちはだかる問いに立ち止まる。現在の保育士業務はそもそも本来業務といえることばかりなのであろうか？　子どものため（チルドレンファースト）を考えたとき，やはり「養育」は養育者——家族・親・母親——に返したい，だが，返せない場合も当然ある。返したいけれど，返せない。それをどうすればいいのだろうか？　仕事をすればするほど，保育ニーズに応えれば応えるほど，「子どものため」というそもそもの保育の使命がどこか違うところに落ちていっていないだろうか？　「？」は増えていくが，答えがないまま，次のチャレンジングな課題へと奔走する。

　「血のつながった（母）親を中心とする『家族』に，愛情こめて育てられること」は人々の育ちのひとつの理想形かもしれないが，その神話がある限り，多くの子育て環境が一層の混乱に陥ってしまい，困惑を招きがちとなる。ワーク・ライフ・バランスに始まって「一億総活躍時代」「すべての女性が輝く社会づくり」などの政府によるかけ声は，人々，とりわけ女性が自己実現し，自分らしい暮らしを送りうることを目指すものだが，そのように機能しているのだろうか。現代日本の子育てを取り巻く現状は，貧困の格差化の解消や国際社会における女性の地位向上への趨勢などの背景

も受けて，女性の就業が必要であるとする議論と，女性が産み，育てるジェンダーであることをめぐる議論，すなわち女性の生き方論に落ちていないだろうか。子どもが人々と初めて出会い，生活を始める環境として安心して育ちうる場を供給すること，それ自体に議論の余地はない。だが，たとえば近くは安倍政権が財界に対し母親に３歳児まで保育ができる環境を与えて欲しいという「お願い」を出した。この是非やそれをめぐっての国民の「受け」，とりわけ，いまのニーズをもたない人々の反応はどうだったのだろうか？　どれほど，保育所が必要であるという母親や家族の悲鳴や，同時にこれ以上は多様で煩雑な保育所業務に耐え得ないと思いながら歯を食いしばって対応している保育士たちの悲鳴は，一般の人々に聞こえているのだろうか？

　これらの議論から，根本的な問いかけが浮かび上がってきた。ひとつは，「保育か家庭か？」とか「０歳児保育が是か非か？」などの二元論には意味がないのではないかという問いかけであった。またひとつは，子育てを支える家族支援や親支援の重要さが意識され，コミュニティ単位で子育てしようという取り組みに大きくマクロの流れが変わりつつある昨今，少なくとも「子どもの福祉」という第１の原理が，「チルドレンファースト」と一番の表看板として謳われながら，実はなおざりにされているのではないだろうかという切実な問題意識であった。

　そこで，まずは，保育所の現状を調査することにした。

　浮かび上がってきたのは，保育所の使命のただならぬ複雑化であり，保育士たちは，みんな楽しく「大好きな」子どもたちの保育の仕事をしていたいにもかかわらず，子どもとの直接的な関わり以外の親や地域への働きかけや，書類作業に追われている現実があった。保育士たちは，「子どものためになるのだろうか？」と悩みながらも，いまの必要性に押されて，そうした新たに与えられた職務も熱心に滞りなく遂行していた。子どもの環境整備や地域との連携の職務は，新たに焦点づけられたものであり，主に主任クラス以上の保育士が行っていた。それらに対して，調査に赴いた調査員（研究者）が驚くほどに，現場の保育士は上手に子どもや親と対応し，地域への貢献もしつつ，時間を忘れて保育所業務全般をこなしていた。しかしながら，保育士は，もっと保育士として本質的であると思われる子どもたちに保育をする時間が欲しい。時間さえあれば，もっとできる，もっとしたいという思いに溢れていた。そうした中で，子どものより望ましい保育環境を担保するために日々奮闘中の保育士たちが少しでも「ほっこり」安心して自分たちがなすべきだと思う職務を安全に遂行できるためには何が必要なのだろう。

　それを考えるためにこそのソーシャルワークなのだとソーシャルワークの研究者たちは思った。ソーシャルワーク分野でも，その専門性の維持・向上や社会的承認のために，ソーシャルワークを可視化することの重要性は認識されている。その可視化されたソーシャルワークの考える筋立てやそのための方法を，現場の保育士が自らの保育を振り返って意識的に整理するために使うことが，いまの喫緊の課題なのではないだろうか。その一助となって少しでも保育士が楽になりえることを目指して本書は編まれた。

　さまざまな人々がいて，その生活や人生の展開もさまざまで，そこでたまたま子どもと子どもの保育をめぐって，出会った保育士と子どもやその家族。そのあり方，個人の健やかな成長を育む家族や保護者の子どもとの関係の仕方は多様である。それゆえに，チルドレンファーストがかけ声や

建前論にならない，長い目でみた子どもの成長やウェルビーイングのために，いま，私たちができることは何なのだろうと考えながら，議論しながら，調査しながら，考えた軌跡が本書に詰まっている。そのために，総花的で首尾一貫性に欠ける印象もあるかもしれない。しかしながら，長い年月をかけ，その間にも政府の見解や方針は揺らぎ，その揺らぎの中で現場とのやりとりを通して得られた本書の成果には普遍的な意義があるはずである。今後も政治や政策，あるいは，社会における子育ての現実は変わり続けるであろうが，どういうときを迎えても，新たな発想の源となるように本書は編まれた。

　保育の現場で立ちすくみそうになっている現状にある一人ひとりの保育士と，その保育士とともに悩み，相談し，指導する立場にある先輩保育士の皆様には，どこからでもよいので，まずは読んでいただきたい。その結晶として，本書には少しでも現状を変えうるような手がかりがあると信じるものである。それらを，現場での実践の自らの振り返り，仲間との話し合い，スーパービジョンやコンサルテーションに際して，皆様で使っていただければ幸いである。

　長い議論の果てにようやく本書が上梓に漕ぎ着けたのは，ひとえに現場保育士の方々のご協力と温かい励ましと，ミネルヴァ書房の神谷透氏・大西光子氏の寛大なご支援の賜物である。

　ここにご協力いただいた皆様に深甚な感謝を捧げたい。

2019年9月吉日

得津　愼子

目　　次

刊行にあたって

はじめに

第 1 章　歴史を通していまの保育を考える……………………………………………… I

① 保育所のはじまり………………………………………………………………… 2
1. 明治時代の乳幼児の養育からみる保育所の起源……2

2. 幼稚園の誕生……5

コラム 1　スラムの保育所の典型——愛染橋保育園……3

コラム 2　保育所の嚆矢……5

② 保育所制度の発展と課題…………………………………………………………… 6
1. 児童福祉法制定以降の保育所……6

2. 少子化対策と保育所の役割……10

③ 保育の未来を考える……………………………………………………………… II
1. 生活の全体性・主体性と保育実践……12

2. 主体者からみた生活の関係性と保育実践……13

3. 子育てに支援的なコミュニティ形成に向けて……14

4. 未来に向けた保育所の支援……15

演習課題1　子育て支援の課題を考える……17

第 2 章　いまの保育が求められる背景……………………………………………… 19

① 子育て意識の変容………………………………………………………………… 20
1. 社会の移り変わりの中で……20

2. 多様化する親と子育て環境の変化……21

3. 子どもに対する親の意識と行動……23

4. 子育てをしながら親も育つ……24

5. 支援が必要な親の心理……26

② 養育環境の変化——家庭・家族の変化……………………………………………… 28
1. 被虐待的環境の増加……29

2. 家庭・家族をめぐる貧困……31

3. 社会的孤立……36

4. 事例に関連する保育所での虐待対応と虐待を生む社会的背景について……38

第3章　保育所のいま……41

① 保育士に求められるもの……42

1. 保育士の専門性について……42

2. 事例にみる保育士固有の子どもや保護者へのアプローチ……47

② 保護者支援の背景にある要因……50

1. 保育所における保護者支援の多様化……50

2. 保育所保育指針に示される保護者や子育て家庭の理解……51

3. 大阪府の調査からみる保育所における保護者支援の現状……53

4. 保育士が保護者の生活課題をとらえる視点……53

コラム3　保育士は子どもの保育をしたい……55

③ 困難事例からみえたもの——困りごと点検シート……56

1.「困りごと点検シート」の開発……57

2.「困りごと点検シート」の記入のポイント……58

3.「困りごと点検シート」や検討会でのポイント……63

4. ソーシャルワークの視点からの3つのキーポイント……64

困りごと点検シート（フェイスシート，アセスメントシート，ストレングスシート，プランニングシート，モニタリングシート）［様式］［記入例］……68

演習課題2　保護者支援においてツールを使いこなそう……88

第4章　保育士が子ども・保護者を支えるためのしかけ……93

① ソーシャルワークの基礎知識と具体的応用……94

1 子どもと保護者・家庭を支援するために使える
ソーシャルワークの基礎知識……94

1. ソーシャルワークモデルの援用……95

2. 事例からソーシャルワークの実践アプローチを学ぶ……101

2 ソーシャルワークの展開過程からの具体的応用……105

1. 出会いの過程——気づく力と関係する力……107

2. アセスメント（事前評価）の過程……107
——ストレングス視点に基づくアセスメント

3. プランニングの過程——ゴール設定と見通しを立てる……108

4. モニタリング，評価，終結の過程，効果測定……108

② ソーシャルワークのアプローチを用いた介入 ………………………………………………110

　■１　精神分析的アプローチ・心理社会的アプローチ……110

　　1．精神分析的アプローチと心理社会的アプローチの考え方……110

　　2．具体的な展開……112

　■２　課題中心アプローチ……114

　　1．課題中心アプローチの考え方……114

　　2．具体的な展開……115

　■３　危機介入アプローチ……117

　　1．危機介入アプローチの考え方……117

　　2．危機介入のプロセス……118

　　3．具体的な展開……119

　■４　行動変容アプローチ……121

　　1．行動変容アプローチの考え方……122

　　2．具体的な展開……123

　■５　ソリューション・フォーカスト・アプローチ……124

　　1．家族療法のスキルから……125

　　2．SFAのスキルから……125

　■６　アタッチメントに視点をおいたアプローチ……130

　　1．アタッチメントに視点をおいたアプローチの考え方……130

　　2．具体的な展開……132

　コラム4　「安心感の輪」子育てプログラム……134

③ 多職種協働（パートナーシップ，協働） ……………………………………………………136

　　1．改定「保育所保育指針」の子育て支援について……136

　　2．多職種協働の実際……137

　　3．いろいろな専門職との連携……139

　　4．精神疾患をもつ母親によるネグレクトと身体的虐待傾向の事例（母子家庭）……141

　　5．多職種協働の視点と留意点……142

　演習課題3　ジェノグラムとエコマップ……145

第5章　ベテラン保育所保育士の経験知を伝達する ………………………………149

① ソーシャルワークに役立つ視点とスキル ……………………………………………………150

　　1．相談援助の技術──カウンセリングマインドによる面接……150

　　2．グループを活用した相談援助……154

　コラム5　保育現場から警鐘を鳴らす……160

② 家族支援——家族や家庭への効果的な関わりやサポート …………………………161

   1. 家族支援についての考え方……164

   2. 家族支援のプロセス——ファミリーソーシャルワークに学ぶ……165

③ 保育所におけるスーパービジョン…………………………………………………175

   1. スーパーバイザーとしての主任保育士……175

   2. スーパービジョンの基本……176

   3. 保育におけるスーパービジョン……178
      ——障害がある子どもの保育の事例をもとにして

   演習課題 4　保育所における虐待児への早期対応……184

第 6 章　保育士のキャリアアップの必要性………………………………185

① ワーク・ライフ・バランスにみる社会意識の変化と保育士の生活…………186

   1. 保育の市場開放と保育士の働き方……186

   2. 一億総活躍社会と時限立法の女性活躍推進法……188

   3. 働き方改革関係法の提示と幼児教育・保育無償化……190

   4. いま一度"一億総活躍"を問う……191

② 保育の方向性………………………………………………………………………193

   1. 保育の置かれている現状……193

   2. 保育所保育指針にみる保育所の役割……195

   3.「子どもの権利実現」に向けた保育の提供……196

③ 子どもと家庭を支える保育のために………………………………………………196

   1. 目に見えないソーシャルワークのはたらきを学ぶ……197

   2. 保育士としての自分をつくること，育てること……198

参考文献　201

資　　料　保育所保育指針（抄）／児童福祉法（抄）／子ども・子育て支援法（抄）／
     児童虐待の防止等に関する法律（抄）　203

索　　引　213

第 1 章
歴史を通していまの保育を考える

 **1 保育所のはじまり**

〈学びの手がかり〉

　この節では，まず，保育所のはじまりについて確認する。保育所は，その成立した時点から，子どもの権利を守るために成立していた。保育所が最初からソーシャルワーク的な関わりを重視していたことを確認し，保育所の今後あるべき姿について考察を進める。

1. 明治時代の乳幼児の養育からみる保育所の起源

①農村における保育所の起源

　明治時代の農村では，多くは大家族全員で力をあわせて農耕に励み，ようやく生計を維持できる状態であった。特に土地をもたず借地を耕す小作農家の生活は厳しく，農繁期になると子どもも大人の手伝いをするのが当然とされた。一方，手伝いもできない乳幼児は，大人の足手まといとみなされ，十分なケアを受けられず放置されていた。

　「えじこ」という道具が残っている（図1-1）。「えじこ」は皮革や藁で編んだ円筒形の道具で，乳幼児やよちよち歩きの子どもをその中に入れて田んぼの畦に置いたり，いろりのそばに置いたりした。「えじこ」は，当時の仕事と育児を何とか両立するための術であったが，中に入れられた乳幼児は下半身が拘束されるため，下肢の発達に支障が出ることがあった。また，放置された幼児が灌漑用の水路に落ちたり，口辺に母乳の匂いが残っている乳児がネズミにかじられたりするような事故も起こった。このような事故を防いで乳幼児の安全を確保するために，農村では保育所に類する仕組みが求められた。

②子守学校

　1872（明治5）年には当時の文部省により「学制」が敷かれ，小学校（尋常小学校）が義務教育となった。欧米の技術に追いつくために「文字の読める」国民の育成は国家の一大事であり，政府の号令のもと子どもたちは学校へと通った。その一方で，

図1-1　えじこ

出典：高岡市立博物館蔵。

子どもが農業などの稼業や家事を手伝うのは当たり前であり，子だくさんの家族では，兄姉，特に姉が幼い弟や妹の世話をした。

　これらの子どもたちは乳幼児を連れて登校していたが，弟や妹の世話をしながらの学業は困難なだけでなく，泣き声や排せつが教室全体に影響するなど，教育に支障を来す例が少なくなかった。そこで，乳幼児を預かる応急の施設を設けて学童の学習を助けたのが子守学校である。明治の中頃にはその最盛期を迎え，全国のどの地方にもみられた施設であった。これも保育所の起源であるといえる。

③スラムにおける保育所の起源

　明治時代の資本主義経済の成長期には，都市では農村から次男，三男などの余剰労働力を吸収して工場生産が発達した。しかしそれらの人々は単純労働に従事し，就労が不安定で，低賃金であった。これらの人々が集まり住む地域がスラムを形成し，深刻な問題を生み出した。

　就労が不安定なため，生活も不安定で，両親が働いている間，乳幼児は放置された。都市のスラムの中には，物乞いやゴミの中から金品に換えられるものを拾って生計を立てる者もいた。スラムの狭い住宅にたくさんの人が重なり合うような生活は，子どもにとって好ましくない環境であった。このような状況は横山源之助『日本之下層社會』（1899）など多くの文献に記録されている。

　スラムで生活する子どもは，市中をさまよい，年長者から盗みなどを教えられるようなこともあった。そうならないよう，ケアを受けられない幼児をそういう大人から保護しようとしたのがスラムにおける保育所であった。長い間入浴しておらず，朝食を食べていない子どもには，保育所で沐浴させ，朝食を与え，清潔な衣服に着替えさせ，その親にも子どもに必要な生活習慣の指導を行った。スラムには戸籍の定かでない両親もいたが，保育所で子どもの戸籍を得る援助をしたり，親にも規律ある生活を送れるよう指導も行っていた。つまり，保育所は当初からソーシャルワーク的な支援を実施していたのである。

```
■ コラム 1 ■

スラムの保育所の典型──愛染橋保育園

　岡山孤児院を経営していた石井十次は，かねてから大阪に活動の拠点を求めていたが，1909（明治42）年，当時「長町」と呼ばれていた大阪屈指のスラムに「愛染橋保育園」を開設した。
　長町は江戸時代から続くスラムで，石井十次がここに保育所を設けた当時
```

は，コレラ，ペストなどの伝染病がこの不衛生な地区から発生し，全市に波及するなど，市民に恐怖を与えていた。

石井十次は，この地区に保育所だけでなく同情館というセツルメント館と，不就学児童を対象とする夜学校を設けた。いわば地区に住むすべての人たち，大人・少年・乳幼児の生活を，多方面から援助しようとしたのである。保育所へ登園した児童の保育だけでは，スラムの人々を真に援助したことにならないと考えたのであろう。

当時の新聞記事から，どのような家庭の子どもが保育所へやって来て，保育所でどのような処遇を受けていたかを例示してみよう。

……着物も毎日宅から着て来るのは薄っぺらな袷（あわせ）のしかたも，胸の辺などは垢や涎に汚れ果てたものなので，毎日来るとすぐに着替えさせる。「おかあちゃん，なにするの。」と記者の問いに「紙くず拾いにいくのや。」真顔で答えたのは今年七つの可愛い女児。「おとうちゃんは？」と言えば「広島へ新内（新内節，門付け浄瑠璃語りの女性）と一緒にいってしもうた。」と子供ながらに悄然とうなだれる。……なお，ここでは毎日2銭づつ持って来るとお昼のご飯もお八つも与えて終日子供の面倒をみてやる。……

（『毎日新聞』1910年12月3日）

1909（明治42）年といえば，方面委員（現・民生委員）の制度もなく，生活に困窮する人たちを支える制度もボランティアもいない時代で，子どもたちの生活を支えるためには，保育者もソーシャルワークの視点がなければ意味のない時代であったことがうかがえる。ここからも，保育者は草創の時代からソーシャルワークの機関として機能してきたことがわかる。

④戦争と保育所の起源

日本は日清（1894〔明治27〕年）・日露（1904〔明治37〕年）の両戦争の勝利で大国の仲間入りを果たした。しかし，その陰には戦争に駆り出された多数の兵士とその家族の苦しみがあった。

戦時下の保育所として記録に残っているのは，神戸の日露戦没記念保育会である。出征した兵士の妻であり，母親である女性のため授産場などを設け，就労の場を保障するとともに，保育所を開設して母親の就労時間中，乳幼児を保育した。日露戦没記念保育会は当時の開明的な内務官僚である生江孝之（なまえたかゆき）（1867-1957）の指導を受けて神戸市内に「児童保管所」の名称をもつ保育所を開設した。戦後はその一部が神戸市立保育所として存続し，現在に至っている。

昭和にはいって，1937（昭和12）年に勃発した日中戦争から第二次世界大戦へと，日本は長く暗い戦争の時代を迎えることとなった。この間，託

児所も，男の子は将来の強い兵士となるため，女の子は戦力となる子ども
を産み育てる健全な母親となるために育てるという，戦争遂行につながる
一定の子育ての役割を与えられた。その託児所も，終戦時には空襲によっ
て多くが焼滅した。

2. 幼稚園の誕生

　幼稚園の誕生の歴史についても概観しておく。

　日本における幼稚園は，1876（明治9）年に幼稚園教育がアメリカから
輸入され，保育料を支払える上流階級の子弟のみを対象として開始された。
幼稚園の中には，当時の文明開化の象徴として，また，日本の近代化を誇
示するショーウインドーとして設けられ，鹿鳴館の児童版としての役割を
果たしたものもあったといわれている。

　欧米における幼稚園はもともと貧困家庭の幼児を対象に設立されたルー
ツをもつ。後に当時の文部省は貧困家庭の幼児も幼稚園の教育対象にしよ
うとしたが，保育料を伴う戦前の幼稚園に，貧困家庭の児童が通うことは
なかった。[1]

▷1　日本保育学会編（1968）
『日本幼児保育史 第1巻』
フレーベル館。

■ まとめと課題 ■

　保育所の草創期には，保育所を利用する子どもだけでなく家族を支える
視点があったことが確認できる。同時に，戦時下の保育所は，当時の政策
の影響を強く受けざるを得なかったこともうかがえる。

　現代は，女性の働く権利と，児童の健全な育成とのバランスが問題とな
る時代を迎えている。児童の家庭的背景を熟知して，家庭ぐるみの援助を
しなければ，効果的な保育ができない時代を迎えつつある。たとえば，育
児放棄などの児童虐待に対応するには，ソーシャルワークの視点と技法を
備えて，児童の援助に役立てなければならない。いまこそ，創業時代の都
市スラムにおける保育所の実践を振り返り，保育者がソーシャルワークを
学ぶ必要性が痛感される。

■ コラム2 ■

保育所の嚆矢

　従来の児童福祉のテキストには，1890（明治23）年に新潟において，赤沢
鐘美仲子夫妻によって設置されたのが保育所の最初であると記載されている
が，その4年前，すなわち1886（明治19）年11月，間人たねによって，神
戸の二つ茶屋村（現・神戸市中央区元町）に設置された「間人幼児保育場」

▷2 神戸市保育園連盟編（2005）『神戸の保育園史Ⅲ』。

が最初らしいとの記録がある[2]。

　間人家は代々寺子屋を経営する教育一家であったが，周辺の貧しい家庭では，児童も家計を助けるために働き，あるいは，弟妹の面倒をみなければならないことが普通で，幼い弟妹を背負って通学する学童をみて，1877（明治10）年頃から幼い子どもを預かって保育していた。前述の子守学校のような事情があったのであろう。

　1886（明治19）年11月，定員40名の間人幼児保育場が開設され，たねが保育にあたった。開設に先立ち，たねは東京女子師範学校附属幼稚園で，2週間の実地研修を受けている。また，大阪の公立幼稚園長の膳たけからも指導を受けている。

　しかし，1921（大正10）年にたねが他界すると施設は閉鎖され，世人から忘れられていった。

（1節，コラム1・2　西尾祐吾）

2　保育所制度の発展と課題

〈学びの手がかり〉

　児童福祉法の成立により制度として位置づけられた保育所が，社会的な要請を受けて，どのような変遷を遂げてきたかについて概観する。高度経済成長の時代には，保護者と保育者の関係は，子どもを中心にともに働くもの同士としての協力関係にあった。今日，サービスの受給者と提供者という新たな関係に基づき，保育者は子どもと保護者を支援することが求められている。

1. 児童福祉法制定以降の保育所

　第二次世界大戦後，1947（昭和22）年に児童福祉法が成立し，保育所は児童福祉施設として位置づけられた。翌年には児童福祉施設最低基準が制定され，就学以前の「保育に欠ける」乳幼児に対して全国一律のサービスが提供されることになった。

　最低基準を満たした保育所は，行政から経費を支給されることで安定した経営が可能となった。その半面，保育所運営は，経済界からの女性労働者の需要に反応した政策の影響を強く受けることになった。保育所の増加政策がとられるときには経済界で女性の労働力を必要とする背景があり，反対に不況の際には家庭での養育の重要性が説かれ，女性を家庭へと戻す力が働いた。

　ここでは，①戦後処理期，②高度経済成長支援期，③就労を通じた女性

の自立・自己実現支援期，④地域子育て支援推進期[3]，の４つに分けて，保育所の動きについて確認する。

①戦後処理期（1945〜1960年頃）

　戦後，保育所は民間から開始された。建物もない焼け野原で，保育者が戦後の混乱の中，放置された子どもたちを集め行った保育活動は青空保育と呼ばれた。その後，保育所の経費に公費が支給されるようになったことで，民間保育所が以後大幅に増加した。当時の乳幼児は家庭で育てることが当たり前という風潮の中，保育所を実際に利用していたのは，乳幼児をもちつつも母親が就労しなければならない経済的困窮層であった[4]。

　この時代は戦後の何もないところから，未来につながる子どもの育ちを守るため，苦しい生活の中で母親と保育者が協力して保育所をつくりあげていった時代といえる。1947（昭和22）年には約1,500か所であった保育所は，1960（昭和35）年には9,853か所にまで増加している[5]。

②高度経済成長支援期（1961〜1974年）

　1960年代に始まる高度経済成長期には，経済界からの女性の労働力に対する需要とともに，女性側の社会参加へのニーズも高まっていた。結婚・出産後も就労を続ける女性も増加し，乳幼児をもつ母親の就労に不可欠な保育所づくり運動が，母親側から広がっていった。「ポストの数ほど保育所を」を合言葉としたこの運動は，共同保育所・小規模保育所等，様々な形の保育所を生み出すことにつながった。この頃，厚生（現・厚生労働）省側もこの保育所づくり運動や，経済界からの女性労働力の要請に応じる形で，1971（昭和46）年から1975（昭和50）年にかけて保育所整備計画を策定し，保育所の増設を行っている[6]。しかし，保育所保育に対する行政側の立場は，決して積極的なものではなかった。1964（昭和39）年に提出された中央児童福祉審議会の「保育七原則」（表1−1）からは，当時行政側が家庭保育を重視していたことがうかがえる[7]。

　また，この頃，保育所において教育を実施することが正式に認められた。1963（昭和38）年に文部（現・文部科学）・厚生両省合同の見解「幼稚園と保育所との関係について」が提出され，保育所において，３歳・４歳・５歳児については幼稚園教育要領にのっとった教育が実施されることが望ましい，という指針が示された[8]。この指針により，３歳児以降の保育に対して幼稚園教育要領との整合性に配慮した「保育所保育指針」が，1965（昭和40）年に厚生省から刊行された。

　この時期は，母親と保育者が同じ労働者という立場で，保育所整備や生活改善に取り組み，加えて，保育所の機能として教育機能が正式に加わった時期ということができる。

▷3　①〜④までの時代区分は，山縣文治（2002）『現代保育論』ミネルヴァ書房による。

▷4　▷3と同じ。

▷5　厚生労働省「社会福祉行政報告書」。

▷6　友松諦道ほか編（1997）『戦後保育50年史 証言と未来予測5 保育運動と保育団体論』栄光教育文化研究所。
▷7　一番ケ瀬康子（1962）『日本の保育』生活科学調査会。

▷8　池田祥子・友松諦道編（1997）『戦後保育50年史 証言と未来予測4 保育制度改革構想』栄光教育文化研究所。

表1-1 厚生省中央児童福祉審議会保育制度特別部会
第一次中間報告「保育問題をこう考える」にみる保育七原則

> | |
> | --- |
> | 第一原則——両親による愛情に満ちた家庭保育 |
> | 第一原則——母親の保育責任と父親の協力義務 |
> | 第一原則——保育の方法の選択の自由と子どもの母親に保育される権利 |
> | 第一原則——家庭保育を守るための公的援助 |
> | 第一原則——家庭以外の保育の家庭化 |
> | 第一原則——年齢に応じた処遇 |
> | 第一原則——集団保育 |

出典：浦辺史・宍戸健夫・村山祐一編 (1981)『保育の歴史』青木書店，資料236頁より。

③就労を通じた女性の自立・自己実現支援期（1975〜1988年）

1975（昭和50）年には保育所の数は1万か所を超え，利用する子どもの数も172万人までになった。この頃，保育所の役割は広がっていく方向にあった。前年の1974（昭和49）年には障害児保育が始まり，1977（昭和52）年には児童福祉法施行令（第22条）が改正され，男性保育者が承認されている。

広田はこの時期の母親労働者には，2つのタイプがあることを指摘している。ひとつは教員，看護婦（現・看護師），技術職等の専門職に就く女性を典型とする，職業を続けながら子どもを産み育ててきた層であり，いまひとつは，パート就労を典型とする，ある期間子育てをした後に就職した層である。この2つの層では，保育に対するニーズが異なった。専門職に就く女性の場合は，出産・育児に伴い退職すると，同じ待遇のもとで復職することが困難であることから，産休明け・育休明け保育を必要とした。また，復職後もフルタイムでの就労，時差出勤等の勤務のため，長時間の保育，延長保育などの多様な保育ニーズが出現した。

当時，乳児保育は届出制の特定保育制度をとっており，行政は乳児保育に対して「やむを得ない場合のみ」受け入れるよう保育所に示唆していた。すでに乳児保育，延長保育への高いニーズが示されていたが，乳児の受け入れ設備や保育者のコストが大きいこともあり，保育所側のニーズに対する反応は鈍かった。この不足する保育所サービスの補完の役割を果たしたのが，「ベビーホテル」と呼ばれる無認可託児所であった。しかし，1980年代には劣悪な環境での保育による乳児の死亡事故が社会問題化し，ベビーホテルを規制するとともに，ベビーホテルを生む原因となった，ニーズに応じない保育所に向けても批判が高まった。

1981（昭和56）年に保育所でも午前7時から午後7時までの延長保育，夜間保育事業が特別保育として開始されているが，ニーズに対して十分な実施はされていなかった。

> 9 広田寿子（1979）『現代女子労働の研究』労働教育センター。

　この時期，保育所自体も多様化の方向にあった。共同保育所をルーツとし，利用者の意思が運営側に届きやすい仕組みを残していた保育所，地域の児童福祉施設としての役割を忘れなかった保育所の中には，設立当初から地域活動・親支援に取り組んでいたところもある。一方，当時の学歴社会の競争からくる幼児教育熱の高まりを背景に，教育機能の充実を重視する保育所も増加した。

④地域子育て支援推進期（1989〜2001年）

　子育て支援推進のきっかけとなったのは，1989（平成元）年の「1.57ショック」という言葉に始まった「少子化への危惧」である。この危機感を背景に少子化の進行を止めるための子育て支援策が次々と政府から提出された。1990年代において，保育所は，この少子化解消のための子育て支援の中心的な役割を期待された。結婚後も仕事をもつ女性の出産を支える「子育てと仕事の両立支援」が肯定的に勧められ，同時に3歳までは母親が子育てに専念すべきであるという「母性神話」が『厚生白書』で否定された。

　1994（平成6）年厚生省により「緊急保育対策等5か年事業」が提出され，保育所は量的拡大とともに，質的な多機能化が求められた。多機能保育所とは，一般的に，乳児保育，延長保育，一時保育，休日保育，地域子育て相談等，普通保育以外のメニューを実施する保育所のことである。さらに，児童福祉法，および児童福祉施設最低基準の一部改正により，1997（平成9）年から1998（平成10）年にかけて乳児保育の一般保育化，保母から保育士への名称変更，各種の規制緩和（調理業者の外部委託・短時間保育士の導入・保育所分園方式の導入），不適切な環境にいる児童の保護者に対し市町村が積極的に保育の利用を勧める保育の勧奨制度，などの改正が実施された。

　この時期の保育所は，少子化対策の切り札として，保護者のニーズに応えていくことが，保育所側の意思決定というよりも制度改正により進められたといえる。これは，保護者のニーズよりも子どもの視点に立ってみたときに，保育所で長時間生活することに対して保育所が必ずしも肯定的ではなかったことも関連すると思われる。以降，必要な子どもへの保育の勧奨制度等，社会福祉施設としての保育所の位置づけが明確になりつつ，後に保育所と保護者との直接契約への前段階となる「保育料の負担方式の変化」等，保育所は措置制度から一般サービス制度へと舵を切ることにつながっていく。

　保育者と保護者との関係も，サービスの提供者と受給者という関係に向けて，変化していく。保護者自体が兄弟姉妹の少ない中で育ち，身近な子

育てのイメージがないままに「親役割」を求められている。さらに，支援
を提供してくれる地縁・血縁のない中で子育てに向き合う状況についても，
保育所の支援対象として求められるようになる。

2. 少子化対策と保育所の役割

　2002（平成14）年には，厚生労働省におかれた「少子化社会を考える懇
談会」から，「少子化対策プラスワン」が提出された。出生率の低下が進
む中，「子育て支援」に加えて働き方改革，地域での子育て支援システム
の形成等，「子育てのしやすい社会形成」を目指す方向が明確にされる。
現在に続くこの時期を，少子化対策期と位置づけて概観する。

　行政の少子化対策が社会全体の枠組みの変化による少子化対策へと進ん
でいく流れの中で，保育所も「保育に欠ける」子どもの支援だけでなく，
子どもを産み育てやすい社会を形成するための子育て支援の実施機関とし
て位置づけられていく。

　社会福祉全体の規制緩和が進む中，2006（平成18）年には就学前の子ど
もに関する教育，保育等の総合的な提供の推進に関する法律（認定こども
園法）が成立した（平成18年法律第77号）。これは，保育所待機児童の増加
と，少子化により定員割れの幼稚園が出現したことを背景に，「就学前の
教育・保育を一体として捉え，一貫して提供する新たな枠組み」[10]として，
幼稚園の機能と保育所の機能，さらに地域子育て支援機能を一体化した制
度である。具体的には，3歳児以上の子どもは，幼稚園機能のもとに教育
を受けた後，保育所機能のもと養護を受ける（3歳児未満の子どもには，原
則として保育所機能のみが提供される）。

　認定こども園には，①幼保連携型，②幼稚園に保育機能を加えた幼稚園
型，③保育所に保育に欠ける子ども以外も受け入れる保育所型，④幼稚
園・保育所に相当する基準を満たしたものを，地方自治体の独自の判断で
認定こども園として認可する地方裁量型，の4つのタイプがある。この制
度が成立する以前から，幼稚園と保育所の両方が成立するだけの子どもが
いない地方においては，実際上幼稚園が保育所の，または保育所が幼稚園
の役割を果たしてきたという事実も背景としてあった。

　現在に続くこの時期においては，保育所利用は，市町村の保護者に対す
る利用勧奨制度等を残しつつも，利用者の選択に基づく「サービス購入」
の時代に入った。「購入者」である親の中には，核家族の中で育ち子育て
に関する知識や経験の伝承をもたない「子育て力の低下」した親も増加し
ており，中には「子どものため」という共通基盤さえ危ぶまれるケースや，
保護者自身が精神疾患や生活課題をもつケースも増加している。保育所は，

▷10　内閣府「認定こども
園制度の概要について」
（http:// www8. cao. go. jp/
shousi/ kodomoen/ gaiyou.
html 2019年4月1日アク
セス）。

保護者を含めて支援することが求められている。

まとめと課題

　保育所の形式や役割が，それぞれの時代の要請を受けて変化してきたことを概観した。

　子どもの権利擁護を第一義とし，子どもの視点に立つことは，保育所の創設時から変化していない。一方，保護者との関係は，子育てを協働する労働者仲間としての位置づけから，サービスの購入者と提供者の関係へと変化していることがわかる。

　今日，保育所には子どもとともに保護者の**親育ち**◁11を支援しつつ，子育てのパートナーとして保護者と協働するような取り組みが求められている。たとえ保育者の立場からは関係形成が困難に感じる保護者であっても，子どもの権利実現のためには欠かせない存在であることを心にとめ，働きかけることが求められる。子どもの重要な環境として保護者をとらえるには，保育士がソーシャルワークの視点をもつことが有効である。

（土田美世子）

▷11　**親育ち**
　保護者が子どもの親として成長すること。▷3と同じ，37〜38頁。

3　保育の未来を考える

〈学びの手がかり〉
　年金・介護・障害分野で支出されていた社会保障費に，子育て支援の分野を加える枠組みで「子ども・子育て支援関連3法案」が2012（平成24）年に成立した。この枠組みに基づき，2015（平成27）年4月から「子ども・子育て支援新制度」が動き出した。新制度により，従来の幼稚園，保育所のほかに，幼稚園と保育所の双方の子どもを対象とする幼保連携型認定こども園，地域型保育給付の対象となる小規模保育，家庭的保育等，さまざまな「保育現場」が出現した。これから保育の未来は，どのような道に進むのだろうか。この節では，保育のあるべき姿と目指すべき方向について考える。

【事　例】

　Aちゃんは，5歳の年長組の女の子。聡明で，絵本を年下の子どもたちに読んで聞かせるなど，お姉さんぶりを発揮している。その反面，どこか屈折した部分をもっており，障害をもつKちゃんのお世話をしていたかと思うと，目の前のものにすぐ手を出してしまうKちゃんの前に水を置いて，

わざとこぼすよう仕向け「ワー，Ｋちゃん，こぼしたー」と意地悪をしている場面もある。ひとりっ子のＡちゃんの家庭は両親の関係がこじれているようで，保育士が着替えを手伝っている最中に，「パパとママ，ウゥーって一緒に怒鳴るの」と，二人が日々罵り合っているらしいことが，ふとＡちゃんの口から漏れることがある。Ａちゃんは，時折わざと怒られるようなことをし，怒られるとうれしいといったところが見受けられる。どうしようもなく大人からの関心を求めるＡちゃんに，担任としては，どう関わるべきか考えてしまう……。

1. 生活の全体性・主体性と保育実践

　目の前で大人同士が口論したり，感情的にぎくしゃくしていたりしても，5歳の子どもには何もわからないと思い込んでいる大人は多い。しかし，子どもは大人以上に感情の動きに敏感である。また，自分が生きていくためには親のケアが欠かせないことを子どもは十分理解している。よって，両親の不和が，子どもの心に影を落としていることは想像に難くない。

　①子どもの生活の全体性への理解とその支援

　子どもの示す問題行動や課題の背景に，家庭環境や保護者の子育ての課題が考えられることも多い。子どもの生活は保育所で完結しているわけではなく，子どもはその生活全体の主体者として，全体の中の一場面として保育所で過ごす。たとえば，事例にみたＡちゃんの「障害をもつ子どものお世話をしつつ，陰でいじめる行為」には，大人の顔色を見ながら良い子を演じ称賛されたいという欲求，さらに，自分より弱いものを支配したいという欲求を垣間見ることができる。その欲求の背景には，大人の関心が自分たちのこじれた関係に集中し，Ａちゃんのことが二の次になっている家庭での生活に対する不安，大人への反発があるかもしれない。よって，問題行動の解決には，Ａちゃんへの働きかけはもちろんのこと，保育士が保護者に働きかけ，Ａちゃんの不安定な心情を保護者に代弁し，保護者がＡちゃんの気持ちを受け止めること，子育ての主体者としてＡちゃんに向き合うよう支援することが不可欠となる。

　②保護者の生活の全体性への理解とその支援

　保護者を主体者として子育てに向き合うように支援するためには，保護者の生活状況についての理解も必要である。保護者は，保育士と同じく労働者として，家庭生活と職業生活を矛盾なく営むことを求められている。家庭生活の中で子どもを最優先できない背景には，社会の競争にさらされる中，子育てを理由に個人の生活を優先させにくい日本社会の現状や，必ずしも子育てに支援的ではない地域社会の現状があることも認識しなけれ

ばならない。地域社会の大人たちが，地域の子育て中の家庭を見守り支援
しようとしているか，それとも子育てを保護者だけの責任とみなしている
か，また，職場を含めた日本社会が子育て中の家族に対し，必要な支援を
提供しようとしているか否かは，保護者の子育てに関わるストレスとも大
きく関連する。子育ての主体者としての保護者の状況を子どもの視点から
評価するだけでなく，保護者の側に立ち，その環境との関わりの中で理解
することが必要である。

2. 主体者からみた生活の関係性と保育実践

　保護者支援は子どもへの支援の延長線上にあるとはいえ，そのことを
「必要」と認識しなければ，子どもへのケアと教育だけでも，日々の保育
は実践できる。ゆえに，「必要」と認識できるためには，それをフィル
ターにかけて「視る」ことのできる枠組み，視点が必要である。

　さて，保育士が，保育室内の保育だけでなく子どもの環境調整までを視
野に入れた支援を行うには，ソーシャルワークが重要視する，主体者の側
に立ち，生活全体を視野に入れる視点をもつことが有効である。つまり，
主体者である子どもの視点に立ってその生活全体を理解することで，目の
前の子どもの示す反応を，その環境としての保護者・地域社会等とつなげ
て理解することが可能になる。

　たとえば，育児にストレスを感じている母親の背景には，泣いている子
どもの要求がわからないということだけでなく，育児に手を貸さない父親
や，父親に仕事優先であることを求める社会の文化の影響があるかもしれ
ない。

　ソーシャルワークの視点により保育士は，子どもが自分自身，またその
成長発達に欠かせない家族を通じて，まわりの環境から影響を受けること
に気づくことができる。つまり，子どもはさまざまなレベルの影響下にあ
り，子どもの最適な発達のためにはまず家族が適切に機能すること，その
ためには子どもと家族，両者を取り巻く環境が協力的であることの必要性
は，ソーシャルワークの視点をもつことにより「視る」ことが可能となる。
よって，保育士はこの視点を獲得することにより，①子どもの支援におい
て子ども自身だけでなく，子どもとその環境に働きかけること，②子ども
の最も重要な環境であり子育ての主体者である保護者とのパートナーシッ
プを形成することを，職務として認識することができる。①と②は相互に
必要なものであり，保護者と子どもの関係が良好で，保護者が子育ての主
体者としての役割を果たしているときには，子どもを中心として保育士と
保護者とのパートナーシップの形成が可能となる。しかし，保護者と子ど

もの関係に課題があり，保護者が子育ての主体者として不十分な場合には，保育士が子どもと保護者の関係性を調整し，保護者自身に働きかけ子育ての主体者としての役割が果たせるよう支援すること，保護者が主体者として機能することを妨げている環境に働きかけることも求められる。なお，ここで行う保護者への支援・環境への介入は，あくまでも子どもの権利擁護のための支援であり，保護者が子育ての主体者であるための支援に限定される。このように保育士の支援技術として，従来から重視されてきた子どもに対する保育技術に加え，保育技術に含まれる保護者に対する相談技術，子どもと保護者の関係性および環境に働きかけるソーシャルワーク技術が必要となる。

　以上のように，ソーシャルワークの視点は，保育士が目指す子どもの最適な発達支援・最適な生育環境形成において，人と環境との交互作用という視点から子どもや家族の現在の，そして潜在的な資源のストレングスに働きかけ，環境側の応答性を高めていくことを視野に入れた保育実践を可能にする。

3.　子育てに支援的なコミュニティ形成に向けて

　保育所は，子育てに支援的なコミュニティ形成に向けて，地域社会に働きかけていくことが求められる。社会福祉法の改正により，社会福祉法人立の保育所には地域支援の必要性が明記された。従来の地域子育て支援の実施とあわせ，保育所は主に就学前の子どもをもつ地域住民の出会いの場となる可能性をもった。つまり，「保育に欠けない親子」が保育所の対象となることにより，保育所は「子どもの保育ニーズ」に関わり，地域住民が「出会う」場となることができる。

　地域社会の連帯の崩壊は，自然にあった子どもの見守りの視線を崩壊させ，母親と子どもがそれぞれに孤立した子育てのしにくい地域につながってしまった。保育所に来る子ども・保護者は地域住民であり，「地域のあり方」はそのウェルビーイング（良好な状態）に大きく影響する。保護者同士が出会い，「子育て」という共通体験により異なる状況下にいる他者の問題状況について理解する機会を得ることで，福祉コミュニティ形成に欠かせない共感性を獲得していくことができる。保育所が意識的に保護者同士をつなげていくことによってつむぎだされた連携は，保育所を拠点としてコミュニティ形成につながる可能性をもつ。また，保育サービスの利用者である保護者が，自らできることに対して力を発揮する，サービスの担い手となり，主体性をもった地域住民となっていくことも期待できる。

　このイメージは，図1-2のように示される。保育所を利用するのは

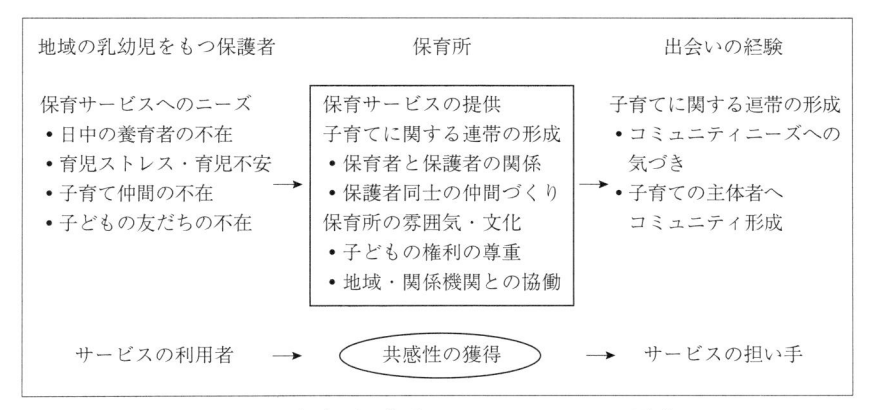

図1-2　保育所を拠点としたコミュニティ形成

出典：筆者作成。

「日中保育に欠ける」子どもとその保護者，そして地域の子育て中の保護者とその子どもである。保護者は各自の「保育サービスへのニーズ」充足の目的で保育所を利用するが，そこで保育者，保護者，地域住民と出会い，それぞれの子育てに関わる困難な状況を知り，理解し，共感していくことで，子どもの最善の利益の実現のために協働していく可能性を開く。

　この「出会い」を創造するためには，保護者が子育ての主体者であることを支援する保育所側の関わり，子どもの最善の利益の実現に向けて，子ども，保護者，コミュニティの課題にまで真摯に取り組む保育所の理念，関わる一人ひとりを大切にする保育所の文化が必要となる。

4.　未来に向けた保育所の支援

　さまざまな保育現場が増加した中で，保育所は，主導的な役割を期待される。ここでは，その保育所の未来を，①育む，②支える，③つなぐ，④広げる，というキーワードで考察する。

①育　む

　少子化により地域社会で子どもが集う機会が減る中で，保育所は就学前の子どもが「ともに育ち合う」重要な場所である。保育士は，子どもたちが育ち合うための保育室をはじめとする保育所内だけでなく，地域社会に働きかけ，地域全体として子どもを育むことのできるような環境を整えることが求められる。保育所は，地域の子育て支援に関する情報拠点としての役割ももつ。子どもたちを連れて散歩に行く際，行事の際，折にふれて地域の人々と交流し，相互理解を育てていくことが，その一歩となるであろう。

②支える

　子どもをもてば誰しも「生物的な」親とはなるが，社会的に親となるに

は，多くのモデルや支えが必要である。保育士は，保育所を利用する親，地域の親が，親として子どもの権利擁護の主体となることを支援する。

　たとえば虐待傾向のある親等，子どもの権利擁護の主体となり得ていない保護者に対して，「問題のある保護者」として意識することが多いのではないだろうか。これは，子どもの視点に立って「保護者に変化してほしい」という要請に保護者が応えないときになされる判断であろう。しかし，保護者が子育ての主体者であること自体を支援するためには，保護者の視点から子育てに関わる状況を理解し，主体者となることを支援していく姿勢が求められる。

③つなぐ

　保育所を利用する保護者同士をつなぐこと，地域の保護者同士をつなぐことも，保育所の大切な役割である。利害関係は，えてして大人たちや社会を分断する。しかし，子どもの育ちを保障するためには，大人たちが協力し，連携していくことが欠かせない。

　また，保護者と専門機関をつなぐこと，専門機関同士の連携も，子どもの権利擁護には欠かせない。情報を伝えることも，大切な役割となる。

④広げる

　今日，3歳未満児までを対象とした小規模保育所や，家庭的保育室など，小規模な保育所も増えてきた。これらの保育所には，協力園を定めることが決められているが，保育所はこれらの施設の指導的な役割を担い，子どもの権利を実現できる地域社会を形成していくことが望まれる。

まとめと課題

　保育所が子どもの権利実現のための機関となるためには，保育提供側の保育所とサービス利用側の保護者とが，まず子どもの権利擁護のために向き合い，対話によって互いの立場を理解し合い，子ども一人ひとりに応じた保育サービスを形成していくような実践が求められる。さらに実践を環境との関わりの中でとらえたとき，その延長線上に，地域の子どもの権利擁護の拠点として保育所が存在する。保育所は，少子化対策という大きな流れの中で，いま一度，児童福祉施設・地域福祉施設としての役割から自らをとらえ，サービスを再構成する岐路に立っているといえる。

（土田美世子）

演習課題 1　子育て支援の課題を考える

以下は，わが国の子育て支援施策の流れである。一連の流れを読み，演習に取り組んでみよう。

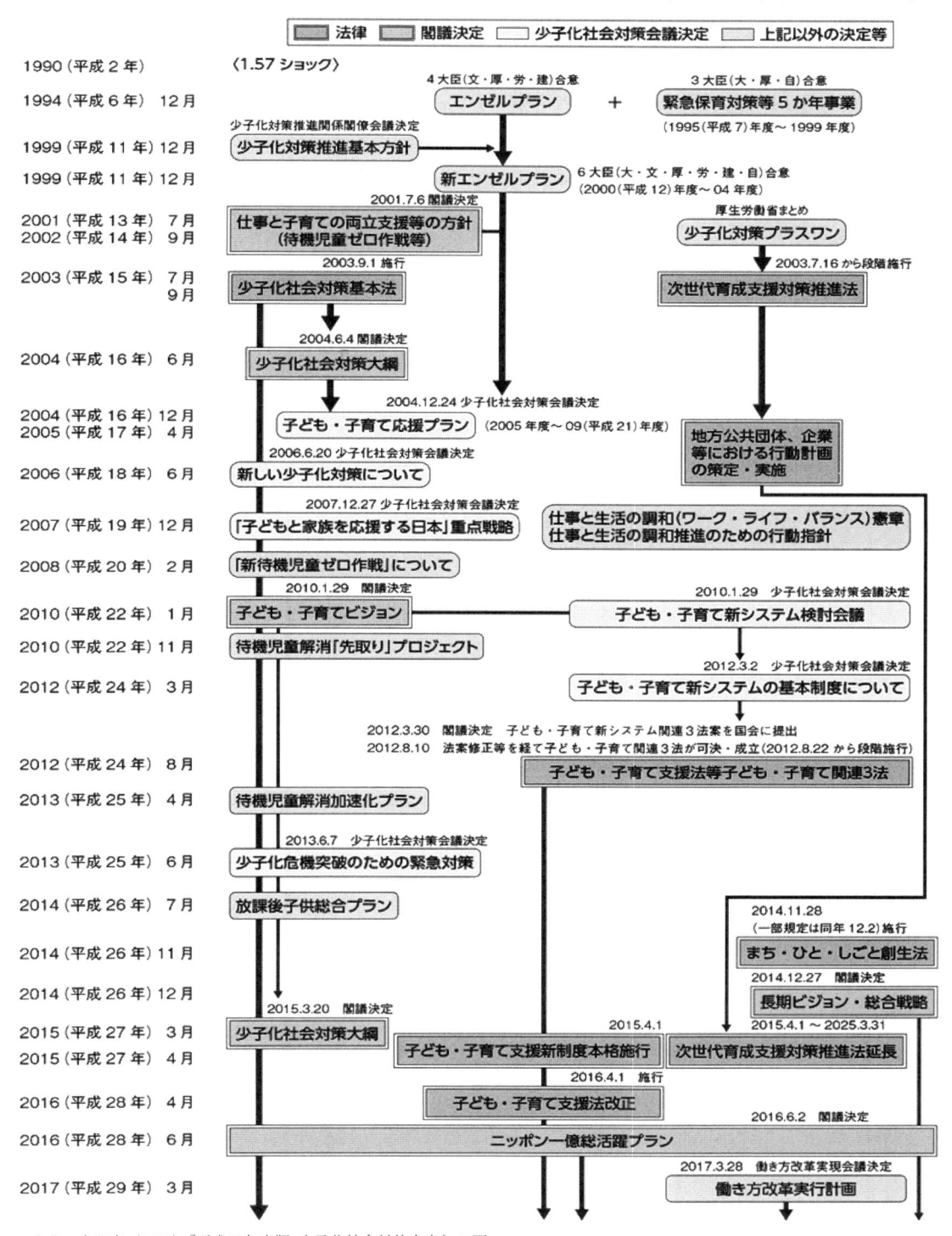

出典：内閣府（2017）『平成29年度版 少子化社会対策白書』47頁。

① 社会情勢をふまえて，どのような子育て支援が求められるようになってきたのかを話し合ってみよう。

② わが国の子育て支援施策の課題を考えてみよう。

（小口将典）

第2章
いまの保育が求められる背景

# *1* 子育て意識の変容

〈学びの手がかり〉
　乳幼児期の子どもと親は，互いに切っても切り離せない一対の関係にある。子どもの健やかな育ちを願い保育していくうえで，親がどのような思いで子育てをしているのかを推察することは非常に大切な視点である。本節では社会や時流の影響を受けながらいまを生きる親世代の子育て意識について考える。

【事　例】

　Aちゃんの母親は明るく話し上手で，母親たちの輪の中で楽しそうに話しているのをよくみかける。ところが，この母親が家庭児童相談室で話した内容は「お母さん同士のつきあいが苦痛でたまらない，子どもがかわいく思えない」というものだった。保育所への情報提供によると，母親自身も実母と疎遠で愛されていないという気持ちの中で育ち，どんなにAちゃんが母親である自分を求めているのか痛いほどわかると話す。にもかかわらずAちゃんを邪険に扱い，母親がネットゲームをしている間にAちゃんはお菓子を食べて一人で眠ってしまう毎日。夫は帰りが遅く，ママ友はうわべのつきあいばかり。人づきあいは苦手だが，本当は誰かに助けてほしい……。母親の本心はここにあるようだった。

1. 社会の移り変わりの中で

　保育や子育て支援の現場に長くいると，親も子も変わってきたと感じている人は多いだろう。いうまでもなく，「人」がいなければ子どもは育たない。子どもが育つには「人」という資源がどうしても必要である。子どもは養育者がいなければ生きのびることができず，人のあいだで育つことで社会の中で生きていく力を養う。親に限らず，さまざまな人に支えられ関わりをもつことは，豊かで健やかな人間形成に欠くことのできない要件である。ところが現代は，子どもが育つ環境においてさまざまな「人」に出会い，関わりをもつという体験や機会が乏しくなってしまった。

　同じことは親自身にもいえる。親としての成長は，幼少期からの体験——自分が育つ体験，人が育つ様子をみる体験，動植物を育てたり誰かの世話をしたりする体験など——を積み重ねて，自分が親になる準備を形

成する。ところが現代は，親自身の育ちや，親として子育てをする環境において，人とつながることはとても難しいものになってしまった。スマートフォン（以下，スマホ）やSNSが日常化し情報はあふれているが，生身のつながりは薄れ，ふと孤立感を感じる人が少なくないのではないだろうか。

　このようにつながりが希薄化している現代において，保育士が担う親対応，親支援，あるいは親教育は大変重要な意味をもつ。なぜ，親対応が重要なのか。一人の子どもに関わる大人の数が少ない現代は，これまで以上に親の関わりが子どもに大きな影響力をもつ。親を支援することは，親を支えると同時に，親を通して子どもの成長をも支援することになる。保育士は子どもの育ちに携わる「人」資源の中でも，直接的・間接的に子どもや親の育ちに関与できる重要で強力なサポーターでありえるからである。

　本節では，よりよい親対応や親支援を行うために，現代の親の子育て意識について理解を深めたい。

2. 多様化する親と子育て環境の変化

①多様化する親の姿──個別に目を向ける必要性

　乳幼児を育てる親の姿や，親になるまでのプロセスが多様化している。日本人の平均初婚年齢は夫31.1歳，妻29.4歳となり，第1子の平均出産年齢は30.7歳に達した。初婚年齢も初産年齢もこの半世紀に5歳ほど上昇し，晩婚・晩産化が進んだ。結婚，妊娠，出産の順序を気にすることも少なくなり，結婚や出産に対する意識が変わった。自分の価値観に基づき人生を自由に設計するようになった結果，かつては20代が7割を占めていた母親の出産年齢は10代から50代まで幅が広がった。10代の若年親がいる一方，若手の保育士よりもはるかに社会的にキャリアを積んだ親も多くなったが，社会的には一人前でも子育てとなるとまったくの初心者で，そのギャップや仕事と育児の両立に苦戦している親もいる。

　生殖補助医療の進歩も目覚ましい。体外受精により誕生した子どもは2016（平成28）年では総出生児の5.5％で，18人に1人にのぼる。不妊治療の末に授かった赤ちゃんに対する親の思いはさまざまで，授かった喜びに満ちあふれている親がいる一方，思い描いていた子ども像と違うことに複雑な思いを抱く親もいる。

　さらにシングルマザーや離婚，再婚による継親子（けいしんし）の増加は，新たな親子関係や家族観を生み出している。少子化にもかかわらず社会的養護の役割はますます増大し，里親や特別養子縁組等の制度は親子関係成立の多様化にも拍車をかけている。

　かつて子どもは結婚した夫婦に「授かる」ものであり，"7つまでは神

▷1　厚生労働省（2018）「人口動態調査」。

▷2　日本産科婦人科学会（2018）『平成28年度倫理委員会　登録・調査小委員会報告』。

▷3　柏木惠子・永久ひさ子（1999）「女性における子どもの価値――今，なぜ子を産むか」『教育心理学研究』47(2)，170～179頁。

のうち"と，子どもの命は親の意にかなわないものと考えられていた。子産みの理由が，結婚したら産むのが当たり前，生み育ててこそ一人前，姓やお墓を継ぐために必要といった「社会的価値」が優勢な時代もあった。[3]いつしか子どもは夫婦の意思に基づいて「つくる」ものという意識が強まり，子産みの理由は親自身の個人的価値や都合が第一義的となった。そこには子どもは親の意のままになる所有物，"自分のものだから，自分の思う通りに育てる"というような認識があるかのように思われる。

　このようにみていくと，家族や親子のあり方は実にさまざまである。親子を結びつけるものは血縁とは限らず，生まれるまでにこめられた子どもへの期待も，授かった命である子どもに対する責任や，一人前に育てるための覚悟も，親によって多様でありステレオタイプに一括りにして考えることはできない。このことを深く認識し，一人ひとりの親の背景や事情，子どもへの想いを個別に受けとめ，個別に対応していくことが保育士には求められるだろう。

②働く母親の増加

　「一億総活躍社会」がキャッチフレーズの政権下，25～44歳の女性の就業率は2017（平成29）年に76.8％と過去最高になり，子育て期に就業率が下がるM字カーブ現象はほぼ解消された。[4]これに伴い１，２歳児の保育サービス利用率は45.7％まで急増し，乳幼児の共働き家庭が増加した。

▷4　総務省統計局（2018）「平成29年度就業構造基本調査 結果の概要」（https://www.stat.go.jp/data/shugyou/2017/pdf/kgaiyou.pdf 2019年２月１日アクセス）。

　2016（平成28）年には「保育園落ちた日本死ね」と，ある母親のつぶやきが日本中を駆け巡り，その年の流行語大賞にもノミネートされた。「女性の活躍」が掲げられる一方，保育所に入れるための「保活」は出産前から始めないと手遅れになると囁かれ，待機児童問題に直面する親は追い詰められるようになった。初めて保育所に子どもを預けて仕事復帰し，その生活に慣れるまでの道のりはたやすいものではない。そもそも初めて子育てをするだけでも簡単なことではない。そこに，生まれる前から"預けられるかどうか"といった不安がつきまとうとすれば，子育てを楽しむゆとりはどのようにしてもてばよいのだろうか。ここにも保育士の力量を発揮すべきポイントがある。

▷5　ベネッセ教育総合研究所（2016）「第５回幼児の生活アンケート　レポート」。

　子育てをしながら働く女性や共働き家庭が増えることで，子どもの生活状況も変化している。ベネッセ教育総合研究所の調査では，2015（平成27）年までの20年間に保育園児も幼稚園児も家を出る時間は早くなり，家に帰る時間は遅くなり，保育園児が家の外にいる平均時間は９時間34分にまで延びた。[5]預かり保育や延長保育，正規雇用が増えたことが一因だが，親が子どもと一緒に過ごす時間はかなり短くなってしまった。一方，「育メン」推進で，若い父親の育児参加の意識は広がりつつある。父親の４人

に3人はお風呂に入れ遊び相手をするというが，父親の平日の子育て時間は2時間未満が約7割を占め，時間的にはまだまだ少ない。

　毎日の生活を楽しむことにより子どもは生きる力を養うことを考えると，親子がともに過ごす時間の質と同時に，保育の質も問われることになる。

3. 子どもに対する親の意識と行動

①子育てに対する肯定的感情と否定的感情

　子育て中の親の9割以上が「子どもがかわいくてたまらない」「子どもを育てるのは楽しくて幸せなこと」と，子どもの存在や子育てに楽しみや意義を見出している[6]。特に0〜1歳の父親・母親のほぼ100％が子どもは「かわいい」と答えている。一方，「子どもが将来うまく育っていくかどうか心配」「子どもがわずらわしくてイライラしてしまう」など，否定的な感情を併せもつ親が6割前後いることも多くの調査が示している[7]。

　かつて乳幼児の母親の子育て意識を調査した兵庫レポートが刊行された。このレポートは，さらに20年をさかのぼる1980年に同じ内容で調査された大阪レポートと比較をしている。どちらの時代も肯定的感情は高いが，20余年のあいだに否定的感情がかなり増加した[8]。「育児のことでいままでに不安がしょっちゅうあった」「育児でイライラすることが多い」と答えた親は，いずれも3倍に増えていた。

　これらの結果から私たちが心に留めるべきは，不安やイライラ感情をもつ親が増えた実態以上に，そうした否定的感情にとらわれ，安心感に乏しい親に育てられる子どもが増えたという事態である。ゆったりと大らかに構えて子育てをしている親のもとで，存分に安心感を抱きながら育つことは，乳幼児期が生涯にわたる発達の基盤をなすことに鑑みても大変重要である。大阪レポートからさらに20年近くが経とうとしているが，親の子育て感情は改善されただろうか。

②子どもへの期待，干渉的態度，先回りする親

　大阪・兵庫レポートのもうひとつの驚くべき結果は養育態度である。「不安」だけではなく「厳格・禁止」（子どものしていることをあれはいけない，これはいけないと禁止する）が68％から90％へ，「干渉」（子どもがしていることを黙ってみていられなくて口出しをする）が40％から88％へ，「期待」（よその子どもと比較して気にする）が20％から72％へと増加していた[9]。そこには，子どもに大きな期待を寄せ，親が考える通りに子どもを制限し，先回りして干渉的になっている親の姿がはっきりと示されている。背後には，自分の思い通りの理想の子ども像を求める大きな期待があるのかもしれない。

　赤ちゃんひろばに来ていたある母親は，「ママ友をつくるのに，同じ校

▷6　東京大学 Cedep・ベネッセ教育総合研究所（2018）「乳幼児の生活と育ちに関する調査2017」報告書。
▷7　▷5　6と同じ。
▷8　原田正文（2006）『子育ての変貌と次世代育成支援——兵庫レポートにみる子育て現場と子ども虐待予防』名古屋大学出版会。
▷9　原田正文・山野則子・中川千恵美（2004）「児童虐待を未然に防ぐためには，何をすべきか——子育て実態調査『兵庫レポート』が示す虐待予防の方向性」『子どもの虐待とネグレクト』6(1)，14〜22頁。

区，同じ学年，同性の子どもを育てるお母さんを探している。わが子が将来いじめに遭わないように，いまから友だちになっていたら安心だから……」と話していた。ひたすら子どものためを思い，先回りをしてセーフティネットを張るが，それでも「これでいいのだろうか」とぬぐいきれない不安が後を引く姿が印象的であった。子どもを大切に思うこと，手をかけて育てること，子どもとの関わりすべてにおいて，"ほどよさ"に自信がもてないのが現代の子育ての大きな特徴である。

③メディアを通した親子関係

スマホやタブレットなど電子メディア機器は，子育て世代にも深く浸透している。公園やひろばでスマホに目を落としている親は多い。一方，電車や待合室でスマホを器用に操る子どもを見かけることも多い。子どもに静かにいてほしいときに，スマホの動画や子ども向けアプリは親の救世主になるだろう。母親の子育て情報の入手先も SNS やインターネットが多く，友だちや実母とじかに会話するよりも電子メディアを使うことの方が多くなった。また，乳幼児の親子のメディア活用調査によると，子どもの [10] スマホの使用は頻度や時間が増大し，低年齢化が進んでいる。家族写真や動画の閲覧が多いものの，0歳からスマホやタブレット，パソコンに触れ始める家庭が多く，乳幼児の2割以上がほとんど毎日スマホに接している。

大寺は母親のスマホ使用場面と母子の自由遊び場面の行動分析から，子 [11] どもの発話数は同程度でも，親がスマホを使用していると親から子どもへの声かけや応答回数，同じものを見る（共同注視）回数が減ることを明らかにした。多くの親はこれら電子メディアの長所と短所をふまえて適度に使い，依存しすぎないように配慮している。保育所の母親調査でも，スマホは子どもに悪影響があると思う親は多く，自分自身の使用に抵抗はないが子どもが使用することに罪悪感を覚える親は多い。他方，スマホへの依存度が高い親は子育てにスマホを使うことに罪悪感や抵抗感をもっていな [12] いことも明らかにされた。日本小児科医会も「スマホに子守りをさせない [13] で！」と啓発に取り組んでいる。

いまの母親世代は生まれたときから電子メディアが日常に溶け込んでいる世代である。スマホがあっても豊かな会話が交わされるようにメディアとの上手なつきあい方を一緒に考えることが大切であろう。

4. 子育てをしながら親も育つ

①初めての子育てと親準備体験

ある子育て支援の親子教室で「参加してよかった理由」をたずねると，

▷10　ベネッセ教育総合研究所（2018）「第2回乳幼児の親子のメディア活用調査レポート」。

▷11　大寺あゆみ（2017）「スマートフォンなどのメディアが親子に与える影響について——親子のメディアを用いたやり取り場面の行動観察から」2016年度関西福祉科学大学大学院提出修士論文。

▷12　▷11と同じ。

▷13　日本小児科医会（2013）「スマホに子守りをさせないで！」リーフレット。

"初めて親として経験したこと" が多かった。[14]たとえば，童謡を歌う，踊る，手遊び，公園に散歩に行く，どんぐり拾い，粘土遊び，水遊び……。親も幼い頃に経験したと思うが，これらを子どもと一緒に楽しむ体験をした親は少ない。いざ，わが子と一緒に歌って遊ぼうとしても，何をどうすればよいのか思いつかないのが現状である。ほかにも，子どもへの声かけや叱り方，年齢にあったおもちゃ，保育所の食事の量が参考になったという回答もあった。

　これらの体験は親になるための準備体験といえる。親準備体験は身近に子どもがいると日常の何気ない経験の蓄積で十分だが，多くの大人はわが子を授かるまで赤ちゃんとふれあう経験はないに等しい。子どもは，いつ，どのように，何をできるようになるのか，そのときどのように関わればよいのか。発達の道筋や子育てスキルを習得する機会がないまま，ある日，赤ちゃんを連れて帰り，育てはじめるのである。親準備体験が豊富にあると自らの経験の中に子育ての手がかりをみつけて余裕のある子育てができるが，初体験ばかりの子育てでは周囲にサポートがなければ途方にくれて当然である。

　子育てをしながら親も育つ。今後ますます親教育，親支援は必要になるだろう。

②子どもの心や動きに思いを馳せる力

　子どもが初めてトンネルをくぐり抜けようとするとき，そばで見守る大人はどのような行動をとるだろう。子ども心がわからないと，見ているだけで済ませる大人も多い。

　子育て支援の先駆けとして未就園児の親子教室を開催してきた日立家庭教育研究所は，親子教室の初回に大型トンネルや積み木，箱電車など家庭にはない遊具が置かれた実験室で親子が自由に遊ぶ様子を観察した。この親と2歳児の行動観察をA（1992〔平成4〕～1994〔平成6〕年参加）と，B（2003〔平成15〕～2005〔平成17〕年参加）の2時点で比較したところ，Aの親は自らトンネルの出口に回り込むことが多く，トンネル遊びの時間や回数も多いことがわかった。[15]一方，質問紙調査から「母親としての自分が好き」「子どもをうまく育てている」「もっとしてやることがあるようで心配」「干渉的養育態度」はBの親の方が高かった。AとBの世代差は10年ほどだが，A世代の親の方が，初めてトンネルをくぐり抜けたわが子の喜びや達成感を想像して一緒に分かち合うために自ら動く行動力が，若いB世代よりも高いことが示された。しかし，子育てに対する自意識は若いB世代の方が高く，子どもに対する思いは決して希薄ではない。10年ほどのあいだに思いは強まっても，子どもの心や動きに思いを馳せ，楽しさや喜

▷14　谷向みつえ（2005）「子育て支援親子教室における効果指標とその測定に関する調査研究報告書」子ども未来財団。

▷15　加藤邦子（2005）「2歳児の母親のかかわりはどのように変わってきたのか──1992～94年と2003～05年との比較」『家庭教育研究所紀要』（27），112～124頁。

びを分かち合う親の想像力や行動力，スキルの幅が狭まったのかもしれない。確かに子どもと一緒に思い切り身体を動かし遊びこんでいる親を見かけることは少なくなった。親の意識面だけでなく，行動面も変化していることがこの調査からわかる。

さらに，Aの親の方が見慣れないおもちゃで遊ぶように促すことが多かった。親の促しにより子どもは多くの刺激に導かれ探索の幅が広がる。逆に，親の行動力が落ちると，子どもの遊びや興味の幅は広がらず探索の力を削いでしまうこともあるだろう。親子教室のその後の研究から，Bよりも若いC世代（2010〔平成22〕～2011〔平成23〕年参加）の子どもの方が，従順であるが自発性に乏しいことが明らかにされた。[16]親の行動力や人間関係のスキルが子どもの発達に影響を与えることが示唆されている。

昨今，乳幼児健診でも発達が気になる子どもの経験不足，関わり不足が目につく。生活や遊びの中でいろいろな刺激に接する体験が乏しいと，発達のステップを取りこぼしてしまうのだろう。うれしい，悲しいなどの情動も誰かが一緒にいて関わって共有してこそ発達する。親や家族，保育士は乳児期から子どもの意図や気持ちを察して共有する体験を提供することが大切といえる。

5．支援が必要な親の心理

①他者とコミュニケーションする力，関係をつくる力

親世代の子どもと関わる力や人間関係を築く力は弱くなった。親同士の関係だけでなく，親と保育士との関係も同様である。ほどよく自分のことを話し，考えを主張し，困ったときにはSOSを出して助けてもらうコミュニケーション力は親世代全般に弱い。保育所や子育てひろばでも，他の親や支援者に「どのように話しかけたらいいのかわからない」と，言葉ではなく態度や行動で表現する親もいる。ある母親は他の親がいても意に介さず，わが子を大声で怒鳴り平手打ちをした。支援の過程で徐々にわかってきたことは，その行動は保育士に声をかけてもらいたい，限界に達している自分を受けとめてほしいというSOSの発信でもあった。モンスターといわれる親の中にも，コミュニケーションが苦手で人との関係づくりが下手な親もいる。わかってもらおうと，一生懸命に訴える姿がモンスターに映るのである。「先生，ちょっと聞いてください」と言える親は，とても力のある親と考えてよいだろう。保育士は親子の様子を注意深く見守りながら，親が話しやすい状況を設定する心配りが必要だろう。

②周産期からのメンタルヘルス

周産期はホルモンバランスの崩れにより，母親はメンタルヘルスに不調

▷16 坂上裕子・金丸智美・武田（六角）洋子（2016）「片付け課題における2歳児の従順行動・不従順行動の経年変化——2004・2005年度と2010・2011年度の比較から」『発達心理学研究』27(4)，368～378頁。

をきたしやすい。産後うつの罹患率は10〜15％に上り，子どもへの影響が大きいことから母子保健では早期発見・早期支援に取り組んでいる。また，出産後１年未満の女性の死因の最多は自殺である。[17] さらに離婚も末子が２歳までの時期が最も多く，産後に夫婦関係が急速に冷え込む"産後クライシス"という言葉も聞かれる。産後の身体の変化に加えて慣れない育児を行う大変さは夫婦が協力して越えていくハードルといえるが，ひとり親や支援の少ない親はなおさら，この時期は周囲からの手厚い支援が望まれる。

　他方，子育て期は自分自身の生い立ちが思い起こされ，実親との関係や虐待された経験など過去のつらい体験が整理されていないと，親自身が危機的な精神状態に陥ることがある。また，うつ気分，自傷行為，摂食障害など青年期から持ち越した問題を呈している親や，発達障害が疑われる親も増えている。今日では心療内科や精神科を受診した経験がある親も多い。周囲とのトラブルが絶えない親の場合，パーソナリティの問題や精神疾患を検討する視点も必要だろう。このように親が精神的な問題を抱えているとき，保育士も親のメンタルヘルスを理解せずに対応することは難しい。保育士だけで抱えようとはせずに，医療機関や他の専門職と連携しながら支援することが大切である。

▷17　国立成育医療研究センター（2018）「人口動態統計（死亡・出生・死産）から見る妊娠中・産後の死亡の現状　周産期関連の医療データベースのリンケージの研究」（https://www.ncchd.go.jp/press/2018/maternal-deaths.html　2019年３月20日アクセス）。

まとめと課題

　事例のＡちゃんの母親は，表面的には明るく，保育士の間でもまったく問題は感じられていなかった。しかし，内面では人づきあいや子育てに悩みを抱えて，苦しい想いを募らせていた。自分から家庭児童相談室に相談に行けるこの母親は，力のある母親だが，その気持ちに寄り添う支援は必要である。

　つながりが希薄化している現代は，親のコミュニケーションする力，関係をつくる力，育てる力が低下している。この状態は必ずしも親一人の力で解決できる問題ではない。Ａちゃんの母親のように，親自身が生育歴の中で前の世代から受け継いだものに起因することもある。また，社会構造や子育て環境の変化，地域に目を向ける必要もある。保育士はそれらをひっくるめて，広く親，そして子どもを理解し，健やかな子どもの発達のためにも，楽しみながら親子が育つ支援をしていくことが大切である。

　加えて，保育士は親と子が楽しく関わるための知恵をたくさんもつ。いまでは伝承が難しくなった子育ての知恵を親に授けながら，親としての自信の底支えもできるだろう。また日々親子と関わる保育士は，支援の最前線にいるといえる。しかし支援が必要なのはリスクのある親子だけではない。どんな親子でも，うまくいかないときもあれば不安に思うときもある。

どの親も，かけがえのない子どものために前を向いて楽しみながら子育てができるように支援をしていくことが保育士に寄せられている期待かもしれない。

（谷向みつえ）

 ## 2 養育環境の変化──家庭・家族の変化

〈学びの手がかり〉

　核家族化の進行，女性の就労の増加などにより，子どもを取り巻く状況は大きく変わっている。家族・社会状況の変化に，私たちは対応できているだろうか。大家族の中で担われていた保育・養育や介護の機能は，うまく社会化できているのだろうか。この節では，社会の変化に対応できていない制度・政策のために生じている，保育・養育上の課題に気づき，その対応について考える。

【事　例】

　Mちゃんは3歳，女児。6月から3歳児クラスに通っている。昨日から欠席していて，昨日は午前中に母親から，少し熱があるようなので休むという連絡が入ったが，今日は何の連絡もない。Mちゃんは2週間前に被虐待の疑いのため，住所地のK市の勧めで保育所に入所してきたのだ。早速，保育士が様子を見に行くことにした。

　Mちゃんの父親は，仕事中のケガが原因で休職したが，手当が支給される休職期間が終了し回復した後も職場に戻らず，失業し，その後何度か就職しても長続きしていない。現在は職探しもせず，昼間から飲酒をして家でブラブラしており，母親がパートで働いて何とか生計をたてている。

　母親が仕事に出かけている間，父親がMちゃんをみているのだが，昼間に父親がMちゃんを激しく叩く音や，夜中に締め出されたMちゃんが「もうしないから入れて，ごめんなさい」と泣きながら謝っている声を聞いた近所の人が児童相談所に通報し，「要保護児童対策地域協議会」で検討の結果，A保育所では，担任を中心に全体でMちゃんの様子を見守り，何かあるときはK市，児童相談所に連絡する体制がとられていた。

　近所には父方の祖父母も住んでいるが，交流はなくほとんど支援は得られない。母親のパート収入だけでは生活は苦しいが，父親本人はケガの後遺症とうつで身体が動かないので就職できないと言っている。しかし，就

労可能な状態と診断されているため公的な支援は受けにくい。父親は公的機関の人とは一切会わず，退職後はほとんどひきこもっており，働く気はなさそうである。母親は，パートのかけもちで忙しく，もともと身体が弱いので家事や育児をする心身の余裕はなく，狭いアパートの一室は食べ物や衣類でちらかり足の踏み場もないという。母親は園長に，Mちゃんをつれて離婚することも考えていると言っているが……。

この節のポイント

　この節では，児童虐待と，子どもの養育の困難にまつわる背景として子どもの貧困，ひとり親家庭の貧困，社会的孤立等について述べる。保育所はこうした子どもの福祉を損なう状況を理解して対応することが望まれている。事例のような家族に対して，保育等が，子どもの健全な成長のために働きかけ，解決への糸口を家族や地域の人々とともに探り当てていくためには，社会的背景を理解することが重要である。

1. 被虐待的環境の増加

　児童福祉において，その増加と深刻度からも最も重要な課題のひとつが児童虐待である。

①児童虐待の推移

　児童虐待は，「児童虐待の防止等に関する法律」第 2 条によって，①身体的虐待，②性的虐待，③ネグレクト，④心理的虐待，と分類され，それらの定義が詳らかにされている。厚生労働省の「子ども虐待による死亡事例等の検証結果等について（第14次報告）及び児童相談所での児童虐待相談対応件数」[18] 報告によれば，全国の児童相談所における児童虐待に関する相談対応件数は表 2 - 1 にみるように増加の一途をたどっている。そして，表 2 - 2 にみられるように近年は心理的虐待が最も多く，身体的虐待がこれに続いている。内閣府『平成27年版 子供・若者白書』[19] によれば，被虐待児の 4 割以上が学齢前である。

　しかしながら，これらの数字が，すなわち虐待そのものの増加を示すものではなく，「子どもに対する保護者の暴力は躾ではなく『虐待』である」という認識の高まりの結果として顕在化しただけであるとの論もある。また，『平成30年版 子供・若者白書』にあるように，児童が同居する家庭における配偶者などに対する暴力がある事案（面前 DV）について，警察からの通告が増加（2013〔平成25〕年に警察が DV 事案についての積極的な介入の体制をとったことに伴っている）したことや，児童相談所全国共通ダイヤルの 3 桁化（189）の広報，マスコミによる報道等による虐待に対する意

▷18 厚生労働省報道発表資料（2018）「子ども虐待による死亡事例等の検証結果等について（第14次報告）及び児童相談所での児童虐待相談対応件数」（https://www.mhlw.go.jp/content/11901000/000348313.pdf 2018年12月 8 日アクセス）。
▷19 内閣府（2015）『平成27年版 子供・若者白書』（https://www8.cao.go.jp/youth/whitepaper/h27honpen/b1_05_02.html 2018年12月 8 日アクセス）。

表2-1　児童相談所における児童
虐待に関する相談対応件数

年	件　数
1990（平成2）	1,101
1995（平成7）	2,722
2000（平成12）	17,725
2005（平成17）	34,472
2010（平成22）	56,384
2014（平成26）	88,931
2017（平成27）	103,286
2018（平成28）	122,575

出典：厚生労働省報道発表資料（2018）
「子ども虐待による死亡事例等の検
証結果等について（第14次報告）及
び児童相談所での児童虐待相談対応
件数」。

表2-2　相談種別構成割合　(%)

年	身体的虐待	ネグレクト	性的虐待	心理的虐待
2008（平成20）	38.3	37.3	3.1	21.3
2009（平成21）	39.3	34.3	3.1	23.3
2010（平成22）	38.2	32.5	2.5	26.7
2011（平成23）	36.6	31.5	2.4	29.5
2012（平成24）	35.4	28.9	2.2	33.6
2013（平成25）	32.9	26.6	2.1	38.4
2014（平成26）	29.4	25.2	1.7	43.6
2015（平成27）	27.7	23.7	1.5	47.2
2016（平成28）	26.0	21.1	1.3	51.5

出典：厚生労働省報道発表資料（2018）「子ども虐待による死亡事例等の検証結果
等について（第14次報告）及び児童相談所での児童虐待相談対応件数」。

識の高まりも考えられる。厚生労働省の「子ども虐待による死亡事例等の
検証結果等について（第14次報告）及び児童相談所での児童虐待相談対応
件数」報告によると，2016（平成28）年度の児童相談所への虐待相談の経
路は，警察等（45％），近隣・知人（14％），家族（8％），学校等（7％）と
なっている。

②被虐待児の家庭状況

次に，虐待を受けた子どもたちの家庭状況[21]をみると少し前のデータであ
るが，1位がひとり親家庭，2位が経済的困難である。そして，親族，近
隣等からの孤立が3位を占めている。4位が夫婦間不和，5位が育児疲れ，
6位が就労の不安定と続いている（図2-1）。これら6項目は相互に関係
し合っていると考えられるが，とりわけ1〜3位には，現代社会における
家族や育児のあり方についての社会的背景が大きく変化してきたこととの
関連がうかがえる（表2-3）。そこで「家族をめぐる養育環境の背景」と
して，次項で現代日本の「貧困」「子どもの貧困と格差」「ひとり親家庭の

▷20　▷18と同じ。

▷21　東京都福祉保健局
（2005）「児童虐待の実態
Ⅱ」（http://www.geocities.
jp/wkkwr722/hoiku/gyaku
tai/gyakutai_tokyo.html.dl2
0181024　2018年12月8日ア
クセス）。

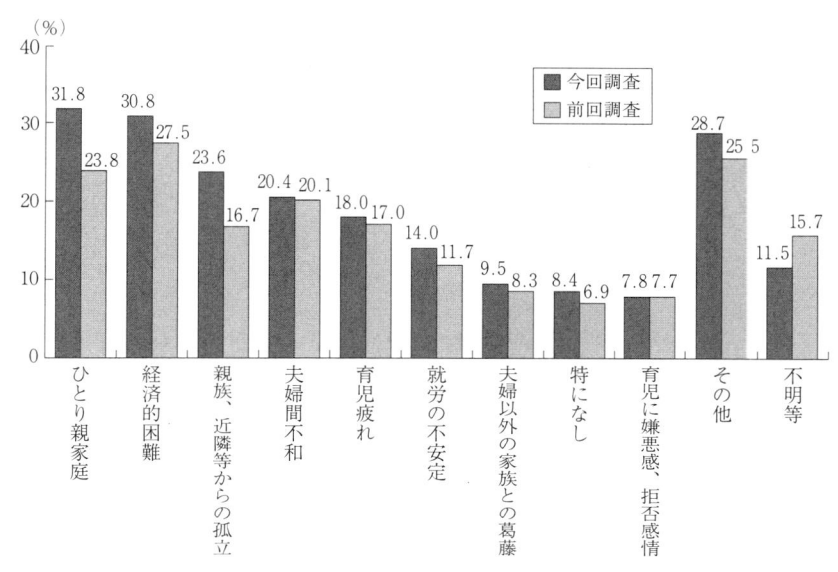

図 2 - 1　虐待を受けた子どもたちの家庭状況

出典：東京都福祉保健局（2005）「児童虐待の実態Ⅱ」。

表 2 - 3　虐待を受けた子どもたちの家庭状況

	家庭の状況		あわせて見られる他の状況　上位 3 つ		
1	ひとり親家庭	460件（31.8%）	①経済的困難	②孤立	③就労の不安定
2	経済的困難	446件（30.8%）	①ひとり親家庭	②孤立	③就労の不安定
3	孤立	341件（23.6%）	①経済的困難	②ひとり親家庭	③就労の不安定
4	夫婦間不和	295件（20.4%）	①経済的困難	②孤立	③育児疲れ
5	育児疲れ	261件（18.0%）	①経済的困難	②ひとり親家庭	③孤立

出典：東京都福祉保健局（2005）「児童虐待の実態Ⅱ」。

動向と母子世帯の貧困」について述べることとする。

2．家庭・家族をめぐる貧困

①貧　困

　貧困は，一般的に「絶対的貧困」と「相対的貧困」としてとらえられることが多い。絶対的貧困は，食物がなくて人々が飢える状態であり，生存に関わる貧困といわれている。相対的貧困は，人間として最低限の生活を営むことができないような状態で社会的，相対的に「必要」とされる状態を欠くものである。貧困率とはある社会や国の人口全体の中で，貧困と定義される人口が占める割合をいう。現在，OECD（Organisation for Economic Co-operation and Development, 経済協力開発機構），ユニセフ（United Nations Children's Fund, 国際連合児童基金）や日本政府の統計に使用されているのは「相対的貧困率」で，所得の中央値の半分を下回っている人の割

合をいう。所得の中央値の半分の額を示す線を貧困線としている。貧困は経済的困窮を中心としてとらえられることが多いが，セン（Sen, A.）は，「潜在能力——人が善い生活や人生を生きるために，選択することのできるさまざまな機能の組み合わせの集合[22]」が損なわれていることが多く，課題解決の手段・方法・技術に乏しく，社会的に孤立しやすい状態を貧困ととらえている。

厚生労働省の「平成28年 国民生活基礎調査[23]」によると，全体に，貧困率は上昇している。また，貧困線を下回る世帯に属する17歳以下の子どもたちの割合を示す「子どもの貧困率」は13.9％で，2012（平成24）年の同調査から2.4ポイント増加している。「子どもがいる現役世帯」（世帯主が18歳以上65歳未満で子どもがいる世帯）の世帯員についてみると，貧困率は12.9％（対2012〔平成24〕年2.2ポイント増加）となっている。

OECD では，2000年代半ばまでの OECD 加盟国の相対的貧困率を公表しているが，これによると，日本の相対的貧困率は OECD 加盟国30か国中27位と高い水準となっており，特に子どもがいる現役世帯のうち，大人が1人いる世帯の相対的貧困率が加盟国中，最も高くなっている。ただし，1985（昭和60）年の「国民生活基礎調査」で全体の貧困率が12％とすでに高い水準にあったことから，日本にはずいぶん前から対応に急を要する貧困問題が存在していたといえる。

そこで，日本政府は「生活困窮者自立支援法」（2013〔平成25〕年）によって生活保護の見直しとともに，子どもや若者も含めて生活困窮者対策に総合的に取り組むこととした。ここで生活困窮者とは，「就労の状況，心身の状況，地域社会との関係性その他の事情により，現に経済的に困窮し，最低限度の生活を維持することができなくなるおそれのある者をいう」（第3条）とされ，この法はこれらの人たちの経済的な自立支援を総合的に行い，就労に結びつけようとするものである。

②子どもの貧困と格差

「子どもの貧困対策の推進に関する法律」にみられるように，生活困窮家庭の子どもや若者への学習支援などの教育支援や若年層の保護者への支援なども制度化されることになった。従来，子どもの貧困そのものはとりたてて問題とされてこなかったが，2008（平成20）年は，「子どもの貧困元年」といわれ，この年に日本ではじめて，子どもの貧困がマスメディアや政策論議の俎上に載ったといわれる[24]。『平成20年版 青少年白書[25]』では特集「家庭，地域の変容と子どもへの影響」として，困難な状況にある青少年の背景にある家庭や地域の問題を取り上げ，具体的施策の必要性を示唆している。

▷22 成清美治・加納光子編集代表（2019）『現代社会福祉用語の基礎知識（第13版）』学文社，242頁。

▷23 厚生労働省（2017）「平成28年 国民生活基礎調査」。

▷24 阿部彩（2014）『子どもの貧困Ⅱ——解決策を考える』（岩波新書1467）岩波書店。

▷25 内閣府（2009）『平成20年版 青少年白書』（http:// www8. cao. go. jp/ youth/ white paper/ h20 ga i youpdf/pdf/gaiyo_tokushu. dl.20181026 2018年12月8日アクセス）。

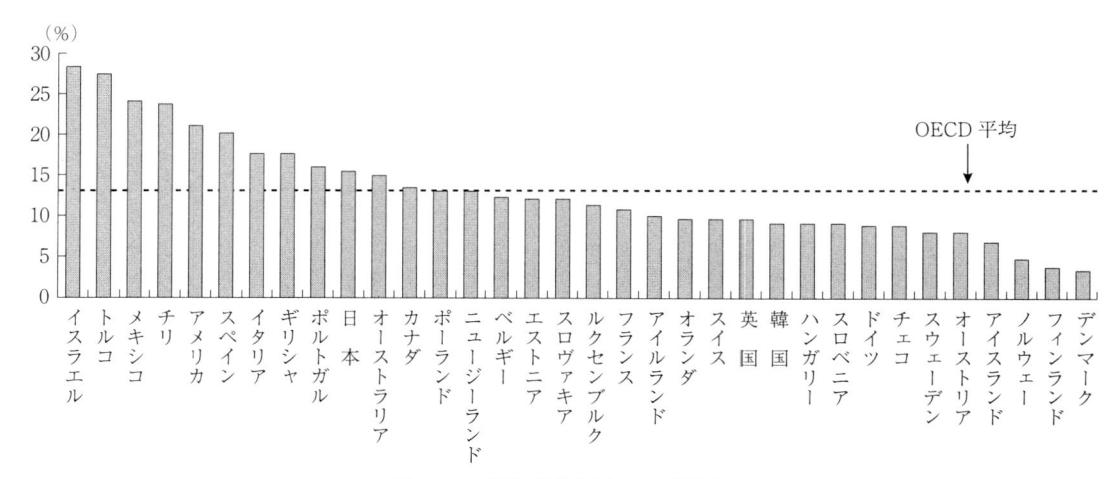

図2-2　相対的貧困率の国際比較

出典：厚生労働省（2017）「平成28年 国民生活基礎調査」。

『子どもの貧困白書』26によると，「『子どもの貧困』とは，子どもが経済的困難にあり，社会生活に必要なものの欠乏状態におかれ，発達の諸段階におけるさまざまな機会が奪われていること，またその結果，人生全体に影響を与えるほどの多くの不利を負ってしまうこと」とされている。

2014（平成26）年の「国民生活基礎調査」によると，子どもの貧困率は，2012（平成24）年の時点で，16.3％と過去最悪を示した。6人に1人が貧困状態にあるということになる。厚生労働省は子どもの貧困率が悪化した原因として「デフレまっただ中の経済状況で子育て世帯の所得が減少した」ことをあげている。2016（平成28）年の「国民生活基礎調査」によると，2015（平成27）年時点での子どもの貧困率は，13.9％（前回より2.4ポイント減少）と12年ぶりに改善し，厚生労働省は「雇用状況がよくなり，子育て世帯の所得の増加が主たる原因」としている。いずれにしても先進国の中では依然として高い水準にある（図2-2）。

子どもの貧困対策としては，2014（平成26）年1月に「子どもの貧困対策の推進に関する法律」が施行された。「子どもの将来がその生まれ育った環境によって左右されることのないよう，貧困の状況にある子どもが健やかに育成される環境を整備するとともに，教育の機会均等を図るため，（中略）子どもの貧困対策を総合的に推進すること」（第1条）を目的とし，「子ども等に対する教育の支援，生活の支援，就労の支援，経済的支援等の施策を，子どもの将来がその生まれ育った環境によって左右されることのない社会を実現すること」（第2条）を理念として掲げたものであった。その基本的施策として，教育の支援（第10条），生活の支援（第11条），保護者に対する就労の支援（第12条），経済的支援（第13条）があげられ，子

▷26　子どもの貧困白書編集委員会編（2009）『子どもの貧困白書』明石書店，10頁。

▷27　内閣府によって提出され，2014（平成26）年8月29日に閣議決定された。子どもの貧困対策の推進に関する法律（平成25年法律第64号）第8条の規定に基づく（なお，子どもの貧困対策の計画策定を市区町村の努力義務とする等の，子どもの貧困対策の推進に関する法律の一部を改正する法律が，2019〔令和元〕年6月19日に公布された）。

▷28　内閣府ホームページ「子供の貧困対策に関する大綱」（https://www8.cao.go.jp/kodomonohinkon/index.html　2019年9月6日アクセス）。

▷29　▷23と同じ。

どもの貧困対策に関する大綱（第8条）と都道府県子どもの貧困対策計画（第9条）の策定が求められ，2014年8月に「子供の貧困対策に関する大綱」が閣議決定された。子どもが生まれ育った家庭の状況にかかわらず，生育環境の整備，教育を受ける機会均等，生活の支援，保護者への就労支援など，内閣府，文部科学省，厚生労働省などの関係省庁が連携して政府として子どもの貧困対策の総合的推進を行うことによって，貧困の連鎖を阻止しようとするものであった。

　「子供の貧困対策に関する大綱」[27]では，子どもの貧困対策を総合的に推進するにあたり，関係施策の実施状況や対策の効果などを検証・評価するため，25の指標を設定している。子どもの貧困に関する指標には，生活保護世帯に属する子どもの高等学校等進学率，生活保護世帯に属する子どもの高等学校等中退率，生活保護世帯に属する子どもの大学等進学率，生活保護世帯に属する子どもの就職率，児童養護施設の子どもの進学率および就職率，ひとり親家庭の子どもの就園率（保育所・幼稚園），ひとり親家庭の子どもの進学率および就職率，スクールソーシャルワーカーの配置人数およびスクールカウンセラーの配置率，就学援助制度に関する周知状況，日本学生支援機構の奨学金の貸与基準を満たす希望者のうち，奨学金の貸与を認められた者の割合（無利子・有利子），ひとり親家庭の親の就業率，子どもの貧困率，子どもがいる現役世帯のうち大人が一人の貧困率，がある[28]。これらの改善のための重点施策として，(1)教育の支援，(2)生活の支援，(3)保護者に対する就労の支援，(4)経済的支援，(5)子どもの貧困に関する調査研究等，(6)施策の推進体制等といった事項ごとに，当面取り組むべき項目をあげている。教育支援はそのプラットフォームとして学校をあげ，その基盤を学校―教育としているが，保護者の自立支援にあたって保育の確保もうたわれており，改めて子どもの貧困に関する保育士の理解を深めるよう，指定保育士養成課程を通して子どもの貧困，社会福祉および児童家庭福祉についての理解を深めることを促している。

　子どもの貧困対策が進むことで，家庭の経済状況にかかわらず，すべての子どもにさまざまな活動の機会，就学の機会を保障し，貧困の再生産を防ぐことが望まれる。

③ひとり親家庭の動向と母子世帯の貧困

　「平成28年 国民生活基礎調査」の「世帯構造別，世帯類型別世帯数及び平均世帯人員数の年次推移」[29]によると，世帯類型別の割合では2016（平成28）年度の母子世帯が全世帯類型の1.4%，父子世帯が全世帯の0.2%となっている。母子・父子世帯の数は，年度により変動するが，一貫して母子世帯の方が多くなっている。

表2-4　母子世帯と父子世帯の状況

		母子世帯	父子世帯
1	世帯数［推計値］	123.2万世帯 （123.8万世帯）	18.7万世帯 （22.3万世帯）
2	ひとり親世帯になった理由	離婚 79.5%（80.8%） 死別　8.0%（ 7.5%）	離婚 75.6%（74.3%） 死別 19.0%（16.8%）
3	就業状況	81.8%（80.6%）	85.4%（91.3%）
	就業者のうち 正規の職員・従業員	44.2%（39.4%）	68.2%（67.2%）
	うち 自営業	3.4%（ 2.6%）	18.2%（15.6%）
	うち パート・アルバイト等	43.8%（47.4%）	6.4%（ 8.0%）
4	平均年間収入 ［母又は父自身の収入］	243万円（223万円）	420万円（380万円）
5	平均年間就労収入 ［母又は父自身の就労収入］	200万円（181万円）	398万円（360万円）
6	平均年間収入 ［同居親族を含む世帯全員の収入］	348万円（291万円）	573万円（455万円）

注：1）　（　　）内の値は，前回（2011〔平成23〕年度）調査結果を表している。
　　2）　「平均年間収入」および「平均年間就労収入」は，2015（平成27）年の1年間の収入。
　　3）　集計結果の構成割合については，原則として，「不詳」となる回答（無記名や誤記入
　　　　等）がある場合は，分母となる総数に不詳数を含めて算出した値（比率）を表している。
出典：厚生労働省「平成28年度 全国ひとり親世帯等調査」結果。

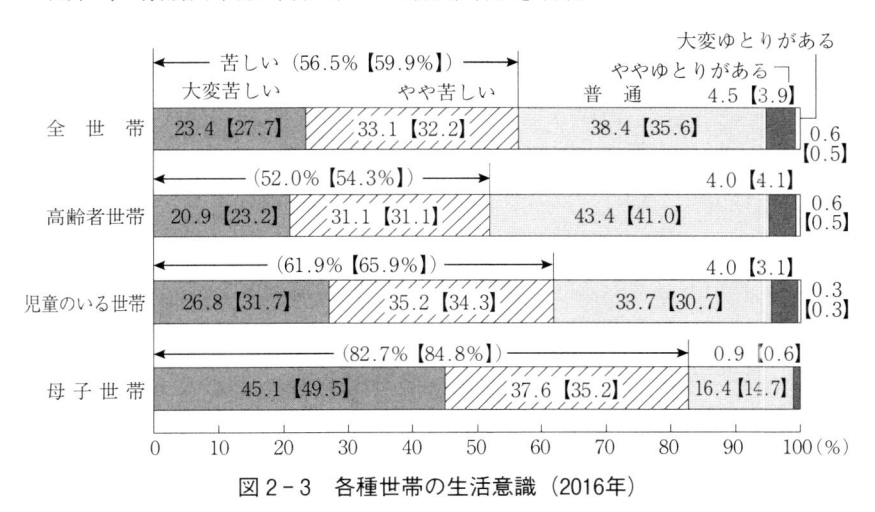

図2-3　各種世帯の生活意識（2016年）

注：1）　熊本県を除いたものである。
　　2）　【　】は2013（平成25）年の数値である。
出典：厚生労働省「平成28年 国民生活基礎調査の概況」。

　表2-4「母子世帯と父子世帯の状況」にみられるように「ひとり親世帯になった理由」は，母子，父子世帯とも「離婚」で，それぞれ79.5%（前回2011〔平成23〕年は80.8%），75.6%（同74.3%）と多少の増減はあるが，高くなっている。「就業状況」は母子世帯，父子世帯ともに8割を超える。内訳は，「正規の職員・従業員」は母子世帯では44.2%（同39.4%），父子

世帯では68.2%（同67.2%）と，父子世帯の割合が高いが，「パート・アルバイト等」は母子世帯では43.8%（同47.4%），父子世帯では6.4%（同8.0%）と，母子世帯の割合の方が圧倒的に高い。

同調査では，国民の生活意識は全体として「普通」が38.4%（前回2010〔平成22〕年は35.6%）と増加してきているが，図2-3「各種世帯の生活意識」にあるように，母子世帯は全世帯の中で82.7%という高い比率で生活を「苦しい」と感じている。母子世帯の場合では，既述のようにパート・アルバイト等が多く，収入が低く安定しないことがこの結果に表れていると考えられる。

このような子ども期の貧困は，低学歴・非正規労働・低所得という貧困を再生産する要因を生じさせることになる。さらに，教育投資による貧困の世代間連鎖の解消を困難にすることを示唆している。[30]

3. 社会的孤立

近年の養育環境の変化，家庭・家族の変化に関係が深いものとして，社会的孤立があげられる。家庭・家族の社会的孤立は，一般的には「家族・地域社会との交流が客観的にみて著しく乏しい状態」と考えられている。英国において2018年1月に，社会的孤立・孤独への対応策として「孤独担当大臣（孤独問題担当国務大臣）」が新設された。このことからもわかるように，社会的孤立・孤独はますます深刻な問題となっている。なお，本節では以後，社会的孤立の中に孤独も含めて用いる。

社会的孤立を主観的な孤立と客観的な孤立の2分類に分け，孤立をとらえる指標として社会的接触を唱えたタウンゼント（Townsend, P.）は，「社会的にも経済的にも最も貧しい人々は，家族生活から最も孤立した人々」[31]だと述べている。多くの研究結果から，社会的孤立の基本的特徴のひとつとして「低所得」があげられている。[32]しかしながら，しばしば引用されるOECDの調査において社会的孤立は「友人，同僚，その他宗教・スポーツ・文化グループの人と全く，あるいはめったに付き合わない状態」と定義されており，この定義によれば，図2-4に示すように，日本の社会的孤立の状況はメキシコとともにずば抜けて高い。しかし，これは，単に経済的理由というよりも日本的な文化を体現した結果とも考えられる。つまり，たとえば，①見知らぬ者同士がちょっとしたことで声をかけ合ったりコミュニケーションをとることが，（現在の）日本社会ではほとんどみられないこと，②（広義の）「あいさつ」や感謝等の言葉が非常に使いづらかったり未成熟だったりすること，③見知らぬ者同士のあいだで，互いに道や順番などを「ゆずり合う」といったことが稀であること，④同じマン

▷30 阿部彩（2011）「子ども期の貧困が成人後の生活困難（デプリベーション）に与える影響の分析」『季刊社会保障研究』46(4)，354頁。

▷31 タウンゼント，P.／山室周平監訳（1974）『居宅老人の生活と親族網——戦後東ロンドンにおける実証的研究』堀内出版。タウンゼント，P.／服部広子・一番ケ瀬康子訳（1974）『老人の家族生活——社会問題として』家政教育社，227頁。

▷32 河合克義（2010）「ひとり暮らし高齢者の貧困と社会的孤立」『貧困研究』第4号，80〜87頁。

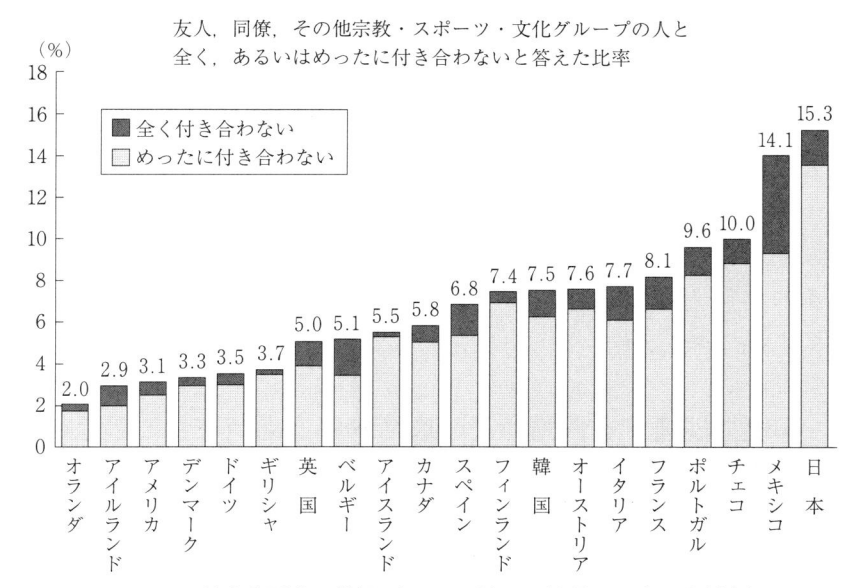

友人，同僚，その他宗教・スポーツ・文化グループの人と
全く，あるいはめったに付き合わないと答えた比率

図2-4　社会的孤立の状況（OECD 諸国の比較，18歳以上対象）

注：原資料は「世界価値観調査1999-2002」，英国はグレートブリテンのみ。
出典：OECD (2005) *Society at Glance,* p. 8（https://honkawa2.sakura.ne.jp/9502.html 2019年8月10日アクセス）をもとに作成。

表2-5　個人的社会関係資本または社会的孤立の定義

社会的参加		組織・活動への参加の欠如（町内会，スポーツ・趣味の会などへの参加）
社会的交流		会話の頻度，家族・親族・友人等との接触の欠如
社会的サポート	道具的サポート	困ったときに頼りにできる人の欠如（病気のとき，一人ではできない身の回りの仕事，金銭の貸し借りなど）
	情緒的サポート	悩み事の相談にのってくれる人，寂しいときの話し相手などの欠如

出典：阿部彩（2014）「包摂社会の中の社会的孤立——他県からの移住者に注目して」『社会科学研究』65(1)，15頁。

ション等の住人のあいだですら，あいさつを交わしたりしないことが一般的になっていること，⑤駅や街角などで身体や荷物をぶつけたりしても互いに何も言わないことが珍しくないこと[33]，等である。さらに，日本においては社会的ニーズは市場サービスや公共サービスを通じて充たされているから，あえて社交を必要としないともいえる[34]。しかし，いずれにしても，近年は農村型（ムラ社会）の関係性から，個人をベースとした，また見知らぬ個人同士がさまざまにコミュニケーションを取り合うような「都市型の関係性」への転換を迫られているので[35]，既述の日本的文化を有することもあって，日本においても社会的孤立は深刻な問題となっている。

　社会的孤立については，高齢者領域で孤独死などから問題提起がなされ始めたものだが，次いで子育て中の母親や，若者の社会的孤立などが社会問題となり，大きな関心を集めてきた。とりわけひとり親や若年の母親へ

▷33　広井良典（2006）『持続可能な福祉社会——「もうひとつの日本」の構想』筑摩書房，105頁。
▷34　▷33と同じ，209〜210頁。
▷35　▷33と同じ，214〜216頁。

▷36 阿部彩（2014）「包摂社会の中の社会的孤立——他県からの移住者に注目して」『社会科学研究』65(1)，15～16頁。

の子育て・生活支援の充実は喫緊の課題となっている。社会的孤立は，社会構造や家族構造の変化と深く関係しているといわれており，地域社会の希薄化，就労意識や生き方，価値観の多様化などの現代社会の多面性を反映しているといえる。阿部は，社会的孤立の共通要素は，人間関係，ソーシャル・ネットワークの欠如であるとして，表2-5に掲げた「個人的社会関係資本または社会的孤立の定義」を提示し，社会的参加，社会的交流，社会的サポート（道具的サポート・情緒的サポート）によって定義されるとしている。

4. 事例に関連する保育所での虐待対応と虐待を生む社会的背景について

　児童虐待を生む要因は社会的孤立だけではないが，ここでは事例に関連して児童虐待とその背景にある社会的孤立について述べる。

①虐待の通告を受けた親子の見守り

「平成28年度福祉行政報告例に関する統計表 児童福祉」によると，児童相談所における児童虐待対応（13万5,152件）のうち，面接での指導が9割（12万1,182件）に近い。つまり，虐待で通告されたケースの9割近くは，面接指導を受けている。虐待ケースについては，通知により保育所等への優先入所が認められており，厚生労働省による「子ども虐待対応の手引き」において，子どもが保育所等に通っていることが虐待ケースを在宅指導することを検討する要因の一つとしてあげている。

▷37　総務省統計局（2018）「平成29年度福祉行政報告例に関する統計表 e-Stat 児童福祉」（https://www.e-stat.go.jp/stat-search/files?page=1&tokei=00450046&tstat=000001034573 2019年6月10日アクセス）。

　毎日家庭から離した形態で子どもをケアすることができるのは保育所の強みである。保育所で被虐待児を預かる場合は，所属するクラス担任のサポート体制，子どもの保育所内での見守り，親への支援と関係構築等，保育者間での役割分担や情報共有，日々の記録の確保，再度虐待が発覚した際の児童相談所への通告・相談について，会議等で保育者全員が確実に情報を共有しておくことが必要である。

　親子に少しでも不自然な様子がみられたり，変化があったことについては，要保護児童対策地域協議会（以下，要対協）等の協議の場であらかじめ決められたところに連絡するとともに，関係機関で情報を共有する。日々の保育の場では担任，主任，園長等の役割分担のもと，子どもと保護者へのソーシャルワーク支援を実施することが求められている。

②本事例における社会的孤立

　Mちゃんの家庭は父親の仕事でのケガとその後の休職に至るまでは一般的な家庭・社会生活を営んでいたと思われる。父親が仕事上でケガをしてからは，ある程度，医療，労働，保険，社会福祉などのサービスを受けて

▷38　要保護児童対策地域協議会
　虐待やさまざまな問題を抱えた子どもの早期発見，適切な保護を目的として市町村などの地方公共団体が2004年度の改正児童福祉法第25条の2に基づいて設置される協議会。児童相談所や学校，教育委員会，保育所，警察など地域の関係機関によって構成される。

はいたが十分ではなく，自分自身の身体的機能と社会的に求められる機能とのギャップに動きがとれなくなり，友人や家族などの私的な社会資源も十分に活用できないまま，自暴自棄な状態に陥って今日に至ったと考えられる。そして，自暴自棄な状態がますます公的・私的社会資源の活用を遠ざける結果を招いたとも考えられる。加えて，母親がパートをつなぐだけで精一杯で，何も考えられない状態であったことも災いしたであろう。

③本事例の行方

このように社会的孤立は個々の自立が求められ，人と人とのつながりが薄れている現代社会にあって，誰もがいつ晒されるかわからない現象である。本事例では，子どものことが糸口となって，この家族が社会的孤立，経済的困窮から，解放される方向に向かうであろうことを期待したい。今後は要対協が子どもの安全を支える枠組みをつくって，それぞれの立場の専門家が連携して地域全体で家族に働きかけることによって，子どもの生育環境（生活支援，安定した養育）の改善，保護者への就労支援などそれぞれの生活課題に切り込んでいき，貧困の悪循環を断ち切っていくための活動をすることが期待される。そして保育所は，Mちゃんが学齢期に至るまで，最も関係の深い機関となる。

まとめと課題

日本においては高度経済成長期を背景に，社会構造・家族構造の変動により単独世帯が増えてきた。その後の低成長期において，所得の減少が始まっても，その傾向はやむことがなかった。「単独世帯」に「貧困」「虐待」「家庭のない家族」が加わり，社会的孤立はどんどん深まっていった。

こうした中で，私たちがまずできることは，虐待と孤立への対応であろう。特に子どもをまきこむ社会的孤立に対してはネットワークづくり等で親を支えていくことである。『平成29年版 子供・若者白書』では，基本的な施策として，すべての子どもの健やかな育成，困難を有する子ども・若者やその家族の支援，そのための社会環境の整備，子ども・若者の成長を支える担い手の養成，創造的な未来を切り拓く子ども・若者の応援を掲げている。

社会環境の整備の一つとして，地域においては，保育・養育のもつ課題に応じてサポート体制を構築していくことが重要である。たとえば，2012（平成24）年に始まった「子ども食堂」などはひとつの対応策である。子ども食堂の対象を広げることも今後考えられる活動であろう。

保育所に関していえば，1990年代から，保育所は地域の「子育て・養育」を担う施設として入所中に限らず，地域の子育て相談に対応できるこ

▷39 宮武正明（2014）『子どもの貧困——貧困の連鎖と学習支援』みらい，236頁。

とが求められるようになった。[39]「地域子育て支援センター」の誕生である。「地域子育て支援センター」を保育所に併設すると，保育士の加算があり，保育所はこうした活動をより一層展開することが求められているといえよう。

　そしてこのような展開を側面から支援する職員として，保育所には保育ソーシャルワーカーの配置が必要である。なぜなら保育ソーシャルワーカーは直接的には保育士との連携のもと，家族へ働きかけて，子どもと家族と保育士を支援し，良質の保育を行える環境を整えるからである。間接的には，2015（平成27）年施行の「子ども・子育て支援新制度」（2012〔平成24〕年8月に成立した「子ども・子育て支援法」「就学前の子どもに関する教育，保育等の総合的な提供の推進に関する法律の一部を改正する法律」「子ども・子育て支援法及び就学前の子どもに関する教育，保育等の総合的な提供の推進に関する法律の一部を改正する法律の施行に伴う関係法律の整備等に関する法律」という子ども・子育て関連3法に基づく制度）にあるように，地域の実情に応じた子ども・子育て支援を充実させていく。そして，地域へ働きかけて，地域住民，地域機関との協働を進め，保育所と地域の福祉力の向上に寄与していく役割を担う者であるからである。

▷40 ▷39と同じ，144頁。

　なお，保育所は地域の状況をより把握しておく必要がある。宮武は少年非行との関連でこのことを述べているが，[40]地域の状況を把握し，子育ての参考になる地域情報の提供も，また，保育所の役割といえよう。

（加納光子）

第3章
保育所のいま

1 保育士に求められるもの

〈学びの手がかり〉

　近年，子どもたちに対する日々の保育業務に加えて，保育所保育士への社会的要望や期待が多様化し，保育士には相談・支援のために保護者と向き合う機会の重要性が増している。自らの保育の実践を振り返りながら，社会福祉や臨床心理とは異なる保育の専門職としての専門性について学ぶ。

　近年，社会・経済構造の変化に伴い，子育て環境の変革が進められようとしている。そのひとつに2015（平成27）年の子ども・子育て支援法の施行がある。その中では，これまでの保育所や幼稚園に加え，その機能をあわせもつ認定こども園についての規程が明文化されるなど，多様化する子どもの保育や教育への法的保障が明記された。

　こうした変動する保育や教育を実質的に担う保育者の役割にも多様化が求められている。特に，0歳から就学前の乳幼児の養護と教育の任を担う保育所の保育士の責務として，その保育内容や方法など保育の質的側面が問われるだけでなく，子育て相談や地域連携等，地域子育て支援事業を主体的に担うべく専門的マンパワーとしての社会的期待が増しているのが現状である。ここでは，改めて子どもの保育を担う保育士の専門性とは何かについて考えてみよう。

1. 保育士の専門性について

　保育士はいま目の前にいる子どもの姿を通して，これから予想される子どもの成長・発達への見通しを具体的なイメージとして描いていくことになる。たとえば，決められた生活空間の中での，特定の保育士と子どもたちによる保育所保育では，こうした保育行為には必然性が認められるが，通常，不特定多数の子どもや保護者が対象になる子育て支援では，初めての出会いや一回きりの保育といったケースも稀ではない。そうした状況においても，保育士にはその子どもや保護者との関わりを通して，その子どもにとっていま必要なこと，これから必要とされることなどをある程度予測し，見通せる保育的視点が求められる。それでは求められる専門性について，以下の6点に集約して説明する。

①子どもの発達を見通す

子どもの発達に不安を抱えた保護者が，初めて参加した子育て支援の場で，子どもの様子を見ていた担当の保育士から，いまの発達状況をふまえた今後の対応を保護者にアドバイスする例はよくみられる。

保護者の生活観や子育て観の多様化で，子どもの成長・発達に必要とされる基本的な生活習慣の獲得や人との関わりなど基本的体験をすることに無関心であったり，子どもへの理解が十分でないまま子育てを行う保護者が少なくない。保育所は保育を必要とする乳幼児期の子どもが生活する場であるため，保育士はこうした家庭や保護者に養育されている子どもも含め，在所する子どもに必要とされる基本的な生活習慣の獲得を日々の保育を通して支援することが保育のねらいとされる。そのため，子どもの時期に体験すべきこと（保育士や他の子どもとの関わり，仲間との遊びなど，成長・発達するうえで不可欠な基本的体験）を十分体験できない子どもに対しても，同様に保育所生活全体を通して体験できるよう保育士は保育を構成し，実践することでその専門性を活かしていくことになる。

②保護者支援の能力

保育所等で子どもの成長・発達に深く関わっている保育士には，日々の子どもとの出会いや関わりの中で，通常とは異なる，あるいはその疑いが予測できる事態が生じた場合，それを察知し，保護者と協力しながら保育を通して支援していく対応能力も，専門性のうちのひとつといえる。

たとえば，いつものように保育所に通所する子ども一人ひとりの顔色や表情，行動や服装などに目をやり，いつもと異なる様態はないかどうか，健康観察（視診）をはじめ保育の活動を通じて，子どものその日の状況を的確に判断できる力が必要である。そのためには，子どもの通常の健康状態や発達過程への認識に加え，保育現場における経験等が重要な要因となる。

こうしたケースでは，保育士による早期の適切な対応は子どもの生命への危機や被害を最小限に食い止め，結果として，子どもの成長・発達を阻害する要因から子どもを守るという保育士の責務を果たすことになる。

③養育環境の変容に対する対応

保護者の養育力の低下が叫ばれて久しいが，その背景には社会構造の変化や価値観の多様化により，保護者の子どもに関する考え方が変容し，子どもの豊かな成長・発達が脅かされるような事態がさまざまな形で表面化され，社会問題化されるようになったことがあげられる。それは，子どもの成長・発達面における現象に目を転じれば，容易に理解できる。「朝食を食べない（食べさせてもらえない）子ども」「放っておかれている（その逆

に過干渉な）子ども」「日常的に子どもへの言葉や態度に不適切な対応がみられる保護者」などがその例である。

養育環境の変容の結果，子どもの心身の健康が損なわれる，あるいはそのおそれが考えられるケースが保育現場でも少なからずみられるようになってきている。こうした状況にあって，保育士は保護者とその事態を共有し，改善に向けた保育による支援を行うことになる。そのためには，その子どもの健康度を客観的に判断し，保護者との連携を図りつつ，基本的に，その子どもにはどのような保育支援が必要なのか，園や他の保育士との協力も進めながら，適切な保育計画を実施する必要がある。

このような過程で，保育士には子どもと保護者の生活環境や，親子関係，家族関係等への理解，その家族や子どもに必要な保育支援のあり方を把握し，解決に向けた道筋を想定する力が必要になる。保育の専門性のうち，ソーシャルワークとしての側面が必要とされる領域といえる。

④子どもの健康管理と初期対応

保育の現場は子どもにとっての生活の場であるため，事故やケガ，病気など，子どもの生命や身体に影響を及ぼす事態の発生が常に予測される。そのため，保育士にはこうした事態に対する対応方法についての基本的な知識はもちろん，発生事後における適切な対応が求められる。特にそうした場合，初期対応が重要になる。事故やケガに対しては発生した場所や発生状況，子どもの様態（程度や表情，動きなど），周囲からの情報収集，園長や主任への報告など，その状況を冷静に把握し，対応する必要がある。この初期対応を誤ると，その後のさまざまな事態に影響が出る可能性があるからである。

たとえば，事故やケガで治療が必要と判断された場合，医療従事者や関連機関に連絡することになるが，その間の対応（治療を必要とする子どもへの初期対応）には慎重さが求められる。事故やケガによる苦痛や精神的に動揺していることが考えられる子どもへの対応はもちろん，医療関係者への事故の発生と事後についての状況説明がそれである。すなわち保育士は，保育と医療の間をつなぐ役割を専門性のひとつとして担っている。

子どもの病気に対しても同様で，ノロウイルスなどの感染症に罹患した子どもの対応においても，嘔吐や発熱で平常の状態ではない子どもに対しては，落ち着いて子どもを不安に駆りたてない配慮などに加え，他の子どもたちへの感染を防ぐための処理を，迅速にまた的確に行うことが不可欠となるが，この場合も保育士として，病気についての基礎知識やその特性はもちろん，子どもの様態や周囲の状況の把握など，初期対応の方法を身につけておくことが必要である。

　保護者にその子どもの様態や事後対応を正確に伝えることも保育士の重要な役割であるため，そうした一連の行動様式を理解し，実際に対応できるように保育士個人だけでなく，園全体でその体制づくりを進めることが重要である。

⑤自然災害回避への対応能力

　子どもへの危機管理の他，近年保育士の専門性が問われる領域として，予想の域を超えた大きな被害を子どもたちに与え，いまなお記憶に新しい1995（平成 7 ）年に発生した阪神・淡路大震災と，2011（平成23）年の東日本大震災などにおける保育士の役割を見落とすことはできない。この未曾有の大震災の発生時とその後の保育士による子どもたちへの避難誘導が，子どもたちの生命・生存に大きく関わっていたことはまちがいないからである。被災当時の避難状況や事後の各被災地での保育所や幼稚園の子どもたちの状況を知るにつれ，改めて災害時における保育士の役割，果たすべき責務についても，保育士の専門性という視点から考えていかなければならない。

　通常，保育所では定期的に避難訓練を行っているが，要はその方法と保育士自身の意識が重要ではないだろうか。常に，マニュアル通りに行うことで満足するのではなく，地震や津波といった自然災害の場合，予想を超える状況が発生することもありうるという考えに立って，保育士は子どもたちを守るための最良の方法で避難誘導にあたる必要がある。災害から子どもたちの生命を守るために，保育士は常に専門的な知識と同時に，危機的な状況下における適切な判断力と行動力の向上が求められている。

⑥その他の専門性（経験知，相談支援能力，関係機関との連携など）

　近年，保護者の中には，子育てに不安や悩みを抱える人が多いといわれている。保育への期待感や多様性が進展している今日，こうした問題を抱えた保護者への相談支援が重要性を増している[2]。以下は，ある保育場面での事例である。

【事　例】

　ある保育所で子どもの発達の遅れに不安を抱いた保護者から相談を受けた保育士がその話をよく聴いた後，心配するほどではないことを伝えると同時に，同じ年齢の子どもたちのクラスを見せて，保護者の理解を促すことにした。「うちの子どもが特に遅れているということではないんですね」とその保護者は安心し，保育士は，この年齢の子どもの発達について説明を行い，これからもその子どもの成長をともに見守っていくことにした。

　ここでは，相談支援における保育士の専門性を指摘できる行為がいくつかみられる。まず，保護者の相談に対して，保護者の話にただ耳を傾ける，

▷ 2 　そのひとつの事例として，保育士養成課程のカリキュラムに「保育相談支援」の科目が導入されている（2011年）。

いわゆる「傾聴」という行為である。これは一見やさしいようで難しい。経験のある保育士にはアドバイスや意見を述べてしまうことが少なくないからである。

　次に，子どもの発達を理解してもらうために，同じ年齢の子どもたちの様子を見てもらおうとした点である。これは，言葉による説明だけでなく，実際の子どもの様子を見てもらうことにより，保護者の理解を得ようとする行為である。これは，保育士自身がもつ子どもの発達についての知識と，これまでに蓄積してきた経験から判断された行為であり，保育所の保育士という特性を十分認識した専門性のある行為といえる。さらに，その後も子どもの発達を保護者とともに見守っていこうとする意向に，発達への見通しとその過程を十分認識している保育士の姿勢が読み取れる。

　このように，保育所の保育士には，保護者の相談に際して，保育所という保育場面の特性を活かし，相談に必要な支援の方法に基づいて解決に向かう対応が求められている[3]。

　最後に，保育所だけでは解決が難しいため，他の関連機関との連携が必要となった事例を通して，保育士の専門性をみることにする。

【事　例】

　中学生の兄Ａにいつも手を引かれて登降園していたＢちゃん（女児）が，あるときから表情が暗く，服装も着替えていないなどの様子がみられるようになった。Ｂちゃんの異変に気づいた保育士がＡに尋ねたが，要領を得ないため，しばらく注意して見ていたところ，あるとき，Ｂちゃんのからだにアザを見つけた。病院に入退院を繰り返していた母親に連絡し，状況の聞き取りを行った結果，母親のいないときに，日常的にＡから暴力を受けていたことがわかり，保育士の連絡を受けた園長が児童相談所に通報し，Ｂちゃんは保護された。

　後者の本事例では保育士の行為は保育所だけでは解決が難しいと判断し，児童相談所に通報し，相談していることから，他の専門機関との連絡，連携を行うソーシャルワーカーとしての役割・機能も不可欠であることを示唆するものである。

　保育士の虐待への関心や通報の必要性，他の専門機関との連携といった社会的要請に基づく対応と保育所での日々の保育を通しての保育士としての子どもへの眼差しという2つの側面から，保育士の専門性に基づいた適切な行為を見出すことができる。

　上記の2つの事例に限らず，保育所の保育士の業務には，日常的な子どもの保育に関わる専門性の高い知識と技術，そしてその専門性に裏打ちされた実行性のある行為が求められるということである。

▷3　須永進編著（2013）『事例で学ぶ保育のための相談援助・支援——その方法と実際』同文書院。須永進編著（2010）『子育て支援を考えるために』蒼丘書林を参照。

　このように，保育士の専門性は保育に必要とされる保育知識や技術を基礎に，保育を必要としている子どもの成長・発達にどのように関わるか，またそれをどう活かしていくことができるかという視点から，その内容，質が問われてくる。

　上述した内容に関連する事例を通して，保育士固有の子どもや保護者へのアプローチを考えてみよう。

2．事例にみる保育士固有の子どもや保護者へのアプローチ

　ここでは，保育の事例を通して，保育士による保護者へのアプローチを確認する。

①虐待が疑われるケース

【事　例】

　Cくん（2歳の男児）は父親・母親の3人暮らしである。両親ともに仕事をしている。休日には家族で外出することが多い。母親は明るく，ハキハキとしている。いろいろなことに関して，常に完璧にテキパキと行っている。父親はまったく表情がなく，保育士の話にはうなずいていることが多いが，Cくんに対しては，一生懸命声をかけ関わろうとしている。親戚や祖父母が近くに住んでいることもあり，送り迎え等には積極的であり，協力的な姿がみられる。

　Cくんは3か月のときに自宅で大ケガをし，病院へ搬送されたが，ケガの状態から虐待が疑われ，すぐに乳児院へ入所（1年間）した。その間，両親は保健師や乳児院・児童相談所の職員との話し合いをし，定期的にカウンセリングを受けたり，講習会などに参加していた。Cくんはその後自宅へ戻り，現在は経過観察となっている。その際，カウンセリングや月1回の講習会に参加をしたり，保健師と児童相談所の職員が週に2〜3回，自宅を訪問している。

　Cくんは2歳児から入園。乳児院での集団生活が長いこともあり，園にはすぐに慣れていた。休み明けや父または母のどちらかが不在の場合は情緒不安定となり，送迎時に泣くことが多くみられた。その中で，ときどき「パパが蹴った」「ママが叩いた」と急に言うことがあったが，毎日の視診・触診ではアザや傷は見られなかった。

〈保育士の関わり〉

　担任はこのようなCくんの様子をそのつど，保健師や園長に相談していた。また保健師や園長が実際に保育に入り，Cくんと関わりをもちながら，状況を把握するようにしていた。また母親とは，送迎時やお便り帳での普段のやりとりを行い，個人面談では母親からの相談に応じるように心がけ

た。その際，担任が気づいた点がある場合は，すぐに保健師や園長に相談するようにした。

こうしたことに関して，職員会議やケース会議時にあげながら，他の職員も情報把握・理解ができるようにしている。また，その間，他の専門機関と定期的に連携をとり，話し合いを進めながらCくんの家庭と保育所での状況についての情報共有を行うようにしている。

〈経　過〉

母親から以前に比べてCくんとの関わり方など不安や悩みを聞くことが多くなった。また父親も少しずつではあるが，自ら担任に話しかけたり，笑顔をみせるようになった。

今回のケースは，すぐに解決できるものではなく，長期的な観察・対応が必要であるため，他の専門機関との連携が不可欠となる。また，職員全体での把握と情報共有も重要である。現在もなお経過観察中である。

②感染症（病気等）への対応

【事　例】

保育所では，感染症にかかりやすくなる時期がある。そのため，保育所では日頃から感染症についてお便り帳に詳細に記入し，お知らせ等を配布しながら前もって保護者に情報提供を行っている。その中で感染症ごとに症状・潜伏期間・対処方法などを書面にし，感染症にかかった際の対処法も伝えている。保健所では，感染症予防に関しての講習会が開かれ，保育士は定期的に受講している。その中で，感染症についての知識を習得し，理解を深めている。

また，その際，保健所や市からのお知らせ等がある場合には，そのつど書面や口頭で保護者に伝えている。毎月の職員会議やケース会議，保健会議の中で，保健所での講習会の参加報告を行ったり，職員同士で情報共有・情報把握をするように心がけている。日頃の保育では，子どもと保育士ともに手洗い・うがいを徹底的に行い，保育士は室内の環境整備をこまめに行うようにしている。

〈成　果〉

保護者に対して，前もって感染症に関する情報提供や情報開示をすることで，保護者自身も感染症について把握し理解できるようになった。また，以前に比べて，保護者が子どもの健康について関心をもち始め，保育士や保健師に，感染症に関する内容や健康に関する相談をすることが多くみられた。

保育士に関しては，感染症対応に関するマニュアルを再確認し，適切に対応することができるようになった。その中で，冬の感染症のひとつとし

て「ノロウイルス」があげられる。嘔吐物処理用品の準備，感染症対策（うがい・手洗い・逆性石けん・室内環境整備等）や嘔吐物の処理方法を徹底的に保育士同士で再確認することで，感染の広がりを防止することができる。

　子どもは感染症にかかりやすく，年齢や場合によっては重篤になる危険性がある。そうしたことをしっかりと把握し，感染症にかからないための方法や感染した場合の対処法など，保育士自身が理解し，適切に対応できることが重要である。

③地震等の災害への対応（東日本大震災時の対応）

【事　例】

　東日本大震災時，保育所では午睡中，または午睡明けの状態であった。大きな揺れの中，立つことも困難であったため，その場で子どもたちに掛け布団や防災頭巾をかぶせ，保育士たちが一緒にそばにいるという状態だった。ようやく揺れがおさまり，保育士が子どもを柱のそばに集めた後，窓を開け，子どもを誘導した。

　その間，他の保育士は避難場所に行く準備（出席簿・非常用リュック・防寒用品等の所持）を迅速に行った。その後，たびたび余震が続いていたため，職員同士の声かけで様子を見ながら避難場所へ向かった。その間，園長・主任は保護者にメールや電話で一斉連絡を行った。その後も園長は保育所に残り，保護者への連絡を続け，その中で市役所への連絡（子ども・職員の人数，避難場所，保護者への連絡状況等）も随時行った。交通機関がすぐに再開したこともあり，4時間後には子どもの引き取りが完了した。

〈日頃の取り組み〉

　保育所では，年間保育計画の中に防災訓練（月1回）が義務づけられ，「地震（戸外活動中の地震を含む）」「火事」「不審者について（室内・戸外活動時を含む）」などさまざまな場面を想定して訓練を行っている。

　その防災訓練では，チームワークが重要であるため，とっさの状況や出来事を理解し，そのつど，役割分担を行っている。たとえばリーダー（子どもを誘導する），サブリーダー（リーダーの補助的役割），フリー1（環境整備・準備・掃除等），フリー2（様子をみながらの補足的役割）などである。そして，日頃の保育において「もしこの状況で地震（災害等）が起きたらどうすべきか」「このような状況（緊急）の場合，どこに避難したらよいのか（避難場所）」ということについて職員同士で話し合う機会を多く設け，そうした「もしも」のことを常に考える必要がある。

　また，防災チェックリスト（避難場所・避難経路・環境整備・物品補充等）に沿って保健師とともに非常用リュックの中身を月1回点検している。

〈結　果〉

　職員同士が日頃の保育の中での危機管理に常に気をつけていたことで，大きな地震が起こった際も，慌てる保育者は見られず，落ち着いて次の行動にうつすことができた。東日本大震災時には「職員間の声かけ」と「職員のチームワーク」が大きな鍵となり，その後も迅速かつ適切に避難することができた。

まとめと課題

　ここでは，保育所の保育士に求められている専門性を中心に，またそれに関連する事例を取り上げてきたが，こうした点を参考に自らの保育実践を振り返り，改めてこれから求められる保育士の専門性について認識する必要がある。それは，常に変容する子どもや保護者の保育へのニーズと，その多様な動向を受け止め，その先を見通し，対応することが保育士の専門性のひとつと考えられているからである。

（1項　須永　進，2項　須永真理）

2　保護者支援の背景にある要因

〈学びの手がかり〉

　近年，保育所における保護者支援の内容が多様化しているといわれているが，それはどのようなことが要因になっているのだろうか。本節では，いくつかの保育所における調査から，保育士が保護者支援で対応している内容を整理し，保育所にソーシャルワークが求められる理由を説明する。

1. 保育所における保護者支援の多様化

　近年，子育て家庭を取り巻く環境は社会構造・地域コミュニティの変貌や家族形態の核家族化などに伴い変化し，子育て経験のある近隣住民や他の子育て家庭との関わりが希薄化している。子育て家庭にとって，周りの子育ての様子を知ることができないことや，誰からの助言も得られないといった子育てが困難な環境は保護者の育児不安の大きな一因となってきている。保育所においてソーシャルワークが求められる背景には，保護者支援の内容が多様化している現状がある。そして，保育士が保護者支援において困難さを感じている現状が指摘されている。

たとえば，津田らの全国調査によると，保護者支援での対応において，「保護者が問題に気づいていない」「問題に気づいているが認めたがらない」「健診等で指摘がないので問題がないと思っている」など，子どもに対する保育士と保護者の認識のズレに苦慮していることが報告されている。[4] また，鶴らは，保育所の保護者支援は保護者の抱える幅広い子育て課題に対応しているが，「深刻な子育て課題ほどその背景に，子育て以外の生活困難があることが多い[5]」ことを指摘しており，生活困難の背景にある家族関係や，家族が抱える問題まで視野を広げて対応していくためにも，ソーシャルワークの視点を用いることが必要であると述べている。

保護者が抱える悩みや相談ごとには，子どもの相談という形をとりながら，その背景に家族関係，職場，実家のことなど，育児を取り巻く環境や保護者自身が抱えている問題が影響していることが多い。相談ごとには，表に出ている部分（主訴）とその裏に隠されている背景があることをふまえて対応していく必要がある。ある場面におけるひとつのエピソードも，保護者の生活の文脈の中でとらえ直してみなければわからないことが多いものである。[6]

このように，保護者支援の多様化の背景には，子育てに関する悩みにあわせて，子育て以外のさまざまな生活困難が複雑に関連しており，保育に関する専門性だけでは対応が困難になっている状況がある。

2. 保育所保育指針に示される保護者や子育て家庭の理解

保育所保育指針では，子育て支援における保護者や子育て家庭の理解について示されている。表3-1は，その関連する記述内容であるが，子どもと保護者の関係や家庭での生活状況を把握した支援が求められる。支援においては，表面化している問題のみにとらわれるのではなく，ひとつの問題が複数の問題と関連し重なりあっている構造を理解しなければならない（図3-1）。そのためにも，子どもと親との関係性のみに着目するのではなく，地域社会とのつながりやこれまでの関わりなど，その生活を全体性において理解することが必要であり，[7] 家庭の内外で起こっている相互作用と，連続した時間の流れや環境との均衡関係などを観察することも必要である。[8]

保育士は法的にも実践的にも子どもの成長・発達を生活から支えることに固有性を有する専門職である。その保育実践では，子どもへのケアだけにとどまらず生活の多面性，多様性，複雑性，連続性を認識した家庭生活全体を見わたした支援が求められているといえる。

▷4　津田郎子・木村留美子（2014）「保育所における発達障害の早期発見・早期介入を阻害する要因の検討──『気になる子ども』に対する保育士の認識と支援体制から」『金沢大学つるま保健学会誌』38(2)，25〜33頁。

▷5　鶴宏史・中谷奈津子・関川芳孝（2017）「保育所を利用する保護者が保育士に悩みを相談する条件──保護者へのインタビューを通して」『教育学研究論集』(12)，31頁。

▷6　寺井文平（2004）「保育における親理解」寺見陽子編著『子ども理解と援助──子ども・親とのかかわりと相談・助言の実際』保育出版社，46頁。

▷7　今堀美紀（2002）「保育ソーシャルワーク研究──保育士の専門性をめぐる保育内容と援助技術の問題から」『神学と人文　大阪基督教学院・大阪基督教短期大学研究論集』第42号，183〜191頁。

▷8　山城久弥（2018）「エコシステム構想による保育ソーシャルワーク実践」日本保育ソーシャルワーク学会監修，永野典詞・伊藤美佳子・北野幸子・小口将典編著『保育ソーシャルワーク学研究叢書　保育ソーシャルワークの内容と方法』晃洋書房，183頁。

表3-1 保育所保育指針に示される保護者や子育て家庭の理解に関する記述

記載箇所	内　容
第1章　総則 1　保育所保育に関する基本原則 　(3)　保育の方法	カ　一人一人の保護者の状況やその意向を理解，受容し，それぞれの親子関係や家庭生活等に配慮しながら，様々な機会をとらえ，適切に援助すること。
第2章　保育の内容 4　保育の実施に関して留意すべき事項 　(3)　家庭及び地域社会との連携	子どもの生活の連続性を踏まえ，家庭及び地域社会と連携して保育が展開されるよう配慮すること。その際，家庭や地域の機関及び団体の協力を得て，地域の自然，高齢者や異年齢の子ども等を含む人材，行事，施設等の地域の資源を積極的に活用し，豊かな生活体験をはじめ保育内容の充実が図られるよう配慮すること。
第4章　子育て支援 1　保育所における子育て支援に関する基本的事項 　(1)　保育所の特性を生かした子育て支援	ア　保護者に対する子育て支援を行う際には，各地域や家庭の実態等を踏まえるとともに，保護者の気持ちを受け止め，相互の信頼関係を基本に，保護者の自己決定を尊重すること。
第4章　子育て支援 2　保育所を利用している保護者に対する子育て支援 　(2)　保護者の状況に配慮した個別の支援	ア　保護者の就労と子育ての両立等を支援するため，保護者の多様化した保育の需要に応じ，病児保育事業など多様な事業を実施する場合には，保護者の状況に配慮するとともに，子どもの福祉が尊重されるよう努め，子どもの生活の連続性を考慮すること。
第4章　子育て支援 3　地域の保護者等に対する子育て支援 　(1)　地域に開かれた子育て支援	イ　地域の子どもに対する一時預かり事業などの活動を行う際には，一人一人の子どもの心身の状態などを考慮するとともに，日常の保育との関連に配慮するなど，柔軟に活動を展開できるようにすること。

出典：厚生労働省「保育所保育指針（平成29年告示)」をもとに作成。

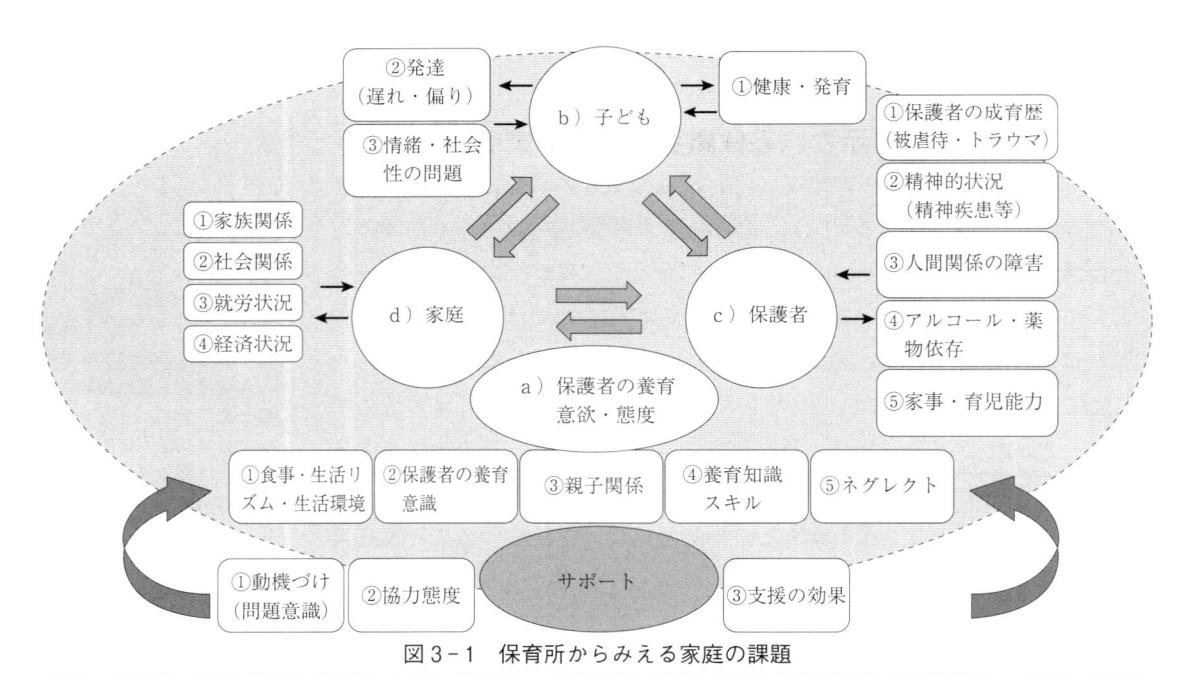

図3-1　保育所からみえる家庭の課題

出典：金子恵美（2010）『増補　保育所における家庭支援——新保育所保育指針の理論と実践』全国社会福祉協議会，100頁を一部改変。

3.　大阪府の調査からみる保育所における保護者支援の現状

　それでは，実際の保育所における保護者支援の場面において保育士はどのような支援に対応しているのだろうか。ここでは筆者が大阪府内の保育所に勤務する保育士に行った調査の結果からその実態をみてみよう。[9]

　まず，保育所における保護者支援の内容だが，子育てに関する問題への対応86.7％，子育て以外に関する問題への対応54.4％であり，他機関との連携などネットワークにつなぐ必要があったものには45.2％が該当した。[10]

　その中で，「保護者が抱えていた課題」について，「保護者の精神面に問題があった」（65.4％），「子どもをきつく叱っていた」（54.6％），「子育てに自信がなかった」（52.9％），「家族関係に問題があった」（52.6％）など，保護者自身が抱えている問題が多かった。また，「経済的に余裕がなかった」（29.0％）など，保育所のみではなく他機関との連携によって支援を行う必要のある相談内容も一定数あった（表3－2）。

　調査の結果からも，保育所において保育士がさまざまな問題に対応している現状がわかる。さらに，「子育てに関する相談」であっても，そこには「子育て以外に関する問題」も含まれているため，「他機関とのネットワークや連携」が求められるとも考えられる。

4.　保育士が保護者の生活課題をとらえる視点

　鶴らは，保育士が日々の保護者との関わりの中で何を根拠として，生活困難を抱えていると判断しているのかについて，保育士に質問して整理をしている。その結果，表3－3のように14の項目で整理されている。[11]

　これらの結果から，保育士は保育所という日常性・継続性のある子どもと保護者の関わりや相互の関係の中で，保護者の生活課題をとらえようと

表3－2　回答者が相談支援を行った際に保護者が
抱えていた課題（複数回答）

相談支援において保護者が抱えていた課題	％
保護者の精神面に問題があった	65.4
子どもをきつく叱っていた	54.6
子育てに自信がなかった	52.9
家族関係に問題があった	52.6
保護者の生活習慣に問題があった	50.2
時間的に余裕がなかった	48.9
保護者の健康面に問題があった	40.2
経済的に余裕がなかった	29.0
保護者が保育所との関係に問題があった	23.9
仕事上の人間関係に問題があった	18.1

注：この調査は，大阪府内の市町村がホームページにて公開している保
　　育所（認定こども園は除く）の中から無作為に抽出した保育所にアン
　　ケートを送付し，248名からの回答をまとめたものである。

▷9　小口将典（2016）「保育現場から得られるアセスメントに必要な情報の認識について——大阪府下の保育所保育士への質問紙調査から」『日本保育ソーシャルワーク学会第3回研究（熊本）大会抄録集』。

▷10　本調査は，大阪府内の市町村がホームページにて公開している保育所（認定こども園は除く）から無作為に抽出した765施設の保育士を対象に，郵便によるアンケート調査を実施したものである（実施機関：2016年5月10日～6月30日）。回答があった248名を分析の対象としている。複数回答あり。

▷11　鶴宏史・中谷奈津子・関川芳孝（2018）「保育者が親子の生活課題を捉える視点——保育者の自由記述分析」『武庫川女子大学学校教育センター年報』第3号，71～73頁。

表3-3 保育士が保護者のどのような姿から生活困難だと判断するのか

視 点	内 容
①身だしなみが変化する	衣類が乱れる，衣服・化粧などが派手になった，髪が乱れる。化粧をしなくなった。
②保育者との関係が不良である	保育者と関わりたがらない（保育者と話をしない・話を聞かない。目を合わさない）。保育者への風当たりが強い，理不尽な苦情・要求をする。
③必要経費の延納が続く	保育料などの必要経費の支払いが遅れる。あるいは支払いをしない。
④送迎時の様子が変化する	送迎時間が遅れたり，不規則になったりする。あるいは迎えに来ない。送迎者が保護者以外になった。
⑤身体的な不調が見られる	元気がない，疲れている，やつれている。体調がよくない，何らかの疾病がある（極端にやせてきたなど）。
⑥精神的な不調が見られる	精神状態が不安定，情緒が乱れているように見える（イライラしている，不安がある，怯えている，表現が乏しい，おろおろしている様子が見られる）。
⑦物忘れが増える	忘れ物が多い。忘れ物が増える。提出物を出さない。
⑧子どもを登園させなくなる	子どもを登園させない，子どもが病気ではないのに休ませる。
⑨子どもへの暴言・暴力がある	子どもに対する厳しい対応が見られる（子どもに対してイライラしている，子どもを激しく怒る，子どもへの暴言・暴力）。
⑩不衛生である	清潔さがない（衣類の汚れなど）。
⑪保護者に傷やアザが頻繁に見られる	保護者に傷やアザがある。保護者自身が傷やアザを隠そうとしている。
⑫連絡帳の未記入が続く	連絡帳が未記入であったり，連絡事項に反応がない。
⑬子どもの養育に対して無関心である	子どもに関心がない，あるいは子どものことを把握していない。子どもが病気になっても通院してくれない。
⑭他の保護者との関係が不良である	他の保護者から孤立している，他の保護者と関わろうとしない。

注：この調査は，大阪府社会福祉協議会主催の研修会「地域貢献支援員（スマイルサポーター）養成研修」を受講し，スマイルサポーターとして勤務している保育士が4名以上いる，私立保育園24園の園長および保育士を対象として実施されたものである。
出典：鶴宏史・中谷奈津子・関川芳孝（2018）「保育者が親子の生活課題を捉える視点——保育者の自由記述分析」『武庫川女子大学学校教育センター年報』第3号，74頁。

していることがわかる。また，子どもや保護者の変化を発見し，継続的な支援や見守りが可能であるという保育所だからこそできる支援がある。

まとめと課題

　本節で述べたように，入所する子どもたちの保護者の中には生活面，精神面等で支援を必要とする家庭がみられ，市町村の担当課とともに適切な対応を求めるケースが増えている。また，保育に限らず，行政の関与をはじめ関係機関との連携が不可欠だと考えられる重層的で困難な問題を抱え

る保護者も少なくない。保育所において対応している保護者支援では，保護者はさまざまな問題を複合的に抱えている特徴がある。保育士には生活問題をみる目を養い，問題の構造を理解し適切に対応するスキルが求められている。

▨ コラム 3 ▨

保育士は子どもの保育をしたい

　毎日の保育士の業務を追ってみると，保育士の業務の多くを保護者支援に費やし，一人ひとりの子どもと丁寧に関わる時間もままならない現状にあるのもまた事実である。

　しかし，配慮の必要な子どもや月齢の低い乳児の入所については，特にきめ細やかで安心・安全な保育を提供するための環境整備が重要となり，経験豊かな保育士の配置が必要となる。それらにあわせて，保育所の開所時間は早朝から夕方遅くまでとなり長時間化し，現場ではそれに対応するために，保育士の勤務時間のシフトを細かく設定し，朝夕の超過時間帯に非常勤職員やパート職員を配置して保育士の労働時間の厳守をしのいでいる状況にある。こうした状況の中でも，担当保育士が保護者との面談・連携に時間を費やすことは，負担となっている。また，全国の認可保育所実態調査によると，入所児童の多くが長時間保育を利用している。さらに，97％の保育所が土曜日も開所しており，保育所が開所している時間は切れ目なく子どもを預かり，保育士は気の休まる間もない状況にある。これらの課題を抱えながら保育所保育指針の改定を受け，事務書類や児童保育要録の書類作成等，保育士の負担はますます増え，休憩時間も確保できないほどである。

　このような煩雑な業務の中で，担任保育士は自身の保育内容を向上させるために，さまざまな個別課題をもった子どもへの丁寧な保育の時間をとることができる余裕と，専門機関との連携が図れる体制づくりの確保をどれだけ願っているだろうか。同様に，主任保育士等の経験豊かな保育士が保育業務のみならずソーシャルワークを担うなど，職域によって業務を分担する組織体制が適えば，どれだけ保育士業務の煩雑さが整理され，子どもの保育に集中できるだろうか。

　いまと昔の保育の違いとして，筆者らは「あの頃は保育に燃えていた」とよく口にする。その頃は8時間の通常保育時間として9時から16時の保育時間の中で，16時になると母親はもちろん，「せんせい，遅くまでありがとう」と言って孫を迎えに来るおじいちゃん・おばあちゃんもあり，子ども全員が一斉に降所するのが当たり前の時代であった。勤務を終える17時までの時間は，所長を含む保育士6・7人で事務所に集まり，行事の企画についての意見交換や子どもの保育について先輩と論議を交わす等，充実した時間であった。長時間保育も乳児保育もまだ兆しがみられた初期の時代であったが，仲

間とは常に保育の質を高め合うよいライバルであった。行事の前は，仲間とともに夜遅くまで子どもの保育について語ったことは忘れられない楽しかった思い出の一コマである。

（2節 小口将典，コラム3 津山恵子）

3 困難事例からみえたもの——困りごと点検シート

〈学びの手がかり〉

　ここまでは保育業務や個別の問題が複雑化し，困難になってきていることをみてきた。その速やかな対処のためには，日々刻々と変わる子どもをめぐる状況に応じて，園内外の他職種との情報収集や連携によって最小限の情報を共有し，意見交換をしたり，事例会議や園長や上司からのスーパービジョンも必要である。しかしながら，スピード感も求められる現場ではそれらを丁寧に行うには時間に制限がある。現場のできごとを自分一人でも系統だって整理でき，連携する人々と共有できるツールが必要である。ここでは，ソーシャルワークの機能にヒントを得て効率的に事例を進めていくために筆者が現場の保育士たちと開発した「困りごと点検シート」を紹介する。

【事　例】

　「いったい何のためにＡはＢちゃんの靴下をとるんだよー!!」Ｂくんの母親Ｃさんの怒鳴り声が園内に鳴り響いた。3歳のときに入園したＢくんは，現在5歳。言葉や運動に軽い遅れが目立ってきて，保育士は保護者と相談したいのだが，母親のＣさんとはしっかりと話せていない。送迎がなかったり無断欠席もある。保育士が家に行っても返答がなく，子どもだけが対応することもある。児童委員によると父親は子どもたちがうるさいとネットカフェや勤め先（製造業）で寝泊まりしているという噂もある。

　今日お迎えにきた母親Ｃさんに担当のＡ保育士が「遅れ」の心配について話そうとしたら怒り出して，代わって話をきこうとしたＤ主任にも「Ｂが，いつも裸足で帰ってくるの，先生，知ってる？　それでいつも履き替え用の靴下も持たしてるのに，それもないのよぉー。裸足だよ！」と怒鳴り出したのだ。汚れた靴下を履き替えさせることはしょっちゅうだが，替えの靴下は園で用意されたものを使っている。その説明をしかけたところの罵声だった。園長が間に入って，「そんなことがあったの？」とまずは話を受けて，事情をきいた。1時間半ほど近所の人や，保育士への不満，

子どもが母親のいうことをきかないなどの話をきいているうちに，だんだんニコニコしてきて，「やっぱり，園長先生じゃないと，話合わないわぁ」と帰っていった。いつもは視線も合わせず，自分からは決して保育士たちに近寄らないCさん。うつで地域の精神科で投薬治療を受けており，ときどき「子どものモノがなくなる」とか，「他の子どもにいじめられたのに先生が止めてくれなかった」などと訴え，そのつど，D主任や園長が長時間話を聞くと，拍子抜けするほど機嫌がよくなって帰っていく。特別支援学校に行っている兄のEくん（小2）のことで要保護児童対策地域協議会（以下，要対協）が招集されたこともあり，Bくんにもネグレクトや暴力の可能性がないわけではないが，その心配をどう伝えたらよいのだろうかと常々悩む日々だった。

　A保育士は，勤続5年目で子どもたちだけでなく保護者との対応にも少し自信をもてるようになっていただけに，落ち込んでしまった。前回2時間も話を聞いて，最後に「先生も話せばわかるねぇ。今度カラオケ行きましょ！」と言われて，少しは信頼関係ができたかなとちょっと安心していただけに，途方に暮れる思いだった。

　暗い顔をして事務机に向かっていたA保育士にD主任が声をかけた。「大変でしたね。いくら話を聞いてさしあげても同じことの繰り返しになっていますよね。Bくんの遅れのこと，みんなで考えて何とかしないといけないタイミングなのにね。お母さんとの信頼関係は大事だけれど，ご病気やいろいろなご事情もありそうだから，お母さんだけでなくご家族やBくんの環境全体を視野に入れて，Bくんやお母さんをもっと効果的にサポートできる体制をつくったり，働きかける方法を整理し直した方がいいですね。『困りごと点検シート』でまず整理してみましょうか」。

1. 「困りごと点検シート」の開発

　保育所保育の日常業務では，「家庭や地域社会と連携を図る」ことが基本とされている。日中での子どもの保育で発達や教育を進めるうえでも保護者，家族への働きかけが必要なことは多く，地域の社会資源を活用して地域全体に働きかけていく必要がある。また，困難事例といわれるものは，子ども自身だけでなく，保護者，地域の問題が錯綜して，保育士はたちつくすような思いになる場合も多い。それらの多くは園長や主任などのベテラン保育士がこれまでに培った知識や経験によって担ってきているが，それらはソーシャルワークの機能である（第4章1節参照）。

　そこで，ソーシャルワークの機能を用いて対処できるようなツールを開発することが保育士が日常的な問題に対処するために必要であると考え，

現場保育士との協働作業によって保育士が自分一人でも問題に対処し、エンパワーされる簡便なツールを開発した。ケースを考えるに際しての自分一人でのアセスメントやプランニングにとどまらず、セルフモニタリング（自分自身での振り返り）や、ピアスーパービジョン（仲間との分かち合い）、スーパービジョンなどにも用いることができるツールである。

「困りごと点検シート」は、複数の地域でベテラン保育士と地域支援保育士が行っている「困難事例検討会」での事例検討を通して開発されたものである。まず、支援の「過程」を頭に入れて、保育士・ソーシャルワーカー・他職種の視点、子ども・家族・保育所チーム・地域のアセスメントを明確化できる「困りごと点検シート」（たたき台）に記入して、検討会で困難な場合の検討とシートの検討を全員で行った。「困難事例検討会」であがってきた事例は、児童虐待に該当する、あるいはそのおそれがあるケースが多かったが、危機介入や他機関への措置や相談などはあまりなされていなかった。家庭状況は親役割が十分に果たされていなかったり、生活のうえで経済的、心理的、社会的に子育て上の支障があったり、家族員の誰かが精神的不安定、知的障害、疾病などの状態にあったり、子どもたちに発達の遅れやコミュニケーションの不全、発達障害のおそれなどがみられた。保育士が「問題」だと意識した契機は、本人の問題行動、親の訴え、近隣の苦情などさまざまであった。多くの家族は周囲の社会資源に対して閉鎖的、あるいは葛藤関係にあり、要対協で検討されていても、ほとんど「見守り」という方針が決まっているだけで、そのきょうだいが地域で他の学校（他保育所、幼稚園、小学校）などに通園、通学している場合でも、その学校では検討されていることすら知らない場合もあった。

検討会のプロセスにおいて、長期的で慢性化・複雑化した困難な状況のゴールを「不適切な養育環境の改善」として、保護者との信頼関係づくりだけをよりどころに、担当保育士や保育所長、地域支援保育士等、現場の保育士で抱え込んでいる実態が多く浮かび上がってきた。それらのフィードバックによって「困りごと点検シート」（試行版）を作成した。それをもとに、より広域にわたる地域のベテラン保育士を対象に「困りごと点検シート」の記入説明のための合同勉強会を行い、そこでの事例検討とフィードバックをもとに、現場での使用に耐えうる「困りごと点検シート」をつくり、現場での試行を重ねたものである。

2.「困りごと点検シート」の記入のポイント

まずは78〜87頁の困りごと点検シート［記入例］を参考に空欄のシートに記入してみよう（個別記録用紙）。それぞれ「フェイスシート」「アセス

メントシート」「ストレングスシート」「プランニングシート」「モニタリングシート」と各段階に応じて使うシートである。

①「困りごと点検シート1『フェイスシート』」

ケースの現状と全体の把握をする。

「誰が何に困っているのか」を浮き彫りにする。

（1）困りごとに名前を付けよう。自分たちが一番気にかかっていることがわかる。

（2）「エコマップ」を書いてみよう。これは視覚的に全体的な理解を進めるためのもので，ある程度書式を共有した方がよいが，まずはケース理解のために全体を把握できるように記入するクセをつける（エコマップの書き方▶▶演習課題3「ジェノグラムとエコマップ」参照）。

◯事例から：エコマップから読み取れること

> 【大きな特徴】私的資源はほとんど見受けられない。
> 　　　　　　社会福祉・保健などの公的機関からのサポートがある。
> 1．母親のCさんはたくさんの問題を抱えているが，ほとんどインフォーマルな社会資源（私的な資源）はない状態にある。
> 2．2人の子どもの養育環境改善のために多くの専門家が関わっているが，あまり功を奏していない。
> 3．要対協では兄のEくんは地域での「見守り」という結論となった。
> 　　要対協はこの時点でこの家族と関わり，地域全体をサポートしているが，Bくんにとっての資源にはなっていない。
> 4．保育所としてはCさんとの接点づくりで精一杯である。
> 　⇨「社会資源」の掘り起こしと活性化の必要性
> 　　フォーマル・インフォーマルな資源の「つなぎ」という発想をもって新たな資源や関係を探索する。
> 　⇨キーパーソンは誰かを考える。
> 　　☆Bくんの事例のキーパーソンはCさん
> 　　　→本事例の当事者はBくんのみならず，Cさんもニーズを抱えていると考えられる。その当事者であるCさんに，このエコマップ上の誰（何）のサポートが一番役に立ったか，誰にどのようにサポートして欲しいかを考えてもらう。
> 　　　→当事者中心で考える。CさんはBくんの事例のキーパーソンというだけでなく当事者でもあると考えられる。
> 　⇨子どものためのCさんとの信頼関係づくりは，直線的で一方的なものではなくて，Cさんを主体とする平場の関係をなるべく多くの人々と共有することから始める。

（3）基本的情報や内容の項目に沿って記述する。「問題」といわれていること，思っていること，つまり「『誰が』『何に』『どのように』困って

いるのか」を明確にする。

(4)「支援が必要」な「困難事例」だと思うに至るには，「私」（保育士）にとって「日常的」で「普通」だと思われることとの何らかのギャップがある。問題として浮上した「きっかけ」は子どもとその環境の変化を理解する重要な情報である。

②「困りごと点検シート2『アセスメントシート』現在の状況──解決のための問題把握」

アセスメントでは，「誰が」「何に」困っていて，「どうなりたいのか？」，そして，それを「どのように」達成するのかをより詳細に明らかにする（このシートは考えるヒントのための項目なので，全部を埋めず，空欄のままでもよい）。

> 「誰が」困っているのか？
> 「何に」困っているのか？　→「ニーズ」
> 「どうなりたいのか？」　→「ゴール」「解決の絵」（どうなれば解決なのか）
> 「どのように」達成するのか？　→問題と考えられてきたことと，その解決のための努力
> そのために何を使えるのか？　→「社会資源」

(1)「誰が」という主語を明確にすることで，本来の「主体」が立ち上ってくる。それぞれ子ども・保護者／家族・地域・保育士／保育所・その他の立場でそれぞれの項目を記入する。

例：「子どもの児童虐待のおそれ」という一般的な命題から「ある子どもが十分な世話をされていない」とか「ある主任保育士の心配」というような個別の具体的な解決を迫る問題としてあらわれる。

　　⇨誰が一番困っているかが明確になる。

　　⇨関係するそれぞれの人々（組織）のニーズが明らかになる。

　　⇨保育士が取り組めること／取り組むべきことが明らかになる。

(2)「何に」困っているのか？　「問題は何か？」の明確化（「ニーズ」）。

(3)「どうなりたいのか？」　「ニーズ」を満たす「解決の絵」が明らかになる（「ゴール」）。

(4)「どのように」達成し，そのためには，(5)どのような「社会資源」を「どのように」用いればよいのだろうか？

まず，問題の背景や理由と考えられていることと，そのための「いままでの問題解決のための努力」を考えてみよう。「うまくいっていたこと」は続けて，「うまくいっていなかったこと」には新たな手段を考えよう。

次に，ゴールに近づくための手段を考える。必要な「社会資源」や適切な働きかけはどのようになされるのだろう。誰や何が問題解決の糸口に

なったり，役に立つかの情報収集をする。

　さらに，いままでの工夫を考え直す。効果がなかった対処を客観的に考えることで，何が有効で，今後どうすることが求められるかがわかる。

　つまり，「いまのままの方法でよいか？」「新たな方法，工夫や発想の転換が必要か？」についての現状把握ができる。

　これは解決のための3つの掟（ソリューション・フォーカスト・アプローチから）によるものである。◁12

> ▷12　Christensen, D. N., Todahl, J. and Barnett, W. C. (1999) *Solution-based Casework: An Introduction to Clinical and Case Management Skills in Casework Practice*, De Gruyter, Aldine（曽我昌祺・杉本敏夫・得津慎子・袴田俊一監訳（2002）『解決志向ケースワーク』金剛出版）.

> Ⅰ　もしもうまくいっているなら，それを直そうとするな。
>
> Ⅱ　もしも一度うまくいったなら，またそれをせよ。
>
> Ⅲ　もしもうまくいかないなら，何か違ったことをせよ。

③ 「困りごと点検シート3『ストレングスシート』これまでの対応──ストレングスさがし」

　次に「ストレングス」という発想を身につけよう。ストレングス視点とは，ストレングス（「強み」「長所」）に焦点づけることである。クライエントの長所をさがしたり，欠点と思われていることの良い面に注目することで，たとえばCさんが保育士を怒鳴ったり，保育の内容についてコンプレインする（苦情を言う）のも「子どものことに熱心」であるとか，「子どもが保育所にいる間もたえず子どものことに気を配っている」などとリフレーミング（肯定的意味づけ・言い換え）ができる。怒鳴って自分が悪者になってでもSOSを発信できるのもストレングスといいうる。本人・家族・地域・環境それぞれに有用な社会資源となりうる強みや良い所は必ずある。従来，問題解決を阻害する障害と考えられてきた不利益な点を，問題解決に役に立ちそうな肯定的な資源ととらえ直して活用しようとすることが，ストレングス視点である。

　そのために「困りごと点検シート3『ストレングスシート』」を用いて，現状を膠着させてきたと考えられる状況や要因，これまでの対応の中に，問題解決に役立つストレングスを探してみよう。ハンディキャップと思われていたことがポジティブなストレングスのメガネをかけると，次のようになる。

◯事例から：一家の「問題」をストレングス視点でみると…

Cさんには自分自身のインフォーマルな資源がない	⇨	地域にCさんやその家族を支えてくれる豊かな資源がある ・近居の固い絆で結びついた母子，姉妹関係
・Cさんの実家は要保護世帯	⇨	・Cさんが出産したときから，祖母─

（祖母の代から）	Ｃさん―Ｂくんに関わってきた地域のボランティアや，子どもの頃に利用した社会福祉の施設・機関がある
・地域との葛藤がある 　Ｃさんの病的と思われがちな行動，子どもたちへの荒っぽい叱り方や養育態度，夫が家に帰ってこないなど，問題の人物，問題の家庭として有名である　⇨	苦情はそれだけ地域の人々が一家の動静に関心があり，気配をうかがっているということでもあり，それをそのまま見守り機能として活用できる

　Ｃさんは保育士の立場からいえば，Ｂくんの母親であるが，Ｃさんの「ストレングス」を見出すとき，そうした役割から解放された一人の人間としての像がみえてくる。あえて「Ｃさん」という一人の個人として考えてみよう。

　まず，従来なら当然だった「これまでの見方・対応（マイナス面）」を記入して，それから「うまくいったこと」「本人・家族・地域・環境のストレングス（プラス面）」を考える。それらを「ストレングス視点で考えると」でみて，「ストレングス視点に基づいたプラン　問題の解決のためのアイデア・工夫」を記入しよう。

　シートの記入例にはたくさんのことが書いてある。しかしながら，全部を埋める必要はなく，自分の頭を整理するために，まずは自分が思いついたことから空欄を埋めていこう。

　どのくらい否定的にとらえられていたことを肯定的なアイデアに考え直すことができただろうか。ストレングス探しには正解はない。役に立ちそうなことをいろいろ考えてみると，予想外の答えがみつかる。いままでの頭や考え方を柔軟にして自分のチャレンジとして宝探しを始めよう。

④ 「困りごと点検シート４『プランニングシート』目標：ゴール（着地点）を決める――いつまでに，どこまで」

　(1)「いつまでに，どこまで」　これまで整理してきたことで，おのずと「誰がどのようになればひとまず落ち着く」かが明らかになってくる。これはアセスメントでの「解決の絵」の具体化であり，具体的なゴール設定である。危機介入も含めた短期目標，年度替わりなどの生活の節目も視野に入れた中期目標，卒園やもっと長いスパンで考える長期目標などに応じて，目標を定めることも大事である。急ぐことは急ぎとして，保育所卒園までにできるようになど，時間や条件などの限界設定もしておく。

○Ｂくんの場合のゴール

　Ｂくんの場合，兄のＥくんのことで関与した要対協でも「見守り」という結論であり，「これ以上は家族に関与できない」という限界から，「解決

の絵」は「せめて保育所では清潔な環境，おいしく栄養価の高い食事などによって，まわりの子どもたちや大人との安心した時間を過ごしてもらう」であった。

　まず，根本的な問題解決が早々に望めないことを関係者で共有し，そのうえで，少しでも事態が肯定的に変化するために家族や地域やその全体が協力するのだという視点を組み込んで，「Cさんの精神的な安定」「Bくんの発達の遅れの確認と対処」「Bくんの養育環境の改善」などの明確な目標を掲げる。そのためには，子ども vs. 保育士 vs. 母親という関係だけでない，地域の中でのより大きな関係を視野にいれ，それらに働きかけるという発想が必要である。

　(2)　「どのように」　具体的な支援方法を考える。ここでの重要なポイントが「連携」である。誰とどのように「協働体制」をつくっていくかを考えてみよう。

　　⑤「困りごと点検シート5『モニタリングシート』振り返り──セルフ
　　　モニタリング」

　この一連の作業で，自分自身が学んだこと，困っているケースに活かせそうなことを整理してみよう。その際，以下について明確にしよう。

　(1)　自分たちが達成してきたこと（資源としての保育士＝私）
　(2)　それについて役に立ったこと（私と子どもたちに役に立つ資源）
　(3)　今後それらの資源をどう活かせるか
　(4)　今後，必要な資源

3.　「困りごと点検シート」や検討会でのポイント

　ベテラン保育士たちとのシート開発のための議論を通して，ソーシャルワークの視点について以下のフィードバックを得た。

(1)　シートを通してソーシャルワークから実践的なヒントを得た。 (2)　以下については，十分理解し，実践している。 　　㋐　アセスメント 　　㋑　連携 　　㋒　人の全体性（子どもを取り巻く全体を見る） 　　㋓　相互作用などについては，二者関係（母親のみとの面談，子どもとの 　　　関わりなどについては意識していた） ⇩	
Q	なぜ，手順通りに進めていっても問題解決しないのだろう？
A	マニュアルではなく，それを生きた「手順」にする「コツ」が《ソーシャルワークの視点からの3つのキーポイント》である。

4. ソーシャルワークの視点からの3つのキーポイント

①連携の確認

　子どものための「連携」による協働作業は行われているのだろうか。検討会議で話し合った困難事例はほとんど要対協の会議が開かれ，地域でのサポート体制づくりを試みていたが，糸口はみえていなかった。たとえば，児童相談所に報告したが「その後，何も言ってこない」ので進展しない。要対協での結論は「見守り」となって，2回目の開催予定もない。卒園した児童の引き継ぎを行った小学校からは，まったく連絡がない。せっかく連携の形ができたのに「どうしたらよいのかわからない」ので，ただ待つだけだ。いっそ親が何かことを起こしてくれた方が介入しやすいので，そのタイミングを計っているだけのようである。

　連携は，単に「保育所が施設・機関に連絡する」にはとどまらない。一人の保育士がある子どもの問題を解決するために，施設・機関の専門家とゴール達成のために相談したり協働することが重要である。各々の役割，機能を明確にして，各々の限界を踏まえた具体的支援計画を決定し，再検討を行いつつ，互いが統合的・調和的・補足的に機能し，専門職としての知識・技術・視点を尊重・共有し，利用者を取り巻く環境を総合的にとらえ，解決方法を決定するものなのである。

②ストレングス視点の導入

　アセスメントに際して忘れてはならないのがストレングス視点である。ベテラン保育士は，危機的状況があれば早目に対応できるような訓練を受け，その能力に長けている。危機や異常のサインを見逃さないことは大事だが，「遅れ」や「できないこと」に対しての敏感すぎる反応は，ときとして問題づくりになったり，問題をめぐる悪循環パターンを膠着させたりすることもある。

　たとえば，CさんとA保育士が打ち解け始めたひとつのエピソードがある。Cさんがあまりにも可愛い服装をしていたので，「お母さんは，本当にまだご自分がおしゃれをしたいし，遊びたい盛りの『娘さん』なんですね」とうっかり言ってしまったところ，Cさんは「だってまだ若いのに『お母さん』くさいの，いやだぁ！」と逆にその会話に乗ってきた。A保育士は「なるほど，お母さんは，まだ遊びたい盛りの娘さんなんだ」と思うことで，それまで気になっていた「母親としての自覚のなさ」よりも，「自分の楽しみや欲求を抑えてよく頑張って子育てしておられるなぁ」と感心するようになり，それによってCさんには一層子育てに励む意欲が湧くようになった。

　ストレングス視点とは，「個人，集団および地域における最大限の潜在

能力を探し出し，特定し，増強する」ことを主な活動目標にしたもので，すべての人は目標をもち，才能や自信を有しており，また，すべての環境には資源や人材や機会が内在しているとみる。ストレングス視点では，問題に焦点をあてることの弊害として，次の3つがあげられている。

> (1)　問題は，その人の欠陥，能力不足とみなされる。
> (2)　問題の性質は，（子どもや親などの当事者でなく）専門家によって定義される。
> (3)　治療は，問題の中心にある欠陥を克服するように方向づけられている。

これらが従来の支援者が陥りやすい反応ではないだろうか。それを防ぐためにストレングス視点が必要なのである。

保育士の子どもや親への関わりは，いうまでもなく治療ではない。問題解決の中心は欠陥の除去というよりも，そのことで生じる生活問題の解消である。ソーシャルワークのみならず，対人支援の領域でも，ストレングス視点は一般的になってきて，専門性とは原因を究明することでになく，解決のために使えるモノや事柄を探して，それを促進，エンパワーすることにあると考えられるようになってきている。

Bくんの事例でも，「母親の精神状態が子どもの気持ちを不安定にさせ，ひいては発達を阻害している」という言葉にどれほどの真実が含まれているのだろうか。保育士自身が一般的な「標準モデル」に基づいて，母親としてのCさんの問題を探し出そうとしてはいないだろうか。問題探しは問題を強化し，ストレングス探しはストレングスを強化するなら，その人にストレングスをみることの方が建設的だ。

③システムをつくり，システムを動かす

ソーシャルワークの大きな機能のひとつは「つなぎ」である。ソーシャルワーカーがつなぎとなって，子どもやその家族・親戚を中心に，保育所という場で，子どもに関係する人々が目的を等しくする問題解決のためのシステムをつくり，そこでの相互作用によって変化が生じる可能性を追求する。保育所内，保育所と専門機関，保育所と地域，地域と子ども，あるいは家族など関係するすべてをシステムとしてとらえ，①相互作用の視点，②関係性の視点，③全体性の視点などを押さえどころとして関係するすべての相互影響の過程をみる。

○事例から：問題解決システムをつくってシステムを動かす

Bくんの事例では，父親については現状では無理に関わらないのもやむなしというアセスメントであったが，保育所が関わらなくても，たとえば児童相談所でCさんが自分の生活の立て直しを図る面接をすれば，父親と

▷13　ラップ，チャールズ・A.，ゴスチャー，リチャード・J.／田中英樹監訳 (2008)『ストレングスモデル——精神障害者のためのケースマネジメント（第2版）』金剛出版，28頁 (Rapp, C. A. and Goscha, R. J. (2006) *The Strength Model : Case Management with People with Psychiatric Disabilities (2nd)*, Oxford University Press)。

の関係がひとつのテーマとなることは不可避だと考えられる。そこで，Ｃさんのニーズ次第で，父親を巻き込むための工夫を関係者で考えたり，父親のことを知っている地域の人々からの情報収集をして，父親が子育てに参加しやすい工夫が試みられるであろう。ひとつの現象・関係が変われば，すべてのシステムに影響を与えてドミノ倒しのようにすべてに変化が生じるというのも，システムのひとつの特徴である。父親の関わりをあきらめているＣさんへのちょっとした刺激が，父親への働きかけを進めることになるかもしれない。

　では，システムを動かすためにはどのようにすればよいのだろうか。

　そのコツは，何よりもシステムの構成員のそれぞれのニーズを知って，各々のニーズに応えることができる枠組みづくり（システムづくり）をすることである。たとえばＢくんの家族であれば，家族システムという単位でまず考える。システムの「発達」「機能」「構造」をみる視点が重要であるといわれている。そこでたとえばキーパーソンであるＣさんに焦点を当てる。Ｃさんがどうなりたいのか，という解決の絵をゴールとして明示し，それを可能にする人々と問題解決システムをつくり，それぞれの参加メンバーのそれぞれのニーズに応える形で，まずは，問題解決のための関係づくりをしていくのである。「みんなが勝者で，敗者がいないこと」（全員が等しく参加，協力できること）が大きなポイントである。

　さらに家族システムに留まらないＢくん，Ｃさんなどの個人あるいは家族と関係し，影響を与え合うシステムとの相互関係を視野に入れる。そのように視野を広げていくと「困難事例」は孤立無援な無力な個人からの問題ではなく，支援者が働きかけがいのある資源豊かなコミュニティの解決の絵が浮かび上がってくるのである。

まとめと課題

　「受容と共感」のカウンセリングマインドで，親との関係づくりをすることは優先事項のひとつである。しかし，「信頼関係」だけで事態が改善するとは限らない。子どもと親，さらにサポートする全体を客観的に把握して，それぞれの課題やゴールを確認することができるツールが有用であり，本節では「困りごと点検シート」を使って困難事例への働きかけ方を学んだ。

　人と環境との相互作用の全体を見て，相互作用に働きかけていくソーシャルワークの視点が重要であり，そのためには，子ども・保護者・保育者システム・地域システム全体で関わり合うシステムをつくり，そのシステムを動かすこと，そのために重要なポイントが生きた連携の技とストレングス視点なのである。

　78〜87頁の「困りごと点検シート」の［記入例］をよく読んでシート
［様式］に記入してみよう。

　注　本節で紹介された事例は，検討会での特定の事例でなく，典型的な例として
　　　作例されたものに基づいて，さらに加工を加えたものであり，個人や地域が特
　　　定されないような配慮を行っている。また，本調査は，日本社会福祉学会の研
　　　究倫理要綱に基づいて研究倫理に配慮し，関西福祉科学大学研究倫理委員会の
　　　承認を得ている。

（得津愼子）

困りごと点検シート1

フェイスシート

記入日 _____ 年 ____ 月 ____ 日　記入者_____

困りごと名

_____

◇子どもの仮名_____

◇基本的情報（家族構成や家族の環境，疾病や障害，住居環境・地域との関わりなど）

_____

◇基本的内容（誰が何に困っているのか，問題となっていること）

_____

◇保育者が本児に何らかの支援が必要だと気になりだしたきっかけ

_____

■特記事項　家族，地域など本児を取り巻く状況が把握できること

_____

エコマップ　　　記入日 ＿＿＿＿＿＿ 年 ＿＿＿＿ 月 ＿＿＿＿ 日

【大きな特徴】

困りごと点検シート2

| アセスメントシート | 現在の状況──解決のための問題把握 |

困りごと名 _____

(1)主 語 《誰が》	(2)「ニーズ」 《何に》困っているのか？ それぞれの問題（と思われていること）	(3)「ゴール」「解決の絵」 《どうなりたいのか？》 どうなれば解決なのか
子ども		
保護者 家　族		
地　域		
保育士 保育所		
その他		

[様式]

記入日 ___ 年 ___ 月 ___ 日　記入者 ___

(4)《どのように》達成するのか？

問題の背景・理由と考えられていることと、その解決のための「いままでの努力」 (＋)うまくいっていたこと (－)うまくいっていなかったこと	(5)必要な「社会資源」 どのような社会資源を、どのように用いればよいか

ストレングスシート　これまでの対応——ストレングスさがし

困りごと名 _____

	これまでの見方・対応 （マイナス面）	これまでにうまくいったこと これまでにできていること （エピソードでも思いついたこと）	本人・家族・地域・ （プラス面）
子ども			
保護者 家　族			
地　域			
保育士 保育所			
その他			

［様式］

記入日 ＿＿＿＿＿年 ＿＿＿月 ＿＿＿日 記入者＿＿＿＿＿＿＿＿＿＿＿＿＿

環境のストレングス	ストレングス視点で考えると	ストレングス視点に基づいたプラン 問題の解決のためのアイデア・工夫

困りごと点検シート 4

プランニングシート　　目標：ゴール（着地点）を決める──いつまでに，どこま

困りごと名 _____

主　語 《誰が》	目　標 《何を》	期　間 《いつまでに》	期間に応じた達成目標 《どこまで》	具体的な今 《どのよ
子ども		短期的目標 （危機介入）		
		中期的目標		
		長期的目標		
保護者 家　族		短期的目標		
		中期的目標		
		長期的目標		
地　域		短期的目標		
		中期的目標		
		長期的目標		
保育士 保育所		短期的目標		
		中期的目標		
		長期的目標		
その他				

［様式］

記入日 ＿＿＿＿年＿＿月＿＿日　記入者＿＿＿＿＿＿＿＿＿

後の支援 うに》	支援のための『連携』——社会資源を上手に活用しよう		
	連絡する人, 機関, 組織 《誰に》	《何を》	連携のための工夫 《どのように》

モニタリングシート　　振り返り——セルフモニタリング

困りごと名 _____

◇さて，ここまで記入して，事例についての思いや，あなたの考え方，考えるポイントは変

　★いま，私が困っていることは？

　★いままでに私や保育所ができたことは？　私たちが達成してきたことは何だろうか？

◇問題やゴールについていままでと違う見方をしていますか？

　★いま，私が解決のためにできる，しようと思うことは何ですか？

　★いま，家族やその環境で「使える」もの，子どもにとって役に立つもの，ことは

　★それらを具体的に，どのような点に注意しながら，どのように工夫して進めてい

◇困りごと分析シートに記入したことで，気づいたことを書いてください。

［様式］

記入日 _____ 年 ____ 月 ____ 日 記入者_____

たでしょうか？　いま一度，事例を検討してみましょう。

_____

たちは「資源としての保育士」として何を提供しただろうか？

_____

でしょう？　私と子どもにとって「新たな資源」はみつかりましたか？

_____

ますか？　もっとどういう資源が必要でしょうか？

_____

困りごと点検シート１　[記入例]

フェイスシート

記入日 _____ 年 _____ 月 _____ 日　記入者_____

困りごと名

母親（Ｃさん）の精神的不安定

◇子どもの仮名　　○○　Ｂくん（５歳）

◇基本的情報（家族構成や家族の環境，疾病や障害，住居環境・地域との関わりなど）

　★Ｃさんの精神的不安定（うつ）。
　★Ｅくん（小２，特別支援学校在籍）要対協にて協議中（見守り）。

◇基本的内容（誰が何に困っているのか，問題となっていること）

　★Ｂくんの登園困難で（主任保育士が）困っている。
　★Ｃさんの児童虐待（ネグレクト）のおそれで（主任保育士が）心配している。
　★職員に対するＣさんからの極端なコンプレイン（苦情）。思い通りにならないと威嚇的に大声を
　　あげるため（園や主任保育士が）困っている。

◇保育者が本児に何らかの支援が必要だと気になりだしたきっかけ

　★Ｃさんが「子どもが担当保育士に靴下を取り上げられて裸足で帰ってくる」と園長に訴えた。

■特記事項　家族，地域など本児を取り巻く状況が把握できること

　★父親は安定した職業（製造業）についているが，「子どもたちがうるさい」とネットカフェや仕
　　事場や車の中で寝て，家に帰ってこない。
　★Ｃさんは，地域でも，けんかっ早く，問題があると思われている。
　★Ｃさんはこの地域で，生活保護受給のひとり親家庭で育ち，母方の祖母と伯母は近居。
　★Ｅくんはネグレクトの可能性から要対協にて協議中（見守り）。本保育所はＥくんの件に関して
　　は無関与。

エコマップ　　　記入日 _____ 年 ____ 月 ____ 日

【大きな特徴】

☆私的資源はほとんど見受けられない。

☆社会福祉・保健などの公的機関からのサポートがある。

社会福祉

？ ---- 祖母
生活保護受給

生活保護受給

地域の
ボランティア

伯母

仕事

父

母
(C)
25

会社員
(帰宅せず)

児相

精神医療
(投薬のみ)

特別支援学校
と専門家

E

B

小2
特別支援学校

5歳
保育所

保育所

児童館
子どもの施設・機関
児童委員

地域の保健師
SW専門家

要保護児童対策地域協議会

困りごと点検シート2　［記入例］

アセスメントシート　現在の状況──解決のための問題把握

困りごと名　母親（Cさん）の精神的不安定　　記入日＿＿＿年＿＿月＿＿日　記入者＿＿＿＿＿＿＿

(1)主 語《誰が》	(2)「ニーズ」《何に》困っているのか？それぞれの問題（と思われていること）	(3)「ゴール」「解決の絵」《どうなりたいのか？》どうなれば解決なのか	(4)《どのように》達成するのか？ 問題の背景・理由と考えられていることと，その解決のための「いままでの努力」（＋）うまくいっていたこと（－）うまくいっていなかったこと	(5)必要な「社会資源」どのような社会資源を，どのように用いればよいか
子ども	・家で十分な世話をされない ・保育所でときどき孤立している ・発達の遅れのおそれ	［Bくん自身は特に困っているとは言っていない］ →Bくんが自ら困っていることを言語化できる ・母親に安定した世話をしてもらいたい ・保育所で安心して気持ちよくすごしたい →友だちとなじむ →保育士のケア	［いままでの問題解決の努力］ ・（－）不適切な養育環境（家庭関係，母親の精神的不安定）の改善 ・（－）問題行動は発達・発育の遅れのせいかもしれないが，アテンションゲッティング（子どもが親やまわりの人々の注意をひきたくて，問題行動を起こしてしまうこと）かもしれない ・保育所ではBくんに十全のケアを目指す	【Bくんを取り巻く環境】 ・母親の安定した養育 ・父親が家にいるようになる ・祖母や伯母の関心，関与 ・友だちとの関係の改善 ・近隣（友だち関係にある家族）との関係改善 【専門家の関わり】 ・地域の力をエンパワーする ：児童委員，児童の育ちを支える各種サービスのサポートや連携による見守り体制の強化 ・多職種の専門家の関わり ・保育士と母親の良好な関係
保護者家族	【母親（Cさん）】 ・精神的に不安定（うつ） ・虐待を疑われている ・父親がときどきしか家に帰ってこない ・子育てが負担	【Cさん】 ・精神的に楽になる ・育児困難を感じなくなる ・Bくんのことであれこれ言われなくなる ・父親が家で暮らす	【Cさん】 ［いままでの問題解決のための努力］ ・育児ストレスが強まると子どもを放置したり，保育所で問題を起こす 　（－）保育士と相談するが，らちがあかない 　（－）発達の遅れについての理解がないので，Bくんのしつけがより負担となる ・うつで精神的に不安定 　（－）身体的に辛いので，子育てがおろそかになる ・Cさんにアドバイスするが，うまくいかないので余計に自信をなくしておちこむ	【Cさん】（保育所） ・サポーティブで安心な資源となる →従来の育児相談が役に立たないなら，違うようにやってみる ・安心な相談（プライドを傷つけない） ・Bくんのしつけや日常生活の困難について具体的な対処方法がわかるようなサポート ・保育所サービスがCさんに休息を与える 【Cさん】（専門家） ・Bくんのしつけや日常生活の困難について，わかりやすく具体的な対処方法がわかるようなサポート ・精神的状態が安定するような医療機関との関係 ・できないときに家事・育児をサポートしてくれる人や施設 ・夫婦で話し合いができる「場」
	【父親】 ・Bくんがうるさい ・家に帰ることができない 【家族】 ・父親がいつも家にいない ・夫婦関係が壊れている ・家庭では憩えない	【父親】 ・家で安眠できる（車中で寝るのではなく） 【家族】 ・夫婦で育児に協力する ・Bくんたちの安定した暮らしの場となる	【父親】 ・（－）対象外として働きかけられない ・（－）家庭では憩えない ・（＋）家族の争いを避けるために家に帰らない ・（＋）経済的に支えている	【父親】（専門家） ・父親のポジションの確定 ：責任を果たす意思と能力はあるか ：働きかけることが可能かどうか

地域	• Bくんたちの安全と健全な暮らし • 家族と関係がとりにくい • 近隣の苦情	• 家庭でBくんたちが安全に養育される （不適切な養育環境の改善）	[現状で役に立っていること] • (+)私的資源と家族に長い関わりがある（祖母の代から生活保護を受給し，地域のサポートを受けている） • (+)地域の精神保健センターが関与している • (+)それぞれの専門家がCさんと二者関係ではつながっている • (+)児童委員の見守りや家庭児童相談室の関与 [現状で役に立っていないこと] • (−)Eくんのための要対協の動き（見守り） • (−)専門家の関与がうまくマッチしていない（双方のイライラの起因） • (−)Cさんのストレス発散，精神的安定のために，Cさんと安定した支持的関係を結ぶ努力が空回り状態 [これからの努力] • 地域と保育所との連携	• フォーマルなサポート機関とインフォーマルなサポート機関との連携，チームづくり （それぞれの社会資源や関係機関の役割の現状と今後の期待についての整理） ☆ストレングス視点での整理 • すでに動いている諸機関，専門家の児童相談所，医療，家庭支援室，生活保護ケアシステムの活性化 ：ソーシャルワーカー，保健師，精神保健福祉士（PSW），児童委員などの以前から関わっている専門職が連携を強める ：Eくんのための要対協が，Bくんのためにも動く ：見守り以上に踏み込むかどうかを情報共有して決定する
保育士 保育所	• Bくんの発達・発育の遅れ • Bくんの安全が心配 • Cさんへの指導・助言がうまくいかない • Cさんの対応に長時間費やしている • 主任保育士や現場保育士のモラール（やる気）の低下	• Bくんの安全が確保される • Bくんの発達・発育の遅れへの適切な時宜を得たサポートができる • 家族との連携ができる • 親と円滑な相談・指導・助言ができて，親に安心して養育を任せられる • 現場保育士が自信をもってBくんや親に対処できる	Bくんにふさわしい養育環境の整備 [いままでの問題解決のための努力] • 信頼関係を結ぶための受容的対応 [現状で役に立っていること] • (+)園長，主任クラス保育士との信頼関係はある • (+)受容的にCさんの思いを受け止めることで，Cさんの精神的安定を支える [現状で役に立っていないこと] ☆<u>Cさんの威嚇的態度⇄保育士がいいなり</u>の悪循環パターンに陥る • (−)Cさんを刺激しないように対応していると，Cさんの保育所への要求がエスカレートする • (−)Cさんの行動の改善，Bくんの安定した養育に結びつかない • (−)保育士，園全体のモラールの低下 • Bくんが孤立しないような配慮 ⇨(−)他の保護者からの不満 • (−)Bくんを発達障害の専門家とつなぎたいが，できていない	• Bくんが園にいる間は最善をつくす ：保育所内の連携 スーパーバイザー，多職種情報共有，連携 ：Bくんの発達の心配についての指導で，Cさんに働きかける糸口をつかむ ：親に自覚をうながすための受容・傾聴以外の効果的な介入法の工夫 ：見守り体制とケアの強化 Cさんを中心にシステムを動かす ：親や他の園児との協働という形でBくんの成長をサポートするシステムづくり • 地域も含めた要対協における検討 ：要対協における連携 ：それぞれの専門家と家族の役割とのつなぎ ：精神科の指示に基づいた継続した対応をするように心がける ：地域の専門機関や専門家からの保育士／保育所へのアドバイス ：規則正しく健康的な生活習慣を確立するための保健師等によるサポート
その他				

81

困りごと点検シート３［記入例］

ストレングスシート　これまでの対応──ストレングスさがし

困りごと名　母親（Ｃさん）の精神的不安定　　記入日＿＿＿年＿＿月＿＿日　記入者＿＿＿＿＿＿＿

	これまでの見方・対応（マイナス面）	これまでにうまくいったことこれまでにできていること（エピソードでも思いついたこと）	本人・家族・地域・環境のストレングス（プラス面）	ストレングス視点で考えると	ストレングス視点に基づいたプラン　問題の解決のためのアイデア・工夫
子ども	・休みが多い ・若干の「遅れ」が目立つようになってきた ・集団行動になじまない		【本人】 ・現在のところ，対人関係は少し不器用だが，必ずしも問題ではない 【家族】 ・Ｃさんは努力している ・父親はいることはいる ・祖母，伯母などが近居 【地域】 ・要対協が動きかけている ・隣人の関心をひいている 【環境】 ・若干の問題は許すオープンな地域性	・保育士との良好な関係 ・日常生活は概ね支障なくできる ・休みがちだが登園している ・十分な世話をされなくても，健康に成長している ・問題を起こして一人でいても気にしない ・父親がいて，経済力もある ・祖母や伯母に世話をしてもらえる関係にある	養育環境，発達などに問題を抱えているようだが，それらに影響されず，さまざまな資源と自然に良好な関係をもち続けている
保護者家族	【母親（Ｃさん）】 ・ヒステリックで未熟な母親 ・ストレスがたまると問題を起こして，主任や園長に相談する ・育児困難状態にある 【父親】 自覚のない父親（養育能力を期待できない）	【Ｃさん】 ・子育てを放棄していない ・母親として批判されることに敏感＝母親としてのプライドがある ・周りの注意を喚起してSOSを発信する ・保育所，保育士など関わった専門家に自分のできないケアの機能を果たしてもらう 【父親】 ・少なくとも経済的な責任は負っている ・けんかなどで争いにならないように家に寄りつかない	・いろいろな社会資源を使って，専門家と関係をもっている ・３世代にわたって地域の社会資源を有効に活用している ・父親が定職についている ・近居の祖母と伯母がいる	・子育てを放棄していない ・母親として子どもへの指導力がある ・都合の悪いことが明らかになろうとしても，それを阻止して，「良い母親」であることをあきらめない ・周りの注意を喚起してSOSを発信する ・保育所，保育士など関わった専門家に自分のできないケアの機能を果たしてもらう ・父親は自己犠牲的に家族の葛藤を避けている	Ｃさんの問題行動を「良い母親になろうとしている」という視点で考えると，身体状況にもかかわらず２人の子どもを懸命に育てようとして，うまくいかずヤケになり，周りの人々との人間関係を壊してしまい，孤立して，ますますサポートを得られなくなるという悪循環が浮かび上がってくる。その連鎖を断ち切ることができるようにストレングス視点で考え直してみる（SFAの３つの基本に従って，どのような手段が一番効果的か考えてみよう）。Ｃさんのこれまでの努力や実行力に自信を得ることで今後の保育士をはじめとする専門家や地域との協力体制ができる

地　域	・兄のEくんのことですでに要対協で問題とされている ・見守り体制で，変化なし ・多くの地域の専門家が関わっているが，資源化されていない	・兄のためにすでに要対協が動いている ・地域全体で，一家のことに関心をもち始めている	・関わってきた人が多い ・すでに要対協が動いている	エコマップを書いただけのときは，その特徴は資源の少なさだった。しかしながら，ストレングス視点でみるとBくんの周りは資源に満ちていることがわかる	・それぞれの社会資源や関係機関が，自分たちにできることは連絡をとりながらする ・要対協における一層の検討 ・フォーマルとインフォーマルの一致団結した協働体制づくり
保育士 保育所	・Cさんの訴えや愚痴を，肯定的に傾聴しているが，問題解決には至らない ・信頼関係に自信がもてないので，指導力を発揮できない ・保育士自身が自信を失いかけている	・「母親」ではなく若い一人の娘さんとして会話するようになってから，Cさんと継続的に連絡できるようになった ・Cさんとの関係を何とかつなぎとめている	・配慮を要する子どもや保護者が比較的多い地域であるため，園長や主任がその対応に慣れている ・ベテランの地域家族支援相談員などのバックアップ体制がある（園外） ・担当保育士も中堅である ・担当保育士を支える園長などのバックアップ体制ができている ・園内の人間関係は円滑であり，園内他職種のフィードバックをもらえる環境にある（たとえばBくんに関する情報共有）	・子どもに対するCさんの努力と同様にCさんに対する保育士も努力している ・担当保育士には悩む力がある	・Cさんが安心して依存できる環境づくり 　Cさんが問題行動を起こさなくてもすむ受け皿，予防体制づくり ・Cさんも含めたチームづくり 　Cさんに仲間意識が生まれれば，自分にとって耳が痛いことを言われても，おびやかされずに「味方」としてのやりとりができる ・子どもの養育者としてCさん一人が背負い込まないように，父親や祖母，伯母の可能性も視野に入れる ・上記がスムーズに行われるように，地域との情報のやりとりなどで全体のシステムづくりという視野をもつ
その他					

困りごと点検シート4［記入例］

プランニングシート　　目標：ゴール（着地点）を決める──いつまでに，どこま〔

困りごと名　母親（Cさん）の精神的不安定　　記入日＿＿＿年＿＿月＿＿日　記入者＿＿＿＿＿＿

主語《誰が》	目標《何を》	期間《いつまでに》	期間に応じた達成目標《どこまで》	具体的な今後の支援《どのように》	支援のための『連携』──社会資源を上手に活用しよう		
					連絡する人，機関，組織《誰に》	《何を》	連携のための工夫《どのように》
子ども	・安全 ・知的な遅れへの対処 ・（正しいアセスメントとそれに応じた保育所，家族の対応ができるようにする）	短期的目標（危機介入）：3週間	・安全の確認 ・安心な時間の確保	・少なくとも保育所では「安心」な時間を提供 ・子どもの不登園や危険を察知した場合のバックアップ体制づくり（保育所内でできることと公的機関との協力） ・子どもの変化に気づく	児童相談所	子どもの日常的な様子	あらかじめの情報共有
		中期的目標：3か月〜	・子どもの安心な日常生活 ・子どもの遅れに対処する	・できる範囲内でのCさんへの関与（連絡帳の工夫など） ・さりげない形での子どもの発達のアセスメント	嘱託医 地域保健センター（発達相談）（地域の保健師）	子どもの発達の遅れの診断とその対応	保護者を刺激しないで，発達の専門家につなぐ工夫
		長期的目標：卒園まで	・卒園後の進路の相談と決定 ・子どもが自分のサポーターとしての友だちを獲得するサポートをする	児童相談所，小学校等との連携	・児童相談所 ・小学校校長 ・養護教諭 ・他の園児：年長であってもBくんの世話をしてくれる子ども	・進学についての助言と決定 ・子どもの状態や家族の状態の申し送り ・子どもが保育所を楽しいと思えるような工夫	・専門家のつなぎ・ネットワーキング ☆連携における個人情報の取り扱い，守秘義務などのルールの確認と共有 ・他の園児との交流（見極めとサポートが必要）
保護者家族	養育環境が整う（両親が協働して養育にあたる例：Cさんが不調のときに父親や祖母が養育できる）Cさんの精神的な安定	短期的目標：3週間	CさんのSOSのキャッチ	・Cさんの状態が悪いときのCさんへの支援体制づくり（ショートステイなども視野に入れる） ・祖母や伯母がサポートできるかどうかの確認	・継続的な要対協での協力 ：児童相談所 ：小学校校長 ：養護教諭 ：精神科医，心理士，保健師 ：児童委員等々 ・家族（祖母・伯母）	・情報交換，助言，指示 ・子どもや母親との関係を知り，資源としての役割を果たせるかどうかの確認	・Cさんからの情報
		中期的目標：3か月：6か月	・Cさんの精神的安定を図る ・子どもの発達・発育の遅れの対応を相談する ・夫婦関係の調整	・精神科医への定期的通院を促す ・保健師，心理士などにつなぐ ・発達の専門家の関与 ・（可能性を見極めながら）父親とのパイプづくり	・継続的な要対協での協力 ：児童相談所 ：小学校校長 ：養護教諭 ：児童委員等々 ：発達の専門家 ：児童・民生委員 ：兄の小学校の教員 ：ボランティア	・子どもや母親が直接的に関与できるような状況づくり，リファー（問題解決のために適切な専門機関や専門家の紹介） ・Eくんも含めて家族の潜在的能力のアセスメント ・関係者への助言	・気軽にCさんが相談できるような下地づくり ・情報交換の機会を設ける
		長期的目標	・養育環境を整えて，その環境を継続させる：親としての責任の自覚（両親ともに）：親へのサポート：卒園後の小学校などへの申し送り	・親育ち講座やスキルトレーニングなどのプログラムやイベントの参加 ・Cさんの精神的安定のためのサポート体制づくり	小学校のスタッフ	・進学についての助言と決定 ・子どもの状態や家族の状態の申し送り	
	・要対協が動く ・地域ぐるみで家族支援体制をつくる	短期的目標：3週間	・要対協がBくんのことで機能し始める ・地域の精神医療によるCさんの精神的な安定のサポート	・要対協を開催し，新たなサポート体制を構築（児童相談所） ・Cさんの体調不良時に医療の必要性をわかってもらう ・地域の精神医療につなぐ	・要対協 ・児童相談所	・情報交換，全体でゴールを定めて，アセスメント，プランニングをして，実際に動きだしてからは，モニタリングによって，全体でのサポートを推進する	・要対協の場を十分に活用する ・それぞれの場での担当者が対面することによってネットワーキングする

地域		中期的目標：1か月～半年	地域の専門家やサポートスタッフが動きだし，機能する	・祖母の代から関わっている地域の専門家の関与 ・地域でCさんのサポートができる人々や機関の掘り起こし	地域で子どもや親や祖母と関わる人々	見守りができる体制づくり	・個人情報の守秘に留意しつつ，Cさんとつなぐ
		長期的目標	・家庭の養育環境を整える ・地域ぐるみでBくん，Eくんのサポート体制を構築する	両親での養育体制をつくることを目標に，父親への働きかけも頭に置く	働きかけることができる人（ライフサイクルに応じた専門家の役割分担：できるときにできる人が働きかける） ☆家族関係に踏みこむことには家族の多様性を視野に入れた十分な準備が必要であり，専門家と協働するなど独断的にならない工夫が必要	子どもの養育環境を整えるための協力要請	・日常的な場面で素早く関係をつくる準備 ・それぞれのカウンセリングや家族療法
保育士保育所	子どもの安全を確保し，安心して小学校入学を迎える	短期的目標：3週間	子どもの安全の確認と安心な時間の確保	・危機介入に備えて準備する ・バックアップ体制の確認 ・保育所内での意思統一と情報共有の円滑化	保育所全員での情報の共有		
		中期的目標：3か月～	・保育士とCさんの関係のつくり直し ・サポートする側のより一層の母親理解 ・要対協など地域との連携 ・子どもの発達アセスメント ・Cさんの親育ちを促す	・マニュアル的な「受容と共感的傾聴」から，Cさんの個別性を認識して，保育士とCさんとの新しく自然な関係づくり ・具体的にサポートできることはサポートしていく ・Cさんをより理解し，適切な対応ができるための専門家からの助言やコンサルテーション ・担当保育士に対しベテラン保育士や園長等のバックアップ体制づくり ・要対協での検討に加えて，必要に応じて個別のパイプづくりをしておく ・精神科医，保健師，心理士，PSW，子ども発達の専門家などとの協力体制 ・親育ち講座やスキルトレーニングなどのプログラムや子育て支援のイベントやグループの参加を促したり，ボランティアとして手伝ってもらうなど	・子どもが自分のサポーターとしての友だちを獲得するサポートをする ・年長であってもBくんの世話を焼いてくれる子どもとのマッチング		
		長期的目標：1年	・小学校との連携 ・Cさんの自立	母親と協働で取り組んできたことを母親が認識・理解することで，卒園後，保育所の支援が届かなくなっても，小学校スタッフや地域の専門家とともに協働する力をつける	小学校のスタッフ	Bくんとその養育環境を理解することで，母子ともに一層成長の促進が求められることを伝える	個人情報に留意しつつ，要対協の「場」などを利用して一定のサポートが必要であるということを伝える
その他							

困りごと点検シート5［記入例］

モニタリングシート　　振り返り──セルフモニタリング

困りごと名　母親（Cさん）の精神的不安定

◇さて，ここまで記入して，事例についての思いや，あなたの考え方，考えるポイントは変

　★いま，私が困っていることは？

　　　Cさんとの信頼関係づくり。ともかく一刻も早く母親であるCさんに子どもの健やかな成長を助

　★いままでに私や保育所ができたことは？　私たちが達成してきたことは何だろうか

　　　ある程度，とりわけ園長とCさんとの信頼関係づくりはうまくいっていたと思う。
　　　要対協に出席して全体的な状況を理解した。

◇問題やゴールについていままでと違う見方をしていますか？

　★いま，私が解決のためにできる，しようと思うことは何ですか？

　　　Cさんへの対応を工夫する。Cさんのニーズをキャッチして，早めの声かけやCさんに自信がつ
　　　要対協で，子どもとCさんに第一線で関わるものとしての情報発信と，保育所での対応や，協議

　★いま，家族やその環境で「使える」もの，子どもにとって役に立つもの，ことは

　　　Cさんは，苦情や攻撃という形でも保育所につながっている。体調が良いときには，明るく一生
　　　Bくんは，いじけないで登園を続け，普通にCさんにも甘えている。

　★それらを具体的に，どのような点に注意しながら，どのように工夫して進めてい

　　　保育所だけで抱え込んでいたCさんとの関係づくりを，他の専門職にもやってもらう。Cさんを
　　　そこで，Cさんをエンパワーできるような他機関のサポートの専門家やプログラムを紹介する。

◇困りごと分析シートに記入したことで，気づいたことを書いてください。

　　　Cさんにわかってもらい，変わってもらおうと思っていたが，Cさんの立場に立ってCさんの目
　　　変わるのは，CさんではなくてCさんの周りの協力体制。

記入日 _____ 年 ___ 月 ___ 日　記入者 _____

たでしょうか？　いま一度，事例を検討してみましょう。

環境づくりをしてほしい。

たちは「資源としての保育士」として何を提供しただろうか？

うな詳細で具体的な説明をしてきたことの成果に気づいてもらう。
加施設・機関や担当者からのアドバイスや協力体制を明確にする。

でしょう？　私と子どもにとって「新たな資源」はみつかりましたか？
に育児をしている。

すか？　もっとどういう資源が必要でしょうか？
の関係者でサポートし，励ますことができる。

，Cさんが困っていることを中心に少しずつ変えていく。

（得津愼子）

演習課題2　保護者支援においてツールを使いこなそう

　本章では，保育士が子どもや家族に働きかけるための具体的なコツについて学んだ。それらを活用するために下記の事例を読んで，順番にワークをすすめてみよう。

【事　例】

家族構成：◎Kくん（5歳：男児），Mちゃん（10歳：女児），父親（31歳：果物屋経営），祖母（55歳：母方の祖母・果物屋店主），叔母（25歳：母親の妹・軽度知的障害あり）

　　　　　＊母親（享年26歳）は3年前に病死

生活状況：Kくんは，毎日A保育所に登園。日曜日・祝日は「B児童館」を利用している。姉のMちゃんは「A保育所」を卒園している。現在はD小学校に通学，放課後は学童保育を利用している。「A保育所」は，C市の繁華街の外れに位置する「D小学校」に隣接し，子育て支援センター，児童館，学童保育，放課後デイサービス，家庭児童相談室などを併設した「子どもセンター」の中にある。Kくんの母親も叔母もともに幼少の頃から「子どもセンター」を利用しており，旧知のベテラン保育士や職員がいるため，父親や祖母は安心してセンターに子どもたちを預けている。Kくんの父親は，Kくんの母親の死後に会社員を辞め，祖母（義母）や叔母（義妹）とともに，C市の繁華街にある商店街で果物屋を営み，「子どもセンター」や「A保育所」等に果物を納入している。

○保育士が見たKくんの様子

　Kくんは，母親が病気で入院した頃の1歳児より「A保育所」を利用しているが，お迎えは父親よりも叔母の方が多い。しっかり者である姉のMちゃんとは異なり，Kくんはやんちゃで落ち着きがないが，活発で運動神経がよく，目立つ存在である。そんなKくんだが，保育士に抱っこをせがむ等の年齢よりも幼いところも見受けられる。たまに父親がお迎えに来るとKくんは最近，余計に甘えて聞き分けのない姿を見せる。父親はそんなとき荒い言葉で叱ったり，軽く手を上げたりする様子が見受けられる。

○担当保育士の問題意識

　お絵描きの際，Kくんは父親の顔を真っ黒に塗りつぶしたり，友だちの使っているおもちゃを取り上げてけんかになり，Kくんが苛立っている様子が目立ってきていた。また，L保育士の胸やおしりをさわるようなことが増え，愛着行動のひとつの現れなので甘えさせてあげようとは考えていた。担当保育士は気にはなっていた。家での様子を聞いても，特に変わった様子はないとのことだった。いままでも叔母にKくんのことを相談しても反応はあまりなく，日頃の父親のKくんや叔母への厳しい態度から，叔母が父親にうまく伝えることは難しいようだった。父親と直接話をしたいと思いながら，話のもっていき方では逆効果になるのではないかというおそれもあり，他の保育士や園長にも相談しないままだった。しかし他の保護者からのKくんへの苦情が相次いだことから主任保育士に相談することとなった。

○保育所内での協議

　1．保育士チームでの協議（所長，主任保育士，担当保育士2名）

Kくんの現状把握と問題の整理に関するアセスメント表

主　語《誰が》	現在の状況把握	問題・困っていること《何に？》それぞれの問題(と思われること)〈マイナス面〉	問題の背景・理由
子ども	＊父親との関係に問題を感じる（父親の顔の塗りつぶし） ＊友だちのおもちゃを取ったり，叩いたりする ＊性的な問題行動（担任保育士の胸やおしりを触る）	＊父親の不適切な養育態度〈身体的虐待・心理的虐待の疑い〉や，母親の死亡による精神的負担が及ぼす乱暴な行動がある ＊母親の死亡による寂しさが情緒面を阻害している	＊養育環境（叔母の生活力の低さ，父と祖母の養育不関与）
保護者家　族	＊父親：仕事が多忙，子育ては義妹（叔母）に任せている ＊母親：3年前に死亡 ＊祖母：果物店の接客で多忙，休日はパチンコのため，子育ては娘（叔母）に任せている ＊叔母：軽度の知的障害がある ＊父親・祖母：果物店から保育所に給食材料（果物）を納めている関係で，以前から園と顔見知りである ＊姉M：小学校4年生，のびのびとしている	＊父親・祖母が養育不関与のため叔母が代わって子どもの世話をしている ＊父親の不適切な養育態度による身体的虐待・心理的虐待の疑い	＊父親は一人で仕入れから配達まで行っており，時間に余裕がなく，イライラしてすぐ手が出る ＊祖母は孫の養育に関心がなく，関与しようとしない ＊叔母の生活力の低さから，母親代わりの養育が不十分である ＊世帯はひとり親家庭であり，子どもにとって愛育的環境にはみえず，不安定な環境である
保育士保育所	＊保育所からの連絡を叔母に伝えても，その真意が父親に伝わらないことが多い ＊送迎時に，叔母と話をする時間をもっている ＊配達の際，父親と話す機会はつくれていない ＊関係機関との連携が取れていない	＊性的な問題行動についてどのように対応するか ＊叔母とは話をしているが，叔母は子育て経験がなく，子どもの状況を十分に理解できていないようであり，保育士とのやりとりもスムーズでない	＊配達の時間が朝7時半と早朝のため，顔を合わす機会もなく，父親や祖母との関係性ができにくい

出典：筆者作成。

　現状や問題を把握して，整理を行った。その結果，以下のような現状や問題が浮かび上がってきた。

2．多職種チームでの協議

　園庭開放時にいつも「健康相談」で担当している保健師，地域を巡回している臨床心理士，家庭児童相談員の3名が保育士チームに加わって，以下の懸念や方向性についての助言のもとに全員で協議した。ここで保育士チームでの最初のアセスメントシートをもとに，困りごと点検シートを使って問題やニーズ，今後の方向性や具体的な取り組みについて話し合った。

　その結果，父親を呼び出して，まず所長，主任保育士との面談をすることにした。その際の留意点を以下で合意した。

（1）　保護者に注意を喚起する

　　①叔母への関わりの工夫

　　　適切な助言をするためにやりとりの工夫が必要である。単に事情説明ではなく，叔母が具体的な行動をイメージできるような場面設定をして話をする。段階を踏んだスモールステップで根気よく受容的に関わる。

　　②父親との面談

　ⅰ）　面接設定

　早朝に配達にくる父親とさりげなく面談の約束をする。特別なこと，問題があるのではないかな

どで警戒されないように「定期的に行っている報告と子育て相談。それをもとに支援計画を立てる必要があるので協力してもらいたい」など。

ⅱ）　父親の怒りを刺激しない工夫が必要

Kくんを叱ったり，当たったりしないように，あくまでも母親亡き後，祖母，父親，叔母が一体となって，頑張ってきたことを労って，保育所としては協力するための情報収集であることを印象づける（ただし，母親について禁句になっている場合もあるので，そこは見極める）。また，父親自身が一層のサービスやサポートを必要としていることを率直に語れるような方向性で話をする。

ⅲ）　Kくんへの心理面でのフォロー

心理職による専門的な援助（定期的な遊戯療法など子どもへの直接的なケア），どこまでKくんの愛着を受け止めるか，どのように日常場面でケアしていくかの園内での共有。

以上の3点を注意深く行うためにどのようにするかについて話し合った。

① 困りごと点検シート1の「フェイスシート」に記入しよう（68〜69頁）。

　エコマップに書き慣れよう！

> 困りごと点検シート1「フェイスシート」

② 困りごと点検シート2の「アセスメントシート」に記入しよう（70〜71頁）。

> 困りごと点検シート2「アセスメントシート」

表3-4と比べてみよう。どちらが書きやすかっただろうか。

③ 困りごと点検シート3の「ストレングスシート」に記入してみよう（72〜73頁）。

　表3-4と比べながら描いてみよう！

> 困りごと点検シート3「ストレングスシート」

④　ここでの学びをふまえて，どのような支援が考えられるだろうか。

⑤　父親との面談，対応について，その後の事例対応の展開を考えてシナリオを作成し，ロールプレイをしてみよう。その手がかりとして，以下を考えてみよう。

(1)まず，父親のニーズと困りごと，さらにストレングスについて考えてみよう。

(2)事例の展開過程をシミュレーションしてみよう。
☆信頼関係づくりから，現状把握したうえで，父親の子どもへの心配や期待を尋ね，ゴールを設定して，協働へともちこむ。
☆通報も視野に入れて，場合によっては毅然とした態度で向かい合う。

(3)どのようにアプローチしたらよいだろうか。

- シナリオづくり

第1段階　配達に来た父親への言葉かけ

第2段階　その後の父親への対応

（津山恵子，立花直樹）

第4章

保育士が子ども・保護者を
支えるためのしかけ

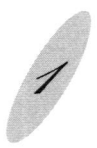 # ソーシャルワークの基礎知識と具体的応用

❶ 子どもと保護者・家庭を支援するために使える ソーシャルワークの基礎知識

〈学びの手がかり〉

　保育所保育指針解説書では，「保育士等は，一人一人の子どもの発達及び内面についての理解と保護者の状況に応じた支援を行うことができるよう，援助に関する知識や技術等が求められる。内容によっては，それらの知識や技術に加えて，ソーシャルワークやカウンセリング等の知識や技術を援用することが有効なケースもある」（第4章-2-(3)）というように，保護者・家庭への支援において保育の専門性をふまえながらもソーシャルワークを援用することの必要性が示されている。したがって，保育士が遭遇する課題を解決したり子どもや保護者への対応に，ソーシャルワークで使われてきた技術やアプローチをどのように援用して用いるのかを学ぶ必要がある。

　ここでは，ソーシャルワークの「理論」を実践するための拠り所となる「実践モデル」や道具であるソーシャルワークの「アプローチ」を学び，ソーシャルワークで積み上げられてきた「コツ」について事例を通して実感的に理解して，使えるようになろう。

　まず次のエピソードを読んでみよう。

【事　例】

　「私がやっていることは虐待なのでしょうか？」やや せっぱ詰まった感じの第一声であった。

　Ａくん（3歳）の母親であるＢさん（25歳）は，最近，職場での人間関係のトラブルと育児疲れで自分の気持ちをコントロールすることができなくなり，Ａくんの言動に対してイライラしてしまうことが多く，ついつい大声で怒鳴ってしまったり，叩いてしまうことがあるとのことである。

　夫は会社が忙しく，毎日朝早く出勤して，夜遅く帰ってくる日が続いている。叩くことはいけないことだとわかってはいるが，同じように子育てをしている友人に聞いても，「それぐらいは母親であれば誰もが経験することよ」と言われる。そのような話を複数の友人から聞くが，このままでは不安である。そこで，保育士のＣさんに相談してきたものだ。

あなたがC保育士なら，この事例をどのように考えて応答するだろうか。

A	「子育ては大変だから，つい叩きたくなったりしてしまいますよね。でも，これが虐待なのかな，と不安にも思われるのですね」 （安心して落ち着いてもらってからゆっくり話を聴いて一緒に考えていこう。） →共感と傾聴「カウンセリング」
B	「子育ては大変だから，つい叩きたくなったりしてしまうのですね。もっとお友だちのように，母親らしく，自然に育児やしつけができるようになりたいのですね」 （母親として自信をもって子育てができるように母親の成長が必要だ。短気なのかもしれず，もしかしたら，自分自身も叩かれて育ってきたのかもしれない。） →原因を個人の内界に求めて，個人の変化（成長）を促す「病理（医学）モデル」
C	「子育ては大変ですね。ご主人はそのことを理解されておられるのですか？辛くなったときに周りに手伝ってもらえる身近な人はおられるのですか？」 （子育てや家事を一人で背負い込まなくてもいいように，生活全体の関係性や周りとの相互影響過程の全体図はどうなっているのだろうか。） →人々の生活の全体性や人々と環境の相互作用の全体に目を向ける「生活モデル」
D	「大変な子育てを一人で担っておられて，疲れ果ててしまって，自信もなくなってしまいますよね。そんな大変な毎日をよく耐えてこられましたよね。その力はどこから湧いてでてくるのですか？」 （ご本人はうちひしがれておられるから，ご自分では気づいておられない自分自身の力や，周りの人々や状況の役に立つところに気づいてもらおう。） →人や環境の役に立つ力──ストレングス──に着目して，その力を促進する「ストレングスモデル」

あなたはA～Dのどのタイプだっただろうか。

人々の困りごとへの対処法に唯一の正解はない。どれもが正解であり，解決の糸口はさまざまである。そうした対人援助の支援についての理論をソーシャルワークでは積み重ねてきた。それがソーシャルワークの理論である。ソーシャルワークにおいては，A～Dはそれぞれ重要なモデルとしてそれに伴うスキルやアプローチとともに進化してきた。

ここでは保育実践に役立つソーシャルワークの方法や技を，実際に保育の現場で援用することができるように多様な理論として整理して紹介する。

1. ソーシャルワークモデルの援用

①ソーシャルワークの定義

ソーシャルワークは，今日まで社会の中で起こる多様な課題を解決する

ための具体的方策として発展を続けてきた。一般的に，「ソーシャルワークとは？」と問われたとき，「相談援助」といわれるが，その実践は保護者の話を聞き，それに見合う対処の方法や社会資源に結びつけるという単純なものではない。保護者が抱えている問題の背景や構造を理解し，それらの問題の解決に向けて保護者自身が主体的に取り組む過程を支えることである。どのような支援であっても，保護者自身が支援を受けて変わろうという意思をもち，問題を解決する主体者としての参加がなければ成り立たない。子育て支援において，家に帰ってからの生活を成り立たせるのは，支援者ではなく保護者とその家族である。保護者が自分の中にある可能性に気づき，自ら動きはじめることによって支援ははじまる。

　ソーシャルワークを用いた保護者支援は，信頼関係に基づいた支援者と保護者との相互関係を利用しながら本来もっている「力」を取り戻し，使いうるあらゆる社会資源を駆使して，保護者が主体となって問題の解決に向かって協働して展開されるものであるといえる。

　ソーシャルワーカーの国際組織である IFSW（国際ソーシャルワーカー連盟）では，ソーシャルワークを次のように定義している。

▷1　IFSW：International Federation of Social Workers

> ソーシャルワークのグローバル定義（2014）
> 　ソーシャルワークは，社会変革と社会開発，社会的結束，および人々のエンパワメントと解放を促進する，実践に基づいた専門職であり学問である。社会正義，人権，集団的責任，および多様性尊重の諸原理は，ソーシャルワークの中核をなす。ソーシャルワークの理論，社会科学，人文学，および地域・民族固有の知を基盤として，ソーシャルワークは，生活課題に取り組みウェルビーイングを高めるよう，人々やさまざまな構造に働きかける。
> 　この定義は，各国および世界の各地域で展開してもよい。
> 　　　　　（社会福祉専門職団体協議会国際委員会・日本社会福祉教育学校連盟訳（2014））

　日本ソーシャルワーカー協会や日本社会福祉士会は，このグローバル定義の解説を示しているが，それらを整理すると表4-1のようにまとめることができる。

　ソーシャルワークの定義の解説書によると，ソーシャルワークの目的は「自己実現と幸福の追求であり，人々が主体的に生活課題に取り組みウェルビーイング（Well-being）を高められるよう人々に関わるとともに，ウェルビーイングを高めるための変革に向けて人々とともにさまざまな構造に働きかけること」とされている。その任務は，問題を抱えている個人のみを対象とするものではなく，人々が生活している「社会の変革」をも促すことである。また，エンパワメントの考え方の中でクライエントは強さ（strength）をもっており，クライエント自らが問題を解決していける

表4-1　ソーシャルワークの概念解説

①基本	実践に基づいた専門職であり，ひとつの独立した学問領域である
②目的	自己実現，幸福の追求
③原則	社会正義，人権，集団的責任，多様性の尊重
④任務	社会変革，社会開発，社会的結束，エンパワメント，解放
⑤知	ソーシャルワークの理論，社会科学，人文科学，地域・民族固有の知
⑥実践	人間と環境との相互作用する接点に介入
⑦対象	人間や社会構造
⑧方法	人々とともに，参加と協働

出典：松久宗丙（2015）「ソーシャルワークの基本的な考え方」小口将典編『臨床
　　　ソーシャルワーク』大学図書出版，31頁。

ように支援することもソーシャルワークでは重視される。そして，その実践は「『人間と環境（person in environment）』との相互作用する接点に介入し，従来の『自立（independence）』よりも『自立し合ってお互いを尊重し合うこと（interdependence）』をめざす」ものである。

こうした，人とクライエントの生活状況を重視し，問題を個人だけではなく周りとの関係の中でとらえ，支援のプロセス，過程を重視することがソーシャルワークの特性である。ここでいう過程とは，クライエントとソーシャルワーカーが協働し，支援を通じた課題解決やそれによる変容・成長を目標に，時間的経過の中で展開して提供される一連の支援行為の積み重ねからなる実践活動である。これは，ミクロ→メゾ→マクロ，そしてマクロ→メゾ→ミクロへの流れや，インテーク→アセスメント→インターベンション→モニタリング→再アセスメント→ターミネーションなどの循環である。生活を包括・統合的にとらえ，人と環境からなる相互の変容過程において，フィードバックしながら支援していくことである（図4-1）。

保育の場面でいえば，子どもや保護者あるいはその家庭を取り巻く環境に視野を広げ，家庭と環境がどのように影響し合っているのかという相互作用を理解していくこと。さらに，相互作用による影響が，現在の生活課題としてどのように形成してきたのかを時間的・歴史的な流れの中で理解していくことである。

②ソーシャルワークの機能と役割

保育士が行う保護者支援は，あくまでも保育に軸足を置き，その特性や専門性を生かして展開されるものであり，保育士が備えている保育や子育て支援の知識，技術にソーシャルワークの視点と技術を援用して行われるものである。

保育所における保護者支援では，子どもと保護者の関係の調整，保護者

▷2　社会福祉専門職団体協議会（社専協）国際委員会（2014）「『ソーシャルワークのグローバル定義』新しい定義案を考える10のポイント」8頁。

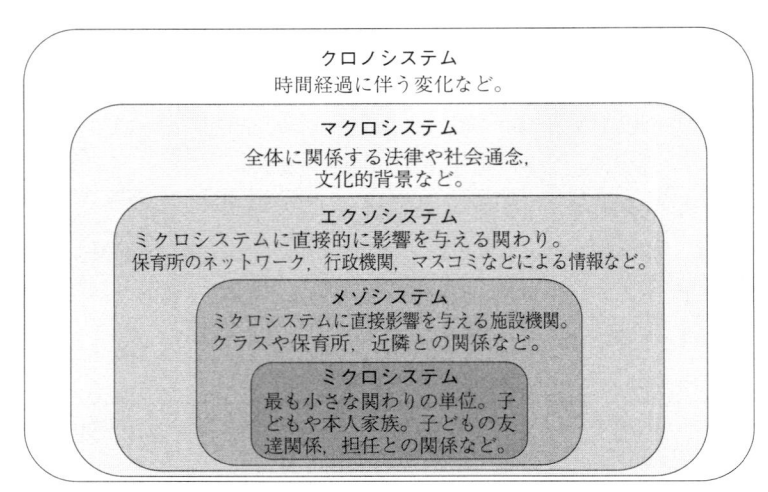

図4-1 システムとしてみた環境のとらえ方の一例

出典：安梅勅江編著（2014）『根拠に基づく子育ち・子育てエンパワメント』（保育パワーアップ講座応用編）日本小児医事出版社，153頁。

が「親」としての役割を果たすことができるような環境調整，保護者の組織化や地域への働きかけなど，さまざまな機能を発揮する中で，子どもと保護者のウェルビーイングというゴールに向かって，その役割を果たしていくことが求められる。また，保護者が抱えている問題・ニーズを的確に把握するためには，問題を抱える本人が置かれている状況を理解し，その感情を受容・共感する姿勢が必要であり，それに応じるコミュニケーション技術，環境を構成する技術，つなぐ技術などが求められる。

　こうした一連のソーシャルワークの知見を通して，さまざまな機能（働き）を果たすことが期待されている（表4-2）。

　表4-2からもわかるように，ソーシャルワークは保護者への直接的な支援のみではなく，生きる権利を保障したり，さまざまな社会資源とのあいだを調整したり，他の専門機関を紹介したり，社会や環境に働きかけるなど，多様な役割があるのである。

③ソーシャルワークによる支援の構造

　保育とは，子どもの心身の健やかな成長を目指して，一人ひとりの子どもと保護者との対話的関係の中で創造されていくものである。子どもの状況や家庭・地域社会の実態を把握するとともに，子どもの24時間の生活を視野に入れ，家庭と保護者の置かれた状況を理解した保育が求められている。そこでは，子どもと保育士との二者関係にとどまらず，保護者を含めた三者関係を基本とした家庭環境を視野に入れた保育が求められている。

　金子は，こうした保育所において展開される保護者支援は，「保育所が積み重ねてきた『保育』の専門性を基盤として，『子ども』を核とした家

表4-2　ソーシャルワークの機能・役割と保育場面

機　能	役　割	保育・子育て支援
仲介機能	クライエントと社会資源との仲介者（ブローカー）としての役割	他専門機関の紹介，情報提供
調停機能	クライエントや家族と地域社会のあいだでの意見の食い違いや争いがみられるとき，その調停者としての役割	子ども同士の関係，親子関係，保護者関係の調整
代弁機能	権利擁護やニーズを自ら表明できないクライエントの代弁者（アドボケーター）としての役割	地域の保育ニーズへの対応 虐待への対応
連携機能	各種の公的な社会的サービスや多くのインフォーマルな社会資源のあいだを結びつける連携者（リンケージ）としての役割	他専門機関との連携 家族・地域住民との連携
処遇機能	施設内の利用者に対する生活全体の直接的な援助，指導，支援者としての役割	日々の保育活動
治療機能	カウンセラーやセラピストとしての役割	子育て相談・助言
教育機能	クライエントに情報提供をしたり，新たなソーシャル・スキルを学習する場を提供する役割	情報提供 子育てに対する助言 日々の保育活動（教育面）
保護機能	子ども等の保護者としての役割	日々の保育活動（養護面） 虐待からの保護
組織機能	フォーマル，インフォーマルな活動や団体を組織する者（オーガナイザー）としての役割	子育てサークルの結成 保育所での行事開催など
ケアマネジャー（ケースマネジャー）機能	個人や家族へのサービスの継続性，適切なサービスの提供などのケースマネジャーとしての役割	他専門機関との連絡・調整
支援者機能	対象者が自ら目的を達成するための行動をなしうるように側面的に援助をする役割	子育て支援全般
管理機能	ある目的をもった組織においてその目的を達成していくための方針や計画を示し，組織が適切に機能していくための維持・調整・管理の役割などを担う	保育所の運営管理
社会変革機能	地域の偏見・差別などの意識，硬直化した制度などの変革を行う社会改良・環境の改善を働きかける役割	地域の保育ニーズへの対応など

注：以下の論文を参考に作成されている。
　　日本社会福祉実践理論学会ソーシャルワーク研究会（1998）「ソーシャルワークのあり方に関する調査研究」『社会福祉実践理論研究』第7号，69〜90頁，谷口泰史（1999）「ソーシャルワーカーの機能と役割」太田義弘・秋山薊二編『ジェネラル・ソーシャルワーク』光生館，155〜200頁。
出典：鶴宏史『保育ソーシャルワーク論——社会福祉専門職としてのアイデンティティ』あいり出版，74頁を一部改変。

表4-3 保育所の特性を生かした保護者支援の内容

保育所の特性	保育所の特性を生かした利点
①日常性・継続性	保育所は日常性・継続性のある子どもと保護者の身近な存在であることから，日常的な支援や関わりを通して相互の関係の中で支援が展開できる。その中で，子どもと保護者の変化を発見し，継続的な支援や見守りが可能である。
②異年齢の子ども集団	保育所には異年齢を含めたさまざまな子どもの集団がある。保護者は乳幼児期の子どもの発達や生活・遊びについて，実際に見聞きし，関わることができる場であり，体験的に子どもについての理解を深めることができる。
③乳幼児期にふさわしい生活の環境と専門職のチーム	保育所は，0歳児から就学前の子どもの生活の場である。そこでは，子どもにふさわしい生活と環境の場が用意されている。保育の専門家である保育士からの適切な相談・助言を，保育の環境を通して得ることができる。
④保護者同士の交流・親子の交流・地域住民との交流	保護者同士の交流や親子の交流ができることから，子どもや保護者の姿を見て気づきを得て学ぶこと，解決に向けての話し合いなども可能である。
⑤地域ネットワーク（関係機関・施設・地域社会資源）による支援	保育所は地域の中で児童福祉施設としての専門性と信頼を築いてきた実績から，関係機関・施設や地域社会資源と連携し，地域の拠点としての役割を発揮することができる。

出典：金子恵美（2010）『増補 保育所における家庭支援——新保育所保育指針の理論と実践』全国社会福祉協議会，47～49頁をもとに作成。

表4-4 ソーシャルワーカーの仕事と利用者のニーズ

ソーシャルワーカーの仕事は	①問題に気づいていない	➡	ニーズがあることに気づく		アドボカシー（自分に権利があることを知る）	ソーシャルワーク
	②問題を我慢している	➡	ニーズを要求できることを知る			
	③資源を知らない	➡	ニーズを満たそうとする	➡		
	④資源がかみあっていない	➡	ニーズを調整する		コーディネート（調整）	
	⑤資源がない	➡	ニーズを発見する 新しい資源を開発する		ソーシャルアクション	

出典：得津愼子（2012）『ソーシャルワーク——相談援助の理論と方法の基礎』ふくろう出版，42頁を一部改変。

▷3　金子恵美（2010）『増補　保育所における家庭支援——新保育所保育指針の理論と実践』全国社会福祉協議会，47頁。

庭支援を展開すること」であるとし，保育所の特性を生かした保護者支援を5点にまとめている[3]（表4-3）。保育所の特性を生かした保護者支援は，保育所という環境や，保育の専門家である保育士と保護者との関係の中での支援，また地域の子育て支援の拠点としての機能などさまざまであることがわかる。

　保護者支援は，保育の環境を通して，何らかの生活問題（ニーズ）を抱えている保護者が，そのニーズを充足させるために，支援者と保護者との協働による問題解決のプロセスにおいて「動機づけ」「能力」「機会」を通

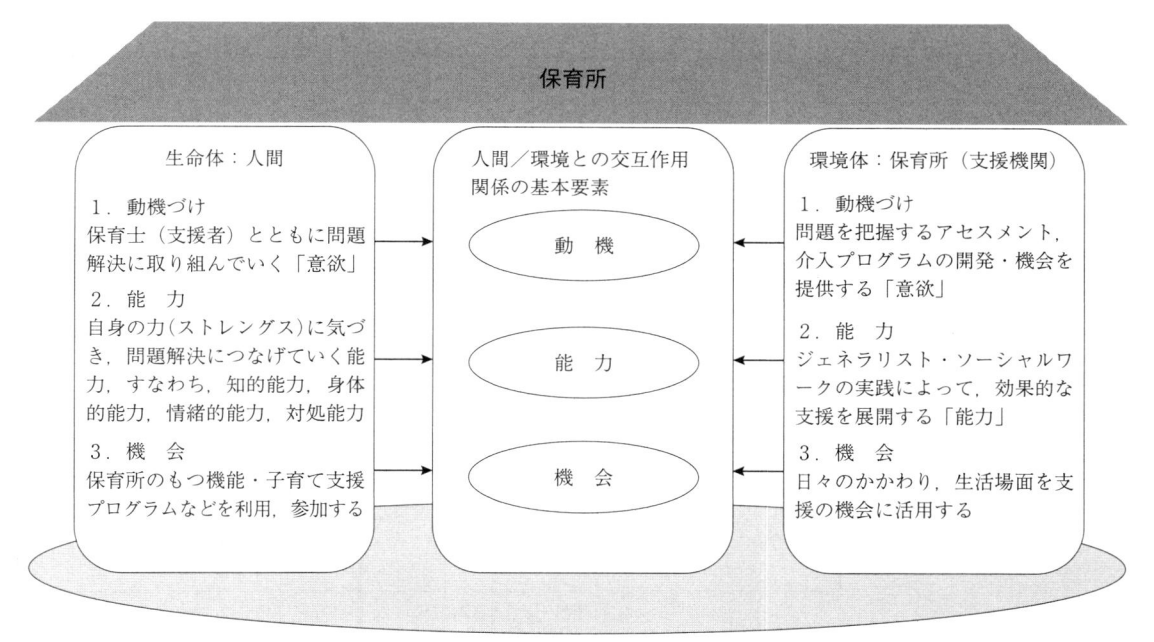

図4-2　保育所の特性を生かしたソーシャルワークの役割

出典：得津愼子（2012）『ソーシャルワーク——相談援助の理論と方法の基礎』ふくろう出版，42頁の「ソーシャルワーカーの役割と課題——パールマンのMCOモデル」をもとに作成。

して，さまざまな局面で変化を起こしながら解決を目指していくものである（表4-4，図4-2）。

④ソーシャルワークの基本原則

　保護者の問題解決に向かって，支援を展開していくためには，保護者と保育者とのあいだにつくられる信頼関係（ラポール）が重要である。この関係を築きあげるために，ソーシャルワークには心がけなくてはならない基本的態度と原則がいくつかある。そのひとつに，「バイスティックの7原則」がある（表4-5）。

　この7原則は，ソーシャルワーク援助の拠って立つ価値と，守るべき態度，倫理を含んでいる。ソーシャルワーカーがこのような原則に基づいて責任のある対応をすることを前提として，保護者はそれぞれの家庭内の出来事や自身の弱さなどを語ってくれるのであり，支援者との協働を可能とする重要な原則なのである。

2. 事例からソーシャルワークの実践アプローチを学ぶ

　次に，ソーシャルワークの考え方を用いた実践について学んでいこう。その問題の全体をとらえて，解決に向けて働きかけるソーシャルワークの理論を基盤にしながら実践における具体的な体系を整理したもの，それが「ソーシャルワークの実践理論」であり，その「型」にあたる「実践モデ

バイスティックの7原則	保護者のニーズ	支援者の姿勢
①個別化	一人の個人として迎えられたい。	保護者の生活環境を理解し個別の問題としてとらえ支援する。
②意図的な感情表出	感情はありのままに表現したい。	保護者が自分の感情や思いを遠慮なく表現できるように支援する。
③統制された情緒的関与	共感的な反応を得たい。	非難したり，反論したりしない，あくまでも保護者を受け入れる支援。
④受　容	自分を受け入れてほしい。	保護者を価値ある人間として受け入れる。
⑤非審判的態度	責められたり，一方的に非難されたくない。	一方的に相手の行動に対し説教したり，責めたり，善し悪しの判断をしない。
⑥自己決定	問題解決を自分で選択し，決定したい。	保護者の問題やどうしたらよいかの欲求（希望）を明確化し見通しがもてるように支援する。
⑦秘密保持	相談した内容は他人に知られたくない。	秘密を守ることは支援の基本であり，情報が漏れると信頼関係を損なう。

出典：永野典詞・岸本元気（2014）『保育士・幼稚園教諭のための保護者支援——保育ソーシャルワークで学ぶ相談支援』風鳴舎，72頁をもとに作成。

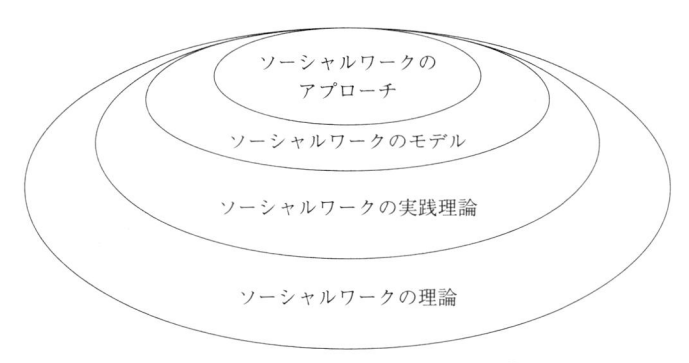

図4−3　ソーシャルワークの理論構造

出典：木村淳也（2015）「ソーシャルワークと実践アプローチ」小口将典編
著『臨床ソーシャルワーク』大学図書出版，49頁を一部改変。

ル」，より詳細で具体的な方法論をいう「アプローチ」などと称している（図4−3）。

　つまり，「アプローチ」とは，支援を行う手法であり，保護者が抱える生活困難に接近し，その解決というゴールに到達するための方法である。保護者やその家族が抱えている困難さをどのように把握・理解するかによって支援方法は大きく変わってくる。支援者からの問題のみえ方，とらえ方によって解決に向けての展開と方法を選択することができるのである。代表的な「実践モデル」「アプローチ」は表4−6の通りである。

表4-6　主なソーシャルワークの「実践モデル」と「アプローチ」

方法論	考え方	ポイント
治療モデル	疾病そのものが問題であるととらえ，これを取り除く能力をもつ。	原因結果の直線思考 治療が優先
生活（ライフ）モデル	人は生活をしていくうえで，ライフサイクルのさまざまな課題を解決している。	ライフサイクルで生じる状況や出来事
ストレングスモデル（エンパワメントアプローチを含む）	人は肯定的なプラスの能力をもつ。	人の「できる」能力
心理社会的アプローチ◁4	人は問題と取り組む能力を有している。問題は環境との交互作用から生じた現象であるととらえる。	どの段階にいるのか，自我状態，本来の取り組み行動の把握 問題を構成する心理社会的構成要素の分析
問題解決アプローチ	問題と取り組みながら成長する。人は生きていくうえで問題に遭遇するものである。	問題の種類，問題の規定 解決方法
課題中心アプローチ◁5	人は生きていくうえで問題に遭遇するが，課題を設定することによってそれを達成しようとする能力をもつ。	達成可能な課題 達成のための短期目標と方法
危機介入アプローチ◁6	人は問題と取り組む能力をもつが，危機に直面するとその能力を発揮できなくなる。	緊急性 独自の取り組み行動
行動変容アプローチ◁7	人は考えて行動する。	条件づけ
エコロジカルアプローチ（ライフモデルを含む）	人は環境との交互作用の中で生活している。	対処能力，環境の応答性を高める
ソリューション・フォーカスト・アプローチ◁8	人は，解決能力をもち，会話の中で語る言葉が現実を構成し，そこに解決の手がかりがあるとする。	問題の外在化 パートナーシップ

▷4　本章2節■参照。
▷5　本章2節■参照。
▷6　本章2節■参照。
▷7　本章2節■参照。
▷8　本章2節■参照。

出典：福山和女（2001）『面接——人の立体把握のために』FK研究グループ，93頁より一部改変。

あらためて，冒頭の事例について，考えてみよう。

「子どもを叩いてしまう母親の場合」の具体的なアプローチ
　▶次のように考えるクセがついていないだろうか？
(1)精神分析的アプローチ　心理社会（精神分析）的アプローチ
　①母親は怒りっぽい暴力的な性格なのだ。
　②母親は被虐待児なので，虐待の連鎖が起こっているのだ。
　③母親が精神的に不安定だからだ。
　④子どもには発達の遅れがあるので育てにくいのだ。
(2)行動変容アプローチ
　①母親が子どもの叱り方を知らないからだ。
　②子どもが言うことを聞かない行動が問題だ。
(3)危機介入アプローチ
　①危機介入の必要がある（子どもが危機的状況にあるかもしれない）。

②母親を落ち着かせなければならない。

　　③母親のストレスを何とかしよう。

　(1)のように唯一無二の原因，それも問題である原因（＝病理）を特定しようとすれば，それは医学モデルである。(2)も(3)も行動や現象に着目しているようだが，何かひとつの「悪者」探しをしていたら，それも「病理モデル」となってしまう。

　　☆ただし，事態を正確に把握するために，客観的な情報は大事である。客観的な情報であるためには，基礎的な知識は必要である。

　　☆「自傷他害」のおそれや緊急性が高い場合，とりわけ対象が，子どもなどの関係性の中で一方的に不利益を生じる可能性がある場合には，まずは危機介入の必要性をアセスメント（吟味）することが重要となる。

　　→あるいは原因を考えるよりも，以下の判断に迫られてはいないだろうか。

　　　①危機介入の必要がある。

　　　②母親を落ち着かせなければならない。

　　　③より正確な判断をするために，母親と面接をしてもっと話を聞かなければならない。

　　⇨話を聞くポイントは以下のようになる。

　　　①危機的状況かどうかの確認。

　　　②どのようになったら安心なのか，その対象・対処を考える。

　　　③母親とその周りの関係性の整理をして，その調整ができるようにする。

　　　④母親や，子どもの力，家族のもっている力を考える。

　　このように現状を全体的に把握して，希望がもてる未来像のもとに全体を変化させようと考えた場合に，これらは「生活モデル」の考え方といえる。

　　→あるいは次のようにも考えられる。

　(4)エコロジカルアプローチ

　　　①母親の職場が子育てに協力的ではないからだ。

　　　②友だちもいなくて孤立して困っているからだ。

　　　③子どものことを安心して相談できる医者がいないからだ。

　　　④子どもを預ける保育所や幼稚園がないのかもしれない。

　　　⑤ちょっと叱ったら近所から児童虐待と言われるので，神経質になっているのだ。

　　⇨環境調整を図る。このときも原因よりも対処・対策を考える必要がある。

　(5)家族療法アプローチ

　　　①夫（父親）がどのように協力できるかを，母親と一緒に考える。そのとき全体的な家族関係を概観する。

　　　②母親が行きづまったときの前後関係を把握して，違う行動・努力を試みるサポートをする。

　　⇨家族関係は一方的に誰かのせいであるということではない。それよりも全体のシステムの循環（パターン）でとらえ，どこかでその悪循環パターンを変える工夫をする。

　　→「でも，エラい！」とお母さんをほめることを考える。

　　　①子どもを叩いてしまうことがよくないと気づいた。

　　　②勇気をもって電話をかけてきた。

　　　③子どもを叩くほど，真剣に育児をしている。

　　　④仕事と子育てを頑張っている。

　　⑤子どもがケガをするほど叩いたりはしないでいる。
　(6)ストレングスモデル
　　①母親や子どもの力，家族のもっている力を考える。
　　②問題解決の力がいままでも＋（プラス）に働いていることを考え，問題
　　解決の力や可能性を考える。

　　　　　　（得津慎子（2017）『ソーシャルワーク──ジェネラリストソーシャルワークの
　　　　　　　　　　相談援助』ふくろう出版，58〜59頁を一部改変）

まとめと課題

　保護者支援においては，保護者が抱えている問題がどのような構造やシ
ステムの中で起こっているのかという「問題の構造を見る眼」が求められ
る。そして，支援ではどのようなアプローチによる介入が最も効果的なの
かを考えなくてはならない。

　たとえば，医者は病気の患者の診察をして，診断を下した後に最も効果
的な治療方法を考える。手術なのか，放射線治療にするのか，どの薬を処
方するのかなど病気に対してのアプローチを考えるのである。ここで学ん
だソーシャルワークのアプローチも基本的には同じである。保護者が抱え
ている問題の解決を考え，どのアプローチを用いることが効果的なのかを
判断することによって，支援の根拠と見通しがもてるようになる。ソー
シャルワーク＝相談援助といわれるが，悩んでいる問題の相談にのること
ではない。ソーシャルワークのアプローチを理解し，保護者支援で用いる
ことができるように，訓練を重ねていくことが求められている。

2　ソーシャルワークの展開過程からの具体的応用

〈学びの手がかり〉

　ソーシャルワークでは，クライエントと協働して支援を進めていくために
展開される一連の過程に注目する。その過程は，さまざまな援助理論によっ
て若干の相違もあるが，おおむね，①ケースの発見，②インテーク（受理面
接），③アセスメント（事前評価），④プランニング（支援計画），⑤イン
ターベンション（支援の実施），⑥モニタリング（経過観察），⑦エバリュ
エーション（評価），⑧ターミネーション（終結）のように整理される（図
4 - 4）。近年，「PDCA サイクル」（Plan〔計画〕→Do〔実施〕→Check
〔評価〕→Act〔改善〕）という言葉も用いられるが，今日では，一定期間の
のちに評価を行うことが一般化しつつある。相談支援も同様であり，実践の
途中で立ち止まり客観的に事実や状況を確かめ評価することで，問題の改善
や課題が明らかになる。

　子どもと保護者に身近な保育士が，家庭のサインを敏感に受けとめ，的確

▷9　金子恵美（2010）『増補　保育所における家庭支援——新保育所保育指針の理論と実践』全国社会福祉協議会。

に判断し，さまざまな専門職と協力して支援につなげていくことが求められる[9]。ここでは，ソーシャルワークの展開過程における理論的な枠組みをふまえ，保育場面においての展開を簡単に概説する。

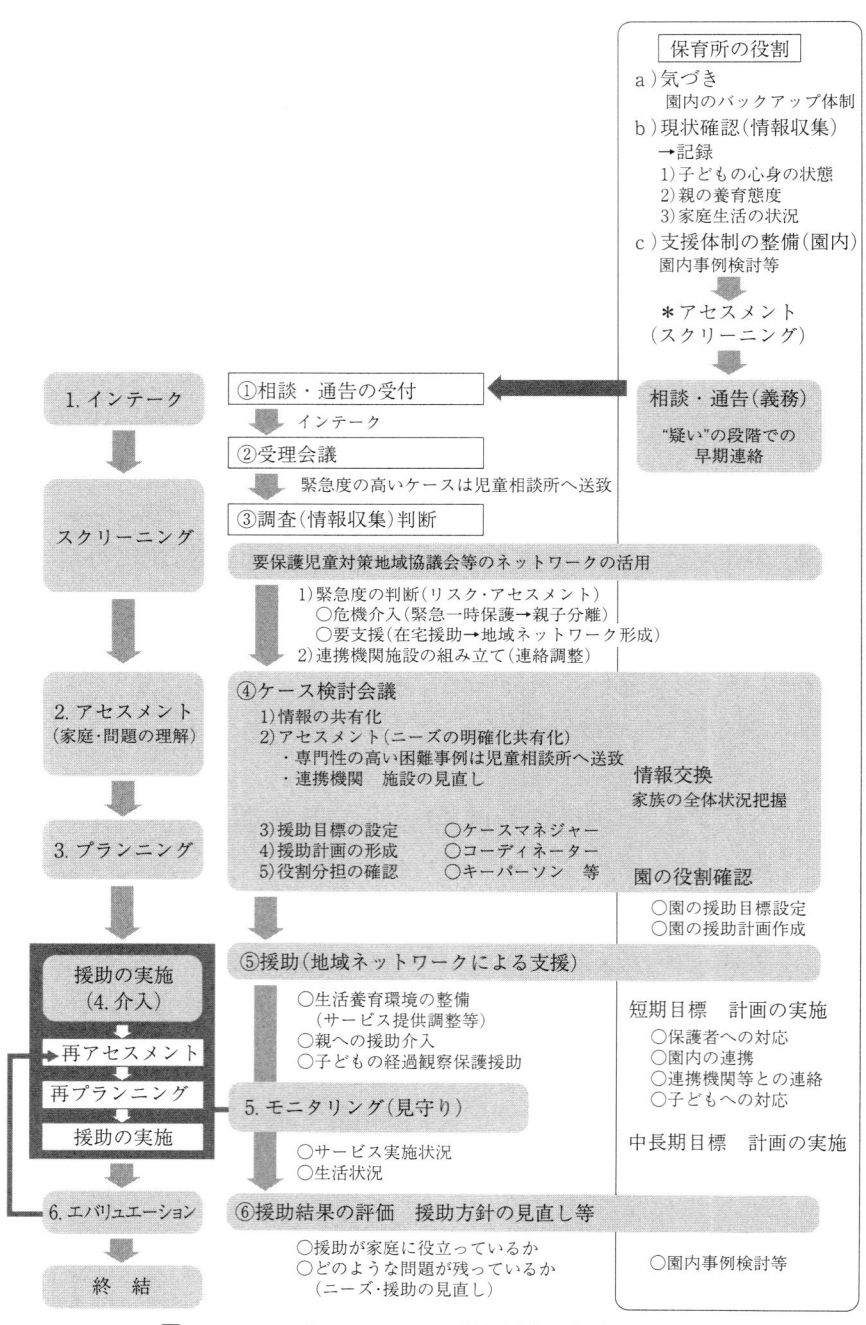

図4-4　ソーシャルワークの展開過程と保育所の役割

出典：金子恵美（2010）『増補　保育所における家庭支援——新保育所保育指針の理論と実践』全国社会福祉協議会，73頁。

1. 出会いの過程——気づく力と関係する力

　相談支援においてインテークは保護者との信頼関係を築き，それらを基盤とした関わりを続けていくためにも重要な場面である。

　通常，保護者は2つの不安を抱えて相談にやって来る。1つ目は，相談に至った自身が抱えている問題に起因する不安，2つ目は，相談する保育士は自分の相談にどのように耳を傾け，どのような助言をくれるのかという不安である。保育士という専門職であっても，保護者が抱えている家庭内のこと，あるいは日常的には他人に話していない自分自身の事柄について話すことの不安と緊張を，支援者は十分に理解しておかなければならない。相談の内容によっては，園庭や廊下などの立ち話ではなく，プライバシーの確保，落ち着いた雰囲気，周りからの視線や騒音などの排除が必要なときもある。保護者が，ここに来るまでの数日間，どのような不安の中で生活をしていたのか，どのような思いでここへ来たのかについて考える視点をもつことが求められる。

　相談支援においてラポール（rapport）の重要性がいわれるが，はじめから信頼関係が形成されているわけではない。自分の問題を理解してくれ，「いい人に会えた」「いい場所を知った」「この人に本気で相談してみよう」という関係から，保護者が支援者とともに問題を乗り越えていこうとする力が生まれてくるのである。

2. アセスメント（事前評価）の過程
——ストレングス視点に基づくアセスメント

　アセスメントとは，保護者が抱いている問題の解決やそのニーズを充足するために，どのように支援を展開していくのかを考えるための情報収集，分析，整理をして，保護者の置かれている状況の全体像を理解することである。

　このとき，本人を取り巻く人間関係や環境や社会資源が一目瞭然で把握するツールとして，ジェノグラム（家系図）やエコマップがある。ジェノグラムは，核家族も含めて，世代を遡って親族などの全体を記号で視覚化するものであり，もともと医療分野でも使われていた。エコマップは社会福祉に由来するが，家族を中心に家族とその環境の相互作用や関係性について描くものである（第3章3節2項，本章演習課題3参照）。

　アセスメントにおいて重要な視点は，保護者の問題のみに着目するのではなく，ストレングス（強み，肯定的な面，健全な側面，可能性，潜在能力）視点である。その問題を取り巻く全体との関係性と保護者のストレングスから，問題解決に役立つ「資源」となりそうなものすべてに着目し，解決

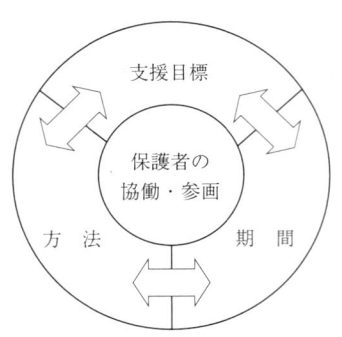

図 4-5 支援目標・方法・期間をセットで考える

出典：吉田祐一郎「保護者に対する保育対策」西尾祐吾監修『保育の質を高める相談援助・相談支援』晃洋書房，163頁を一部改変。

に向けての方向性を検討する。

3. プランニングの過程
——ゴール設定と見通しを立てる

アセスメントに基づいて，具体的な支援のプランを立てる過程である。どのような目標を設定し，どのような方法で，どのぐらいの期間で働きかけていけばよいのかをセットで考えることが必要である。ここで重要なのは，保護者との協働作業として，アセスメントもプランニングも行うことであり，抽象的な支援目標は避け，実現可能な，エンパワメントされうる目標を設定することである。

具体的な支援の展開では，直面している問題や乗り越えるべき課題を，保護者が対処しやすいサイズに調整し，「本人の力量に見合った大きさの課題に切り分けてステップを踏むように問題解決の方向性を見出すこと」[10]が重要となる。①とりあえずすぐに対応しなくてはならない問題，②いまは一時的に棚上げにしておき，時期をみながらゆっくりと変えていくべき問題，③教育的な機会を設けて考え方の転換から始めなくてはならない問題，④支援プログラムを通して体験してもらうことが最も効果的である問題，などと分けて考えることが必要となる。

そして，支援課題・支援目標・支援期間の関係性を考慮しながら（図4-5），現在の課題を明確化し，当面の目標をわかりやすい言葉で表現し，どのくらいの期間で達成していくのかを示す。どんなによい目標を立て，それが保護者に望ましいものであったとしても，その内容が現実的なものでなくてはならない。「一緒に考えた目標は達成できたのか」「できなければ何を見直さなければいけないのか」というように，その評価に根ざした次のステップを可能とする。小さな成功体験を積み上げていく中で，個人の力（対処能力）を強化し，階段を一段ずつ上るように確かな変化を支える支援が求められる。

4. モニタリング，評価，終結の過程，効果測定

支援の過程にあって，それまでの支援や働きかけがどの程度機能しているのか，効果をあげているのかを評価する。これによって，目標設定やプログラムは妥当であるか，働きかけ方は適正であるか，環境と保護者の相

▷10 結城俊哉（1997）「社会福祉援助実践の技法」植田章・岡村正幸・結城俊哉編『社会福祉方法原論』法律文化社，134頁。

互影響過程は機能的に進んでいるか，その速度は本人や関係者と同調しているか，などを見極める。

　相談支援の過程には，支援計画（プランニング）に向けての「事前評価」（アセスメント），実践途中での「中間評価」（モニタリング），実践後に行う「事後評価」（エバリュエーション）といった評価がある。ここで取り上げるのは，「中間評価」と「事後評価」である。

①支援の実施途中での評価（中間評価＝モニタリング）

　中間評価では，支援の過程を見直して，その段階における支援の効果や，途中で起きた変化を確かめることになる。すでに述べたように，計画に沿って実践を進めるあいだにも，目の前の現実は変化していく。そうした変化を意識的にチェックしながら，支援を進める必要がある。

　中間評価では，「支援計画で定めた目標や内容は適切か」「子どもや保護者等家族や環境に変化はあるか」「計画に沿って支援が行われているか」「新たな問題は起きていないか」などを確かめる。この評価によって，再びアセスメントへとフィードバックし，さらなる実践へと反映されていく。

　中間評価の根拠として，普段からきちんと記録をとり，具体的な支援内容やそこで気づいたこと，課題，保護者や子どもの様子などを記しておくことが欠かせない。

②支援の終わりにおける評価（事後評価＝エバリュエーション）

　支援期間の終わりの段階で総合的な振り返りを行い，支援の結果や効果を明らかにする作業が「事後評価」（エバリュエーション）である。事後評価をもとに，支援をこのまま継続するのか，変更するのか，あるいは終結するのかという重要な判断をすることとなる。

　事後評価では，「支援目標をいかに達成できたか」を確認することが，主要なポイントである。また，「支援により問題は解決したのか」「子どもや保護者等家族は満足しているか」「支援は適切だったか」などを確かめるのだが，保育者はその過程や理由をきちんと説明できる必要がある。

　ひとつの課題が解決したとしても，実際にはその理由は単純にとらえられないことが多い。たとえば，落ち着きのなかったある子どもが，保育所内で落ち着きを取り戻してきたとする。保育所での働きかけを工夫した成果という面もあるだろうが，そもそも家庭の経済状況がよくなったとか，両親の関係が改善したとかいう背景的な影響が大きいかもしれない。現実の世界は，目に見えにくい側面も含めて，さまざまな要素が絡み合い形成されている。それを十分に理解して客観的な視点をもつ姿勢，評価に際してもできる限り具体的かつ明確に示すことができる力が，プロとしての保育者には求められる。

　保護者支援においては，「問題を解決するのは保護者自身である」という視点をもたなくてはならない。そして，支援は保護者と支援者との協働作業によって展開されるものである。そのために支援者は，保護者の信頼を得て，相互の信頼関係であるラポールを築かなければならない。ラポールを築くことではじめて，専門職としての知識・技術を用いて，支援を必要としている人々に内在する素質や能力を引き出すことができるのである。保育者も，子どもとその保護者とのあいだにラポールを形成することのできる関わりの技術を習得できるように努めなければならない。

（小口将典）

 ソーシャルワークのアプローチを用いた介入

　本章1節 ■ （94頁）の事例をもとに，それぞれのソーシャルワークのアプローチを用いた介入についてみてみよう。

■ 精神分析的アプローチ・心理社会的アプローチ

> 〈学びの手がかり〉
>
> 　人は，心の中と現実社会を行き来し，自分の心を調節するなどして，社会に適応しながら生きている。では，心の中に葛藤や不安などが起こるのは，どういうときだろうか。また，それはどのように解決されるのだろうか。そのような心の仕組みに注目し，支援していくのが精神分析的アプローチである。
>
> 　心理社会的アプローチでは，人の心だけでなく，環境やそれらの相互作用にも注目する。人と環境は密接に関係しており，一方が変化すると互いに影響し合う。その人の思い，周りの状況，それらの関係性などをしっかりととらえていくことが，問題解決への糸口となる。具体的な支援ではどうなるのか，事例を通して学んでいこう。

1. 精神分析的アプローチと心理社会的アプローチの考え方

　精神分析は，1880年代にフロイト（Freud, S.）によって導かれた心理学理論である。フロイトは「人間の心というものは氷山みたいなもので，意

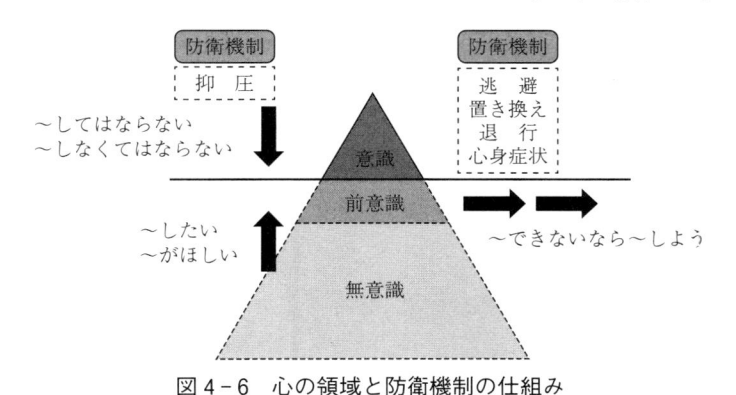

図4-6　心の領域と防衛機制の仕組み

出典：前田重治（1985）「図1　心の局所論」「図9　力動論」『図説 臨床精神
分析学』誠信書房，3，14頁を参考に作成。

識の水面上に現れて見えているのは，そのほんの一部分にすぎない」[11]と述
べ，水面下の見えないところにある無意識が大部分を占めているとした。
図4-6にあるように，心の中は「〜してはならない」「〜しなくてはなら
ない」といった幼少時のしつけ等により内在化された「良心の禁止」や
「理想の追求」などの〈意識〉と，「〜したい」「〜がほしい」という「本
能的なもの」である〈無意識〉〈前意識〉で成り立っている。これらは常
にバランスを保とうとしている。しかし，抑えつけられすぎると「〜でき
ないなら〜しよう」と，葛藤から逃れるための逃げ場を探そうとする。そ
ういった心の中の力関係による葛藤に関する理論を，フロイトは「精神力
動論」として提唱した。

　人は，心の中に現れる不安や葛藤などに対して，無意識のうちに調整す
る機能（適応機制）[12]をもち合わせている。しかし，抑え込む力が大きいと，
防衛的，攻撃的あるいは逃避的な防衛する機能（防衛機制）が強くなる。
たとえば，空想や病気への「逃避」，幼児期への「退行」，ぜんそくなどの
「身体症状」に出るものなどさまざまである。心の仕組みの理解や，対象
となる人が葛藤や不安から心を守ろうとするとき，どのように考え，行動
するのかなどパーソナリティにも注目し，支援を展開していくのが，精神
分析的アプローチである。

　ソーシャルワークの分野では，1960年代に，ホリス（Hollis, F.）が，従
来の「個人と環境との間に働きかけ調整していくケースワーク」の方法に
精神分析の考えを取り入れ，心理社会的アプローチを提唱した。それは，
個人と環境のそれぞれの調整に加え，社会的「環境」や「人と環境との相
互作用」に注目し働きかけていくものだった。精神分析の医学モデルに代
わり登場する生活モデルへの先駆けとなるアプローチともいえる。支援目
標は，社会に適応していける能力の維持・向上である。ホリスは，ケース[13]

▷11　前田重治（1985）『図
説臨床精神分析学』誠信書
房，3頁。

▷12　適応機制
　「欲求不満や葛藤，不安
に直面した時に，心理的な
平衡状態を維持，回復する
ために無意識のうちにとる
さまざまな心理的な手段」
と定義されている。
　中島義明ほか編（1999）
『心理学辞典』有斐閣，608
頁。

▷13　ホリス，F.／松本武
子 編 訳（1967）「ケース
ワークにおける人格診断」
『ケースワークの基礎』誠
信書房，90〜107頁。

ワークの機能のひとつとして「自己覚知の成長」をあげている。「いま意識していない感情」や「長い間，意識の下に抑えられてきた記憶」などを明らかにすることが，自己覚知を発展させる方法であると説明している。そして欲求が満たされないときに心身症状が現れるのは，うまく適応できずに自身のパーソナリティ[14]が維持されず，心のバランスを失うためだと考えた。

▷14　パーソナリティ
　「人の，広い意味での行動（具体的な振る舞い，言語表出，思考活動，認知や判断，感情表出，嫌悪判断など）に時間的・空間的一貫性を与えているもの」と定義されている。▷12と同じ，686頁。

　このアプローチでは，支援者は，心の中にある原因を明らかにすることや心理的支持をするだけでなく，人と環境との相互作用の中においても，問題を明らかにし環境調整を行っていくことが大事だとした。本人が気づいていない問題に気づき，対応していける力を高めたり，環境調整をしていくことで，全体の関係性が変化していく。支援者は，受容と共感の態度で傾聴することを繰り返し，よくない結果となっている原因を丁寧に探していくことや，その人自身の気づきと修正によって変化がもたらされるように，心と環境の整理を対象者とともに行っていくことなどが求められる。

2.　具体的な展開
①心の中をみてみよう

　母親であるBさんの心の中は，どのようになっているだろうか。「叩くことはいけないことだとわかってはいるが（してしまう）」そして「自分の気持ちをコントロールすることができなくなる」と話しているように，「〜してはならない」という思いと，「〜したい」という思いがぶつかり，葛藤となっているようだ。保育士であるCさんは，Bさんの抑え込まれている感情を傾聴し明らかにすることによって，Bさんが自分の心をコントロールしていけるように支援する必要がある。もしBさんの葛藤が「母親としての役割を果たすことが育児疲れになるくらいにつらい」ものであれば，「役割を果たさなければならない」という思いを，たとえば「完璧に果たさなくてもいい」と変えることで，気持ちに余裕ができるかもしれない。あるいは，「夫に育児や家事を手伝ってほしい」と頼むことが自分の役割の放棄にはならないことや，夫に言いたいことを言えないのはなぜかなど，自分の心の中を考えてみるなどを助言することが有効となるかもしれない。

②環境をみてみよう

　Bさんを取り巻く環境は，「イライラするAくんの言動」「職場での人間関係のトラブル」「会社が忙しく家にいない夫」「困りごとを問題視してくれない友人」など，Bさんの助けとなる環境ではないようにみえる。Bさん自身も「育児疲れ」となっている。しかし，Bさんには，Cさんに相談

するなど，困りごとを解決したいという意欲があり，周りの人の協力へと
つなげていくことなども期待できる。Ｃさんは環境の一つひとつを丁寧に
確認していき，Ａくん，職場，夫や友人たちが，苦しいだけの環境ではな
く，どうすればＢさんの助けとなる環境になるのかを，Ｂさんとともに考
えていく。たとえば，職場への協力を求めることや，反対に職場を辞する
ことなど可能性はたくさんみつけられるだろう。Ｂさんによい影響を与え
る場となるような地域の育児支援の会や子育てサークルなどの紹介，また，
新たな友人グループができることなどの環境調整を視野にいれた支援が考え
られる。

③人と環境との関係をみてみよう

　Ｃさんは，Ｂさんの心の中にある抑え込まれた感情を明らかにし，その
気づきを得たＢさんが自分の感情や環境をコントロールしていけるように
支援していくことができただろうか。環境との相互作用で何かが変化すれ
ば，Ｂさんに関わる全体が変化し成長していく過程となる。環境の変化が
起こり，Ａくんにじっくりと関わる時間ができ，Ｂさんの気持ちも変わる
かもしれない。または，その気持ちの変化がＡくんへの関わりや周りの環
境を変化させることとなるかもしれない。Ｂさん自身がいまどのような状
況の中にいるのかを理解し，感情のコントロールや，周りの人の協力等に
より確かな一歩を踏み出していくことは，同時に，Ａくんの大事な発達過
程の形成によい影響を与えることにもつながる。心理社会的アプローチは，
心理・環境・それらの相互作用という３つの点に注目することで自分を強
め，社会に適応していけるように環境を整えていく有用なアプローチであ
ると考えられる。

まとめと課題

　このアプローチの支援目標は，社会に適応していける能力の維持・向上
である。いまではスタンダードとなった支援者の基本的姿勢である傾聴，
受容，共感的理解の態度で関わり，信頼関係を構築し，十分なアセスメン
トを行い，自己覚知や自己成長を促すことで，意思決定する力や意欲が高
まり，目標が達成される。自身の心や社会と向き合っていくための術を一
緒に考えていくこの方法は，心の痛みを抱えることの多い現代社会におい
て役立つ方法である。

② 課題中心アプローチ

> 〈学びの手がかり〉
> 　保護者支援では，子育ての中で直面する問題を保護者自身が乗り越えていく過程を支え，保護者の養育力の向上を図ることが重要である。ここでは，保護者の抱える問題について解決しようとする思いや能力を活用することで，保護者が対処可能なサイズの課題につくりかえ小さな成功体験を積み上げることを通して，保護者のもっている「力」を高めながら，問題の解決を目指すアプローチを学ぶ。

1. 課題中心アプローチの考え方

　課題中心アプローチは，1970年代にリード（Read, W. J.）とエプスタイン（Epstein, L.）によって理論構築されたもので，短期的に課題に焦点を当てて面接を行っていくことが最大の特徴である。また，このアプローチでは保護者の問題を保護者自身が解決可能ないくつかの課題へと段階的につくりかえ，ステップを踏むように解決に近づいていく。そして，いかにその課題を解決するかについて，保護者と支援者である保育者が解決しやすい方法を検討し，具体的な目標を合意のもと確認しながら計画を立て，短期的に課題を調整しながら実行していく方法である。

　課題中心アプローチは，保護者が自らの力では解決困難であると認識する問題を抱えながらも，その解決を目指して向き合い，本来もっている問題を解決しようとする力を出発点に，保育者と保護者との相互の関係の中で小さな成功体験を積み上げる過程を通して，保護者の親としての「力」を高めながら問題解決を目指す際に有効である。

　問題設定において注意する点は，保育者と保護者との話し合いの中で，①保護者が認識している問題，②保護者が自身の努力で解決できる問題，③保護者にとって具体的な問題，などを扱うことである。その中で取り上げられた問題の解決に必要とされる課題を見極めながら，課題をいくつかのステップに分けるといった段階的な支援方法を検討していく。

　そのためには，問題に対する支援の目標・方法・期間の関係性を考慮しながら，現在の課題を明確化し，わかりやすい言葉で命名し，どのぐらいの期間で達成していくのかを示していく。このとき，問題を当面のわかりやすい言葉で命名する理由は，保護者が自分の問題を自分の言葉で話すことで，漠然としていた課題を自分のものとして認識することができるからである。

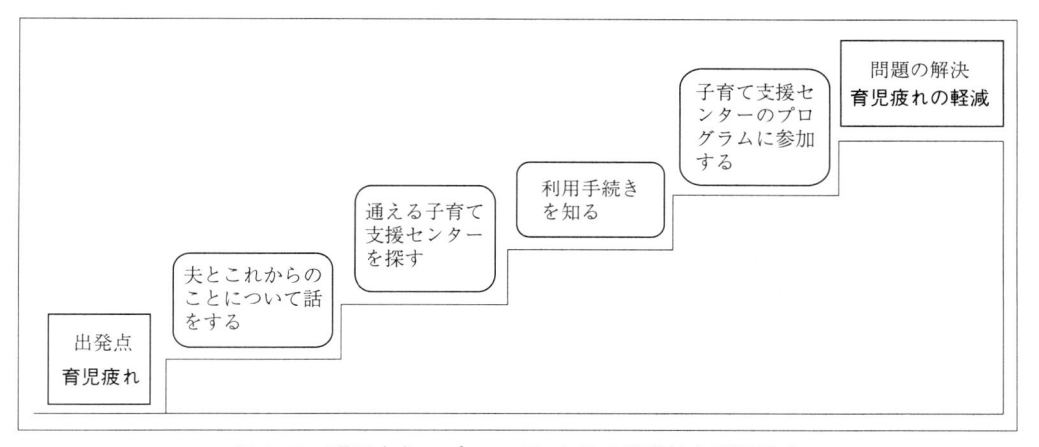

図4-7　課題中心アプローチにおける段階的な課題設定

出典：筆者作成。

2. 具体的な展開

それでは事例をもとに，具体的な課題中心アプローチの展開を考えてみよう。

①保護者が抱える問題の構造を分析し，ゴールを設定する

まずは，子育てにおける不安や葛藤を抱えながらも相談への一歩を踏み出した母親Bさんの力を認めることが，このアプローチの出発点となる。この事例の場合，Bさんは「職場での人間関係のトラブル」「育児疲れ」を問題とし，その結果，感情をコントロールすることができず「Aくんを叩いてしまう」という問題が引き起こされていると考えられる。ここで重要なことは，保育士Cさんが，Bさんとの話し合いの中で，どの問題に焦点を合わせるのかを定めることである。

たとえば，「育児疲れ」に焦点を合わせるのであれば，Bさんの育児を取り巻く環境について丁寧に聞く必要がある。事例によると，①夫が仕事の忙しさから育児に参加できておらず，Bさんが育児を抱え込んでしまっている，②子育てをしている友人に相談しても，子育てでは当たり前のことのような話として処理されてしまう，という2点が育児疲れや不安を募らせていると仮定することができる。つまり，Bさんには，日常的に子育ての相談や話をしたり，同じような悩みを分かち合える存在が必要ではないかと見立てられることから，「育児疲れを軽減する」ということが当面の目標として定めることができる。

②解決可能な課題につくりかえ，小さな成功体験を積み上げる

対処可能かつ現実的な課題を検討する。この課題設定では，上述したようにBさんの解決可能なサイズに課題を切り分け，小さなステップを積み重ねることを重視しなければならない（図4-7）。

「育児疲れを軽減する」という当面の目標を達成するために，たとえば，日常的な育児の相談や話ができる存在として，「夫とこれらのことについて話をする」ことや，同様の悩みをもった他者と悩みを共有し話し合える場所として，「通える子育て支援センターを探す」「利用手続きを知る」というように課題を設定し，そのために必要な期間と主体的に取り組むことができる支援内容を検討していく。そして，「子育て支援センターのプログラムに参加する」などへと続けていき，「育児疲れの軽減」につなげていく。また，そこではプログラムへの参加だけではなく，それらを通して問題を共有することのできる他者との出会いや何気ない会話の一つひとつが，保護者の「育児疲れを軽減する」ことにとどまらず，保護者自身が新たな気づきを得るきっかけにもなるということを含んでいる。

③期間を区切って評価する

支援計画を立て実際に計画に沿って支援を行うには，課題の達成状況を保護者と保育士が共有していかなくてはならず，評価を円滑に進めていくためには具体的な課題設定と取り組む期間の設定が重要となる。つまり，「どこから手をつけていいのかわからない保護者に対し，保護者の力量を超えた膨大な作業を提案するのではなく，当面考えることのできる内容，扱うことのできる範囲の資源を現実的な枠組みのなかで，ときには課題を細かく分けて，保護者との同意のなかで示すことができれば，その後の評価もしやすくなる[15]」のである。また，評価では達成の有無だけを評価するのではなく，課題に対しどのように取り組んでいたのか，うまくいったことや他に困ったことがなかったのか等を話し合っていく。さらに，保護者が課題を達成することができなかったのであれば，なぜ達成することができなかったのかを話し合い，改めてBさんの解決可能なサイズに調整していかなければならない。

このように，課題解決アプローチでは切り分けた課題の一つひとつの評価を重視している。ここでの評価では，課題達成ができたかのみに着目するのではなく，保護者が課題に取り組むプロセスの中で，何を感じどのように取り組んできたのかを丁寧に聞き取っていく必要がある。保護者は保育士への説明や語りを通して自らの成長を確かめ，また保育士は保護者の「成長」への気づきを意図的に促すことのできる場面となるからである。

▷15 小口将典（2013）「保育者の役割と相談援助・支援」須永進編著『事例で学ぶ 保育のための相談援助・支援——その方法と実際』同文書院，56頁。

まとめと課題

課題解決アプローチにおいて，保育士は課題という枠組みを保護者との合意をもって提供する存在である。支援過程のすべてで主体的となり課題に取り組んでいくのは保護者である。保育士は保護者が課題を乗り越えて

いく過程で生じる変化や成長について保護者自身の気づきを促し，その中で保護者の新たな強みや課題を明らかにすることによって，次のステップへとつなげていくという支援方法である。

3　危機介入アプローチ

〈学びの手がかり〉
　私たちの生活には急な病変，大きな決断，災害・事故，あるいは継続していた葛藤や不安の爆発など，これまでの均衡が揺さぶられ一種の危機に直面する場合がある。ここでは，こうした危機状況に直面して混乱している状態から，一定の安定を取り戻すまでの集中的な支援（危機介入アプローチ）について考える。

1.　危機介入アプローチの考え方

　危機介入アプローチは，リンデマン（Lindemann, E.）とキャプラン（Caplan, G.）によって構築された「危機理論」を危機状態にあるクライエントへの支援のために導入したものである。

　災害や予期せぬ危機に満ちた現代社会において，人々はいままでに経験したことがない状況に遭遇して，大きな不安や衝動に苛まれ，これまでの対処方法では問題を解決することができない危機的状況に陥ることがある。危機は大きく2つに分けることができる。1つ目は，幼児期・思春期や就職・結婚・家族の死など人間の発達過程で特定の時期に発生する危機であり，これは多くの人が経験する。2つ目は，天災・失業・事故などの予期しない危機的な状況に遭遇することによって生じるものである。また，「本人が訴える危機」と，近隣住民からの通報や福祉機関が偶然関わることで「専門職が発見する危機」としても整理することができる。

　危機介入アプローチは，他のアプローチとは異なり，困難な状況に直面しているため緊急の取り組みを必要としていることが特徴である。これまでに経験したことがない危機に直面すると人は，①強い不安などが生じる，②身体的緊張が高まる，③知覚・認識の混乱が起こる，④現実の評価や問題解決の見通しが立たなくなる，⑤通常とは異なり効果的な行動が取れなくなる[16]などの状況になる。

　危機介入アプローチではこうした危機状況をおおむね4～6週間程度であるととらえ，早期のクライエント理解，期間の限定，クライエントの意思決定を支えながら安定した状況に戻ろうとする自己回復を目指していくものである。

▷16　藤田益伸（2011）「危機介入アプローチ」杉本敏夫・豊田志保『相談援助論』保育出版社，77頁。

2. 危機介入のプロセス

　危機状況にある人は適切な支援を自ら求めることができない場合が多い。そのため，クライエントの来談を待つのではなく，支援者の側から積極的にケースの発見に努める必要がある。また，誰にとっての危機とみなすかによって，支援の内容が大きく変わってくる。そのため，危機を生じさせている出来事についてクライエントがどのように認知しているのかを確認する危機状況のアセスメントが重要となる。

　危機介入は文字通り危機への介入であり，期間は必要最小限度にとどめるものであることが望ましい。つまり，「危機をどう限定するのか」が重要であり，支援の期間を要する内容とは切り離して考えることが必要である。

　また，危機には一定のプロセスがあるとされている。危機に直面して混乱している状況をやわらげ，一時的に見失われている本人や家族の強さ（ストレングス）を呼び起こし，回復を目指していくことが求められる（図4-8）。

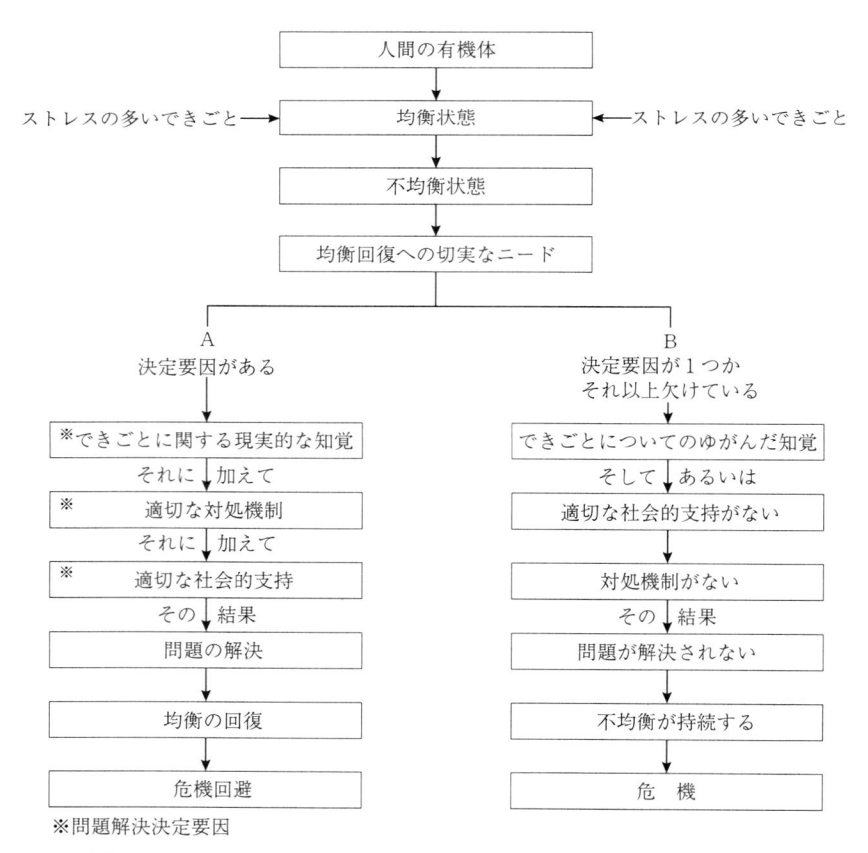

※問題解決決定要因

図4-8　ストレスの多いできごとにおける問題解決決定要因の影響

出典：アギュララ，D.C./小松源助ほか訳（1997）『危機介入の理論と実際』川島書店，25頁。

3. 具体的な展開

それでは事例をもとに，ここでは「Aくんを怒鳴り，叩く」という行為に焦点をあて，その回避に向けた危機介入アプローチの具体的な展開を考えてみよう。

①「Aくんが危機的状況にあるか」の見極め

まずは共感的理解をもって保護者の思いを受け止めながら，話に耳を傾け，そのうえでいくつかの確認が必要となる。Bさん本人も口にしているように虐待の疑いがあるため，①Aくんの年齢や心身の状況，②Aくんはいまどうしているのか，③Aくんを叩く程度や頻度，それに伴うケガや負傷の具合など，Aくんの身が安全であるのかを確認しなければならない。場合によっては，自宅を訪問して「目」で確認することも必要である。危機的状況（命や健康を害している）の見極めによって緊急性が高いと判断されれば，児童相談所や市町村に連絡をして要保護児童対策地域協議会などでの対応が必要となる。

この通報をするか否かによって，その後の保護者への対応も変わってくる。表4-7のようなアセスメントシートなどのツールを用いて緊急性を見極めながら，どのような機関との連携ができるのかを考えることもできる。それぞれの必要に応じて専門機関につなぎ，支援の役割を分担することで，これまで保育所だけでは対応できなかった子どもや保護者への緊急の介入が可能となる。

②母親を危機的状況にさせている環境を整える

子どもを叩いてしまうという状況に陥ってしまった背景を理解することが必要となる。たとえば，いつも叩いているのか，感情が昂（たかぶ）ると叩くのかなど「怒鳴る」「叩く」といった行為の引き金となった出来事や，いま問題になっていることなどを整理し，Bさんの置かれている状況から，なぜ叩くという行為に至ってしまったのかを考えることである。つまり，具体的な状況を把握するために，「一番最近ではいつ叩いてしまったのか」「そのとき，どんな気持ちだったのか」「その後，Aくんとはどう関わったのか」などに焦点をあてて，Bさんが子どもを叩いてしまう状況をつくり出してしまった背景を理解し，一時的な安定を図る環境を整えることである。

こうしたことを通して，「当面考えることのできる範囲の内容」「扱うことができる範囲の資源」「期待できる範囲の支援」など，現実的な枠の中で禁忌（タブー，してはいけないこと）をBさんに伝え，Bさんとその周りの関係性の整理をして調整ができるようにし短期的な支援をどのように組み立てていくのかを考える。

表4-7　アセスメントシート

該当する項目はチェック ☑ をする

		a：問題はない．　　b：やや気になる．　　c：問題がある	a	b	c	支援内容
1 子どもの状況	① 健康・発育	□ 特定の疾病がある（　　　　　　　　　　　　）				⇨ 嘱託医・保健センター
		□ 低身長，やせているなどの発育障害・栄養障害がある				
		□ **不自然な傷・皮下出血・骨折・火傷**				⇨ **市町村・児童相談所**
		□ その他（　　　　　　　　　　　　）				
	② 発達	□ 指示の理解が十分でない				⇨ 保健センター（発達相談）
		□ 言葉が遅れている				
		□ 発達に遅れが見られる				
		□ こだわりが強い				
		□ その他（　　　　　　　　　　　　）				
	③ 情緒・社会性	□ 衝動的（順番を待てない）				⇨ 保健センター（発達相談）
		□ 多動（極端に落ち着きがない）				
		□ 注意不足（集中できない）				
		□ 激しい癇癪				
		□ 友だちとのトラブルが多い				
		□ 子ども同士の関係の不安定（力関係で極端に態度を変える）				⇨ 市町村（児童家庭相談）
		□ 情緒不安定（おびえ・暗い表情等）				
		□ 保育士との関係が不安定（極端な困らせた行動）				
		□ 乱暴・攻撃的な行動				
		□ その他（　　　　　　　　　　　　）				
2 家庭での養育状況	④ 生活リズム（食事・睡眠）	□ 寝るのが遅い（日常的に11時過ぎ）				⇨ 社会資源（児童委員等）
		□ 起きるのが遅い（日常的に8時過ぎ）				
		□ 日常的に朝食を食べてこない				
		□ 夕食の食事内容に極端な問題がある				
		□ その他（　　　　　　　　　　　　）				
	⑤ 親子関係	□ 子どもの発達にそぐわない期待や対応				⇨ 市町村（児童家庭相談）　保健センター（保健師）
		□ しつけが厳しすぎる・叱ることが多い				
		□ 子どもの甘えや気持ちをくみ取れない				
		□ 親中心の生活				
		□ 子どもの話をあまりしない・子どもの心身について説明しない				
		□ **子どもに対する拒否的態度**				
		□ **子どもが親におびえている**				
		□ その他（　　　　　　　　　　　　）				
	⑥ ネグレクト（衛生・保健・事故防止・監護）	□ 不潔な身体・衣服（洗濯・入浴・着替）				⇨ 市町村（児童家庭相談）
		□ 歯磨きをしていない				
		□ 虫歯が多い・急な虫歯の増加				
		□ **乳幼児健診・予防接種・医療を受けていない**				⇨ 保健センター（保健師）　市町村（児童家庭相談）
		□ **監護不十分（事故が多い・子どもだけで外へ出ている等）**				
		□ その他（　　　　　　　　　　　　）				
	⑦ 登園状況	□ 日常的に朝の登園時刻が遅い				
		□ 理由のない不規則な登所・降所時刻　等				
		□ **理由のない欠席が続く**				⇨ 市町村（児童家庭相談）
		□ その他				
3 家族と生活の状況	⑧ 親の心身の状況	□ 身体的疾病がある				⇨ 市町村（児童家庭相談）　保健センター（保健師）
		□ 不安定・過敏である				
		□ 攻撃的である				
		□ 精神疾患がある				
		□ その他（　　　　　　　　　　　　）				
	⑨ 家族関係	□ 母子家庭				⇨ 市町村（母子自立支援員）
		□ 父子家庭				
		□ 家族関係が不安定である				
		□ **家族内の暴力がある（DV）**				⇨ 女性相談センター
		□ **虐待がある**				⇨ 市町村（児童家庭相談）
		□ その他（　　　　　　　　　　　　）				
	⑩ 社会関係	□ 周囲に子育てをサポートする人がなく，孤立している				⇨ 市町村（所管課）
		□ 親と職員との関係がよくない				
		□ 園への要求や苦情が多い				
		□ 他の保護者との関係にトラブルがある				
		□ 職場・地域での関係にトラブルがある				
		□ その他（　　　　　　　　　　　　）				
	⑪ 就労状況	□ 理由のない遅刻・欠勤等が多い				⇨ 市町村
		□ 理由のない転職が多い				
		□ **理由のない不就労**				
		□ その他（　　　　　　　　　　　　）				
	⑫ 経済状況	□ 家計管理の問題がある				⇨ 市町村
		□ 低所得・経済的不安定である				
		□ 借金がある				
		□ その他（　　　　　　　　　　　　）				
その他						

注：太文字の項目に該当するときは市町村・児童相談所に相談（または通告）。
　　⇨は連携先を示す。
出典：金子恵美（2010）『増補　保育所における家庭支援――新保育所保育指針の理論と実践』全国社会福祉協議会，124頁より改変。

③母親の肯定的な自信につながるサポート

　母親Bさんは自分の気持ちをコントロールできないほど混乱しており，考える余裕を失っている可能性もある。子育ては日々さまざまな困難な状況に対処しながら営まれているが，これまでの対処方法や知識では手に負えないレベルに達してしまうこともある。そのときに感情のバランスを崩すのは珍しいことではなく，気が動転したり，苦悩したりするのは人間として当たり前であることを前提に考える。

　この事例の場合，「私がやっていることは虐待なのでしょうか？」とせっぱ詰まった感じであるが，一方で相談に来たということは「いまの状況を何とかしたい」「子どものために何ができるのか」というような現状を変えたいという思いを抱いているとも考えられる。Bさんは一時的な危機的状況にあるかもしれないが，支援によって落ち着きを取り戻せば，取り乱していたときに見失われていた本人の力も再び現れてくる。そのため，Bさんがその問題をどう認識しているのかをベースにしながら，その立場，考え方，感じ方をまずは傾聴し，感情の表出と受容的な態度を維持しながら落ち着きを取り戻す心理的なサポートを構築していく必要がある。

まとめと課題

　このように，直面している危機がどのような性質のものか，いまどのような支援が必要かといった判断のもとで迅速な支援が可能となる。危機介入アプローチでは危機介入の必要性を見極めるアセスメント力が求められ，ベテラン保育士による直感ともいうべき経験知に基づく判断も重要であるが，日頃からその直感をわかりやすい言葉で伝えるための可視化・理論化を心がけることが重要である。

④　行動変容アプローチ

〈学びの手がかり〉

　人々の心は，からだとつながっている。たとえば，心がストレスなどでいっぱいのときは，行動に余裕がなくなるかもしれない。また，心が変われば行動が変わるとも，行動が変われば心が変わるともいわれている。支援のひとつの視点として，まず，行動を変えることによって変化をもたらそうという方法がある。それが「行動変容アプローチ」である。人々が行動を変えるプロセスを注意深く観察するなど，行動変容に焦点をあてている。そのキー概念であるオペラント条件づけや学習についてここでは学ぶ。

1. 行動変容アプローチの考え方

①行動変容アプローチとは

行動変容アプローチは，オペラント条件づけやモデリングといった学習理論に基づく行動療法が，社会福祉の理論や実践に導入されたものである。ある行動の結果が，特定の行動を増やしたり減らしたりするというオペラント条件づけの考え方による行動をオペラント行動という。そのような仕組みを日常生活に活かし，行動を変容させることを目的とするアプローチである。

②オペラント条件づけ

心理学者のスキナー（Skinner, B. F.）は，押すと餌が出るレバーと，押すと電流が走るレバーが設置された箱にネズミを入れるとどうなるかという実験を行った。その結果，ネズミは試行錯誤の末，餌を得られるという報酬がある側のレバーを押す行動を繰り返すようになり，反対側のレバーには触れなくなった。これは，レバーを押すと何かが起こるという〈刺激〉が，〈結果〉として報酬の餌を得られる場合は，その〈行動〉が増えることを示している。反対に電流が走る罰としての〈結果〉が得られる場合には，その〈行動〉は減る。オペラント条件づけは，報酬や罰などの〈結果〉に反応して，自発的な〈行動〉が変容される過程をいう（図4-9）。

③人と行動と環境

ある〈刺激〉が，人の行動を変化させる。行動が増えればそれを［強化］といい，減れば［罰］という。たとえば，はみがきをすると，ご褒美をあげることで，ご褒美という〈刺激〉により，はみがき行動が増える。それを［強化］という。はみがきをしないことを叱ると，はみがきをしないという行動が減る。それを［罰］という。事例の母親Bさんは，「育児疲れとなり〈刺激〉，叩いてしまい〈行動〉，虐待ではないかと不安である〈結果〉」と相談している。不安がまた育児疲れとなる悪循環となっている。叩くという〈行動〉を強化させている要因を明らかにすることや，Bさん

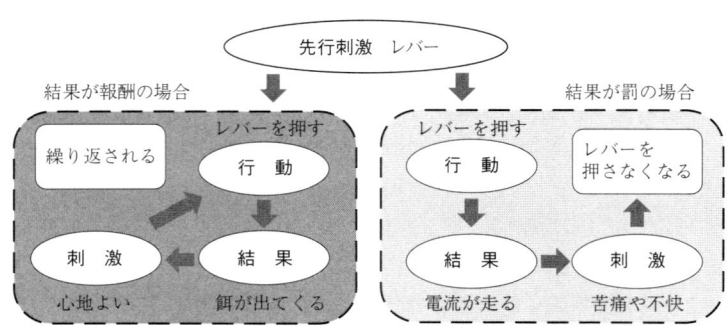

図4-9　オペラント条件づけのしくみ

出典：ブラックマン，D. E.／能見義博監訳（1981）「オペラント条件づけ」『オペラント条件づけ——実験的行動分析』ブレーン出版，39〜54頁を参考に作成。

▷17　モデリング
心理学者のバンデューラ（Bandura, A.）が提唱した用語で，他者の行動をモデルとして観察・模倣することにより，観察者の行動が変化することをいう。
▷18　武田建（2010）「ソーシャルワークにおける行動アプローチの台頭」『総合福祉科学研究』創刊号，総合福祉科学学会，1〜16頁。

の環境の変化が，問題解決につながりそうである。

　また，行動療法には，刺激と結果を人為的に操作することによって，好ましい行動が起こりやすい生活環境をつくっていくという考え方がある。行動が起こりやすいようにつくられた環境のことを，**プロセティック環境**[19]という。[強化]していくことで，失われたと思われている好ましい行動や，学習する機会のなかった好ましい行動が現れ，少しずつ人と環境が変容していく。このように，人と行動と環境との関係を調整し整えていくことや，個人の自発的な行動の変容を促すことなどが行動変容アプローチである。

2．具体的な展開

①行動パターンをさぐる

　事例では，育児疲れから，子どもを叩くことによって子どもが早く寝たなどの結果が得られたため，「育児疲れ→叩く」というパターンができたのかもしれない。または，育児疲れで，叩くことによって一時的にはすっとするが，後々自己嫌悪で落ち込み，それがまたストレスとなり，叩くという行動パターンになってしまったとも考えられる。そのため，「育児疲れ→叩く」という行動パターンを変容させるために，母親Bさんを取り巻く人々の行動変容も視野に入れた具体策を考えていく。

②行動パターンを変える

　保育士のCさんには，Bさんが不安なく自信をもって育児ができるための支援が求められる。たとえば，「母親の育児をほめる」という［強化］で母親の自信を強めることなどである。また，育児環境を整えるために「父親と話し合える時間をつくること」や「育児の悩みに共感し合える仲間づくり」などの支援をしていくことで，育児の理解者が増え，Bさんの育児疲れの軽減や安心感につながり，育児の自信が強化される環境が整う。Aくんにとって叩かれることが，行動を減らす［罰］となっていないことはBさんにもわかっていて，しかしそのようなパターンになってしまうことに悩んでいる。Cさんなど第三者がそのパターンに入ることにより，よくないパターンが解消される可能性がある。周りの人の声かけによるきっかけづくりなどが有効であると考えられる。

　そして，AくんやBさんの行動変容が必要であれば，行動変容アプローチ理論に基づくプログラム等の導入が有効である。たとえば，ご褒美シールなどの利用により，子どもは約束したことができる喜びと自信を得て，同時に，親は子どもをほめることを学ぶことで育児に自信をもてるようになる「ペアレント・トレーニング」[20]や，参加した親たちが主体となり小グループで悩みや課題を話し合い，それぞれの子育て経験やアイデアにより

▷19　プロセティック環境

　芝野は「結果事象を意図的に操作し，行動と弁別刺激・結果事象との間にある随伴の仕組みを変えることによって，失われたと思われている好ましい行動や十分に学習する機会がなかった好ましい行動の出現順位を高めるように創られた環境である」と定義している。

　芝野松次郎（2002）『社会福祉実践モデル開発の理論と実際』有斐閣，95頁。

▷20　ペアレント・トレーニング

　1970年代にアメリカで母親を通して子どものしつけや訓練を行う治療法として始められた。日本では，1987年に神戸市総合児童センター（神戸市こども家庭センター，2015），1991年に国立肥前療養所（山上，1998）などで始められ，神戸少年の町（野口，2009）など，多くの大学，心理センター，医療機関などで実践されている。

　神戸市こども家庭センター（2015）「笑顔を求めて──神戸の児童支援　平成27年度事業報告」。

　山上敏子（1998）『お母さんの学習室──発達障害児を育てる人のための親訓練プログラム』二瓶社。

　野口啓示（2009）『むずかしい子を育てるペアレント・トレーニング』明石書店。

▷21 Nobody's Perfect
（ノーバディズ・パーフェクト）
　０歳から５歳までの乳幼児をもつ親を対象にした親支援プログラムである。1980年代にカナダの保健機関により共同開発された。このプログラムは，そのプロセスにおいて，互いの価値観を尊重することや自身を信頼する感覚を経験することにより，親としての自信や力が強まり地域で支え合う意識が生まれる効果があるとされている。「Nobody's Perfect」とは「完全な親も子もいない」という意味である。
　子ども家庭リソースセンター（2003）『Nobody's Perfect 活用の手引き』ドメス出版。

問題解決を図り，自信を得ていく親支援プログラム「Nobody's Perfect」[21]など，さまざまなプログラムが開発されているので参加を促してみてはどうだろうか。

③母親Ｂさんや保育士Ｃさんの自信を高める

　先に述べた以外にも，日々の行動を整理していき，好ましい〈行動〉が行われるには，どのような新たな〈刺激〉や〈結果〉が有効であるかを考え，本人への支援とともに，好ましい行動ができる環境を整える支援をしていくことが必要であると考えられる。いままでの行動パターンが変わり，新たな生活が始まれば，いままでのことを克服できたという自信につながり，その環境はますます変化することが期待される。Ｂさんの母親としての自信，Ｃさんの保育士としての自信にもつながり，その後の行動もよい方向へと変容していきそうである。

まとめと課題

　人々の心の深層を深く探り，分析するよりも，いまここでの変化を求めて，人々が行動変容によってその方法を習得し，自信をもつことが解決に近づく方法であるとするこのアプローチは，とりわけ教育の分野で行われてきたが，近年ますます多用されるようになってきた。まず，不快な刺激を与えるよりも，心地よい経験を重ねることがよい効果を生むという考え方は，実践的にもすぐ役立つ方法である。

5　ソリューション・フォーカスト・アプローチ

〈学びの手がかり〉
　ここでは，システム論に基づく家族療法から発展してきたソリューション・フォーカスト・アプローチについて学ぶ。肯定的な変化を生じるために，サービス利用者と支援者の会話を工夫するための一連のスキル「ソリューション・トーク」（解決のためのおしゃべり）を身につけよう。

　解決志向ケースワーク（ソリューション・フォーカスト・アプローチ，以下，SFA）は，問題や原因を探るのではなく，解決や未来に焦点づけるソリューション・トークといわれる「会話」によって変化を求める方法である。
　支援者は利用者と協力して，利用者のもっているリソース（資質・資源）やストレングス（長所，もてる力）をエンパワメント（応援）していく。利用者こそ問題や解決の「専門家」であり，支援者は何も知らない（無知の知，not-knowing）ので，「上から目線」ではなく，サービス利用者から教

えてもらいながら，一緒に協力して未来に向かおうという姿勢が基本である。このコツの多くは「ほめること」や「肯定的言い換え＝良い面をみつけること」であり，そのために必要なものは「肯定的な長所のリスト」と「問題の例外リスト」である。

SFA はもともと家族療法を効果的に行う工夫から生じたもので，関係者が気安く話せる関係づくりや，肯定的な未来に向かって希望を揺り起こすスキル等がある。基本的姿勢をふまえたうえで，それらのスキルを学ぶことには意味があると考え，簡単で有効だと思われる家族療法のスキルとSFA のスキルを紹介して，その後の事例の逐語録でそれぞれのスキルを再確認していく。

1. 家族療法のスキルから

①ジョイニング

相談者が安心して相談できる関係となるために援助者が相談者の世界に「仲間入り」をさせてもらい「仲良くなる」ための技法。社交的な入り口としてともかく相手の枠組みに則って，それを否定しない。お天気の話題に始まり，たとえば子どもへの質問に母親が代わって答えたとしても，あえて子どもに返事を求めずに，むしろ母親を通して子どものことを質問する，などである。

②肯定的意味替え

いままで否定的に考えられていたことの肯定的な面に注目し，そのように言い換えたり，ラベルを貼り替えたりする。一般的にもよく使われる例としては「けんかの多い夫婦」は「遠慮なく言い合える仲の良い夫婦」とか，「意思を伝えるために努力している関係」と言い換えるなどである。

③症状処方

症状や問題行動が簡単に消去・軽減しないと予想される場合にはあえて悪い予想をしたり，悪化するようにお願いする。そうすると問題が発生しても，そのことで，予測が当たったり，支援者との約束を達成したということで，失敗体験ではなく，むしろ予想通りだという成功体験となる。たとえば，夫婦で口論をしない努力をするという課題であれば，「あまり急に変えてしまうのも心配なので週に1回くらいはけんかしてください」と起こりがちな状況を予測しておくなどである。

2. SFA のスキルから

④コンプリメント（労う・ほめる・お世辞）

文字通りの労い（ご苦労様，ありがとう）やお世辞（いつもお綺麗ですね，

お行儀のいいお子さんですね），あるいは，その人が自分で気がついていないけれども，よくできていることを取り上げてほめる。

⑤問題外し

問題を問題という枠組みから外す。問題を掘り下げるのでなく，解決や希望について話し合う。

⑥例外探し

問題とされることがいつも起こっているわけでない。何事も起こっていないとき，気にならないときに，焦点づけることで肯定的な面（問題が起こっていないこと）や，解決（気にならないこと）に気づく手助けをする。「いつも宿題を忘れるんです」であれば，「毎日毎日，必ず宿題を忘れるんですか？」など。

⑦コーピング・クエスチョン

コーピングというのは「対処・処理」という意味である。災難やひどい状況をうまく対処して乗りきったことに感心し，その技，対処の方法を教えてもらう。

⑧スケーリング・クエスチョン

問題解決のために段階をつけて，ステップ・バイ・ステップで問題解決に近づけるように試みてもらう。たとえば，高いところが苦手なら，「高いビルの屋上から地上を見下ろす」を10点として「階段の踊り場」は何点で，どのような状況が１点で，どうなれば１点上がるかをたずねて，具体的に試みてもらうやり方である。その目的は以下である。

⑴　問題があるときとないときに点数をつけることで，具体的に何が問題で困ることなのかが整理できる。

⑵　支援者と一緒に考えることで力づけられ，また，悪い行動や現象が起こっても，支援者の指示や記録の一環としてそれほど脅威に感じないですむ。

これらによって具体的に行動が変化し，それに気づくことで変化が生じやすい技法である。

⑨サバイバル・クエスチョン

ひどい状況にもめげず，生き残っていることに感心し，そのプロセスを教えてもらう。「よくそんな中で，生き抜いて（サバイバルして）こられましたね。どのようにしてそんなひどい状態の中，ここまでやってこられたんですか？」（⑦と似ているが，生活全体が混乱していたり，困難や問題に圧倒されそうな場合に使える）。

⑩ミラクル・クエスチョン

奇跡が起こって問題解決されるという設定をして，解決の状況をリアル

に詳細に思い描いてもらう。相談が行き詰まったり，問題に圧倒されそうになっているときに，少し遊びの要素をいれれば，関係者がゆとりをもてる。そうして雰囲気づくりとしても役に立つ。

　Q：「眠っている間にいたずらな女神に魔法をかけられて，あなたが問題だと思っていることが解決してしまいました。あなたは眠っていたのですから，それが起こったことをまだ知りません。その変化が起こったことにどのように気がつくでしょうか？　あなたの問題が解消されたことを，誰がどのように気づき，どのように反応するでしょうか？」

　A：「朝，起きて，子どもが隣ですやすやと寝ていて，夫もその横で熟睡していて，私はゆっくりと起きて，お化粧や身支度をする間も一人の時間として過ごすことができています」。もしかしたら，「夫が『あれっ，お前，座って朝ご飯食べてるな』と叫ぶかもしれません」など。

　これによって相談者が「一番困っていること＝改善したいこと」が具体的に理解され，そこに向けて具体的な工夫やその問題について，誰がどのように解決に向けて協力できるかについて一緒に考えていくことができる。

　C保育士は，最近SFAのトレーニングを受けており，さまざまな技法を工夫しながら，Bさんとの会話を次のように進めていった。前述の技法説明（☆印）と照らし合わせて，保育士と保護者の会話で，SFAがどのように展開されていくかを具体的にみてみよう。

C保育士とBさんの会話	技法の説明
C1「ギャクタイ……ですか？　他に誰かに相談されました？」 B1「いいえ……。そんなに相談できることじゃないですから……」 C2「そうですよね。私に今日お話しくださるのにも勇気がいりましたよね」（☆④） 　（B　うなずいて涙）	☆④コンプリメント：ほめる
C3「Aくんはまだ3歳ですし，叱らなければならないことがたくさんありますよね」（☆⑤）	☆⑤問題外し：「虐待」という言葉を「叱りすぎ」という一般的な言葉に変えている。
B2「それは，そうなんですけど……。他のお母さんたちも結構叱っておられるみたいですけど。でも，私は一度叱りだしたら興奮してきて，どんどんコントロールできなくなっているようでコワいんです」	
C4「叱ることはよくあるって，他のお母さん方もおっしゃっておられるんですね。でも，それを叱りすぎた（☆⑤）と心配になることもあるのですね。心配にならないときもありますよね」（☆⑥）	☆⑥例外探し：いままで目を向けようとしなかった悪い材料の例外を探す。 ・子どものしつけに関して自信をもてるときと迷うときがある。
B3「はい，でも，一度気になり始めるとどんどん気になってきて」 C5「気にならないときってどんなときですか？」（☆⑥） B4「それなりにAが素直に言うことをきいてくれればホッとする	・いつもいつもイライラしてばかりではない。

んですけど，泣きやまなかったりするとますますイライラして」

C6 「Aくんが素直に言うことをきいてくれるときもあるんですね。たとえばどんなときですか？」（☆⑥）

B5 「うーん。それがわかればいいんですけど」

C7 「そうですよね。すぐにわかれば問題ないですよね（☆①）。ところで，最近一番大変だったときのこと，覚えておられます？」

B6 「はい……。実はちょっとですけど……叩いてしまったんです。そしたら，火がついたように泣かれて。ハッと我に返って。それが昨日のことで，それで思い切って今日，先生に相談しようと思って来たんです」

C8 「そうですか。Aくんに泣き出されて，よく興奮しないでブレーキをきかせられましたね。すごいですねえ。どうやってそんなに冷静でいることができたんですか？」（☆⑦）

B7 「それは，Aの泣き方が普通じゃなかったから……。叩いた瞬間に『しまった』と思いました」

C9 「『しまった』と思われたということは，いままではそんなことはなさったことがなかったんですね」（☆⑥⑧）

B8 「はい，いま思うと，まるで落とし穴にはまってしまったみたいでした」

C10 「そんなに叱ってしまったときって，Bさんにしたら最悪の状況でしたか？」

B9 「はい」

C11 「最悪の状況を仮に点数をつけて0点，理想的な状況を10点としたら，その『落とし穴にはまった』ような状況は最悪の0点でしたか？」

B10 「そうですねえ。最悪ですが，一応ちょっと叩いただけで，ケガをさせたりはしていないので，0点ってことはないと思います。0点って，カッとしたままで叩き続けたり，揺すぶったりして，（涙声で）……子どもが取り返しのつかない状態になってしまったり……」

C12 「そんな大変な状況が0点ですね。そこまでいかずに気づかれて，すぐにご相談に来られて，何とかしたいと努力されておられるのですね。それは何点くらいでしょうか」（☆①）

B11 「……そうですね。……3点くらいでしょうか？」

C13 「では，その反対の理想的な10点はどんな状況ですか？」（☆⑧）

B12 「Aが素直に言うことをきいてくれたときですね」

C14 「ああ，素直に言うことをきいてくれるときもあるんですね（☆⑥）。それはどういうときですか？」

B13 「私に余裕があって，冷静に注意してるときかなあ」

C15 「毎日戦争のような暮らしの中で，気持ちに余裕があるときがおありなんですねぇ。本当にどうしたらそんなふうに余裕がもてるんでしょう」（☆⑦）

☆⑥例外探し：子どもを過度に叱らなかったり，子どもが素直に言うことをきいたりしてうまくいった状況に注意を払う。

☆①ジョイニング：仲良くなるための会話。

「わからない」と答えたのは答えられない質問だったからだということを理解・共感する。

☆⑦コーピング・クエスチョン：うまく対処できたことに焦点づける。

泣き出されてカッとしたが，叱るのをやめたという肯定的な点に目を向ける。

☆⑧スケーリング・クエスチョン：一般的に理想的な状況を10として，いまはいくつか，と詳細に点数化して，1段階上げるための工夫について話し合う。悪い点を分析するよりも，まずは希望や出口に目を向けるようにする。

自ら追い込まれた気持ちになっているBさんが，(i)客観的なデータを得る。(ii)記録することが抑制効果をもつ。(iii)記録がフィードバック（振り返り）の役割をもってBさんの気持ちを沈静化させる。

「子どもが言うことをきかないことに感情的になって叩く」ということをレベルに分けて，自分の行動や起こった出来事を整理することによって，1ステップずつでも理想に近づくように手伝っていく。

たとえば，その場で「失敗」や「問題」から「成功」や「進歩」に焦点をずらして，具体的にたとえばここ1週間のあいだに何点がどのくらいあったかを記録してもらったりして，制御できない行動を「する」「しない」と意識化してコントロールできるサポートとする。

B14「そんなことは滅多にないです」

C16「滅多にないけど、まったくない訳ではないんですね？（☆⑥）そういうときは何点でしょうか？」

B15「そうですね。ただ、理想的なのは叱ったりしないで、二人でもきゃっきゃって笑っているときなので、注意するときでは理想的なときじゃありません。……6点くらいです」

C17「二人だけで遊んでいるときが10点だけど、叱らなければならないときもあって、冷静に注意できたら6点くらいなんですね。叱るときの中では一番いい状態なんですね。そういうふうに思うときっとどのくらいありますか？」

B16「うーん、いろいろ『よくやれた！』とか思わないので」

C18「叱った後に『しまった！』と反省することはあるけど、うまく『やれている』という意識しないんですね」

B17「そうですね。毎日のことですから、いつもＡを叱ってばかりいるわけでもないので」

C19「そうですね。注意したり、叱ったり、当たり前なんですね。いつも、当たり前のようにしつけておられるんですよね」（☆②⑤）

B18「はい。当たり前だと思っています」

☆②肯定的意味替え：よかったときのことを覚えていなかったり除かねば解決はないといった問題の状態であると当然の状態になる。

いままでのアプローチとは少し異なっていたかもしれない。とかく私たちには、問題には原因があって、その原因を取り除かねば解決、問題のないという思い込みがあるが、原因発明よりも現実的な状況の解決。問題のない日常を実現することに注目する方が解決への早道である。そのためには日常的な考え方や感覚を少し変えて、「現実」をズラしていくことで、その人なりの現実が変わって、日常生活が少し楽になったりする。このスキルの実行にあたっては、保育者、親、子どものストレングスや解決を信じることが必要であり、解決を信じると希望が生じる。子どもでも大人でも明るく気軽な雰囲気づくりは重要である。ちょっと大げさだったり、意表をつくような言動で「あそびの心」をもった関わりをすることが、心のゆとりを生んだり、気づきにつながる。相手が大事にしているものを十分に理解しているユーモアのセンスは、子どもでも大人でも対人関係上欠かせない要因のひとつだ。

SFAでは、こうした技法を使いながら、利用者ができていたことから、解決へのコツや工夫を少しずつ実行し、それを支援者と共有することで、よりよい状態になる手伝いをしていく。保育士が子どもや保護者の問題に頭を抱えているときの多く、こうした技法を使うと、「巻き込まれている状態にある。そんなときに、こうした技法を使うことで、状況が肯定的に明確化される、「保育者ー保護者」「保育者ー問題（子ども）」との膠着した関係が、

より具体的な解決に迫りうる関係となる。

　このスキルを上手に使うための仕上げとして次の「SFA の 3 つの掟」を紹介しよう。スキルを使いつつ，自分と周りとの相互作用をより広範な視点で見直すことができるのが SFA なのである。

「SFA の 3 つの掟」

Ⅰ　もしもうまくいっているなら，それを直そうとするな。

Ⅱ　もしも一度うまくいったなら，またそれをせよ。

Ⅲ　もしもうまくいかないなら，何か違ったことをせよ。

　日常生活の中でも，例外探しや問題外し，あるいはスケーリング・クエスチョンは使うことができる。

　たとえば，ある母親が「私が叱るといつも子どもが夜尿するんです」と訴えたとしたら，本当に「いつも」なのかをさりげなく確かめる。

　あるいは，自分自身の何か苦手なことを思い出して，それに理想の状態と最悪の状態の点数をつけて，一歩前進するための，第一歩について考えてみよう。きっと，何かのヒントになるようなことが思い浮かぶはずである。

⑥　アタッチメントに視点をおいたアプローチ

〈学びの手がかり〉

　ここでは初めに，保育に携わる方に役に立つ "アタッチメント"，すなわち他者との間で育まれる安心感の絆について解説し，その後，「安心感」をキーワードとして共通事例への対応を検討する。

1.　アタッチメントに視点をおいたアプローチの考え方
①アタッチメントとは

　人は，安心できる人間関係を求める。イギリスの乳幼児専門の精神科医，ボウルビー（Bowlby, J.）は，人間には危機的な状況に陥ったとき，特定の他者とくっつく（attach）ことで危機感や不安感を取り除いてもらい，落ち着きを取り戻そうとする本能的欲求があると提唱した[22]。これは，アタッチメント理論といわれている。

　乳幼児期に養育者との間に温かな関係が育まれていることが後の発達に重要な影響を及ぼすことは自明であるように思われるが，個々の子どもを数十年にわたって追跡調査した研究からも，乳児期から安定したアタッチ

▷22 Bowlby, J. (1969) *Attachment. Attachment and loss, Vol. 1,* Basic Books (revised ed., 1982)（黒田実郎訳（1991）『母子関係の理論 1 ——愛着行動（新版）』岩崎学術出版社).

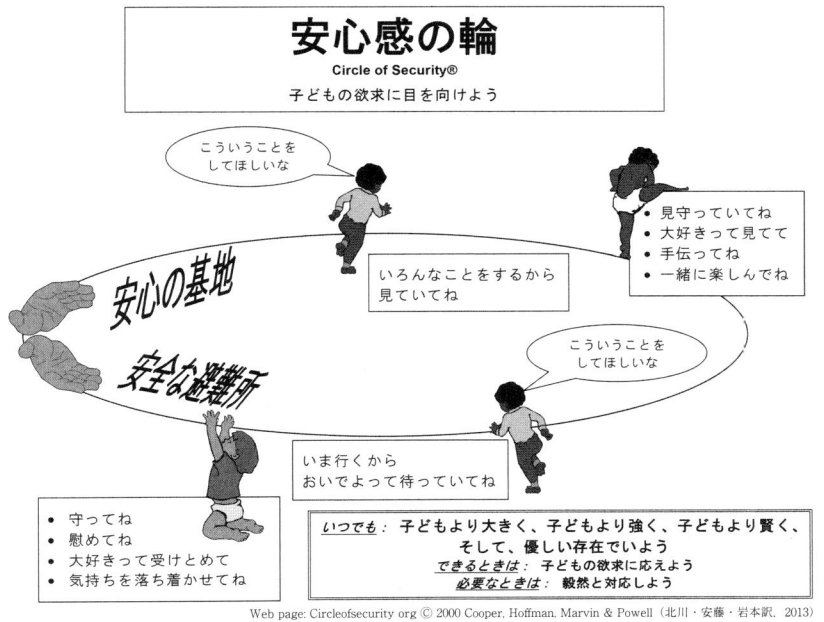

図4-10　安心感の輪

出典：Circle of Security International：安心感の輪
Copyright 2013 Cooper, Hoffman, & Powell
[online] https://www.circleofsecurityinternational.com/
（開発者の許可を得て掲載）

メント関係が育まれていることが，その後の健全な人格発達に影響することが確認されている[23]。その報告を契機に，親子関係の支援の中にアタッチメントの概念を取り入れることが重視されてきている。

②アタッチメント欲求と探索欲求

「アタッチメント」は「愛着」と同義で使われており，愛情を注ぐといった愛着的な関わりとしてとらえられていることが多い。しかし本来，この理論の中心は危機感や不安感の調整である。たとえば赤ちゃんは見知らぬ人が近づいてきたり，ひとりぼっちになったり，空腹を感じたり，体調がよくなかったりすると，危機感や不安感が高まり，泣く，ハイハイ，歩く等の方法で養育者に近づこうとする。養育者とくっつくことで何らかの対応をしてもらい，危機感や不安感が取り除かれると落ち着いていく。その結果，赤ちゃんに安心感という感情が育まれていく[24]。これがアタッチメントの作用である。

安心感に充たされると，子どもは周りの世界に関心をもち，探索しようとする。これは探索欲求と呼ばれ，周りの世界に対して好奇心を発揮し，外に歩みだしてさまざまな挑戦をしようとする本能である。子どもがさまざまな学習をできるのは探索欲求があるからであるが，それは安心感があってこそ起動するシステムである。図4-10は「安心感の輪」と呼ばれ

▷23 Sroufe, L. A., Egeland, B., Carlson, E. A. and Collins, W. A. (2005) *The Development of the Person: The Minnesota Study of Risk and Adaptation from Birth to Adulthood,* Guilford Press.

▷24 数井みゆき (2012)「アタッチメント理論の概要」数井みゆき編著『アタッチメントの実践と応用——医療・福祉・教育・司法現場からの報告』誠信書房，1～22頁。

▷25 北川恵・安藤智子・松浦ひろみ・岩本沙耶佳訳 (2013)「『安心感の輪』子育てプログラム」認定講師用DVDマニュアル日本語版1.0. (Cooper, G., Hoffman, K. and Powell, B. (2009) Circle of Security Parenting A Relationship Based Parenting Program Facilitator DVD Manual 5.0.).

るもので，子どものアタッチメントと探索欲求の循環を示している。「安心感の輪」の上半分では，子どもは安心感に包まれており，養育者を“安心の基地”として利用しながら，遊びや学習などへの探索欲求を表出している。その際，子どもの心の中には，「見守っていてね」「大好きって見てて」「手伝ってね」「一緒に楽しんでね」といった気持ちがある。探索の中で驚いたり，怖かったり，疲れてきたりして子どもの心に不安や恐れが生じると，探索欲求からアタッチメント欲求への移行が起こる。輪の下半分は，安心を求めて“安全な避難所”である養育者に近接している。その際，子どもの心の中には「守ってね」「慰めてね」「大好きって受けとめて」「気持ちを落ち着かせてね」といった気持ちがある。養育者によって安心感を得ることができると再び探索に出かける，という循環が繰り返されるのである。

③アタッチメントの発達

「安心感の輪」は子どもの生活に常に起こっている。このプロセスが特定の大人との間で何度も繰り返されると，子どもは自分の危機感や不安感を取り除き安心感を与えてくれる存在に対して信頼感をもつようになり，その人との間に健全なアタッチメントを形成する。

子どもは赤ちゃんのときから養育者の態度を観察しており，生後12か月の段階で，すでに自分のどのような欲求が養育者を不安定な状態にさせるのかを予測し，そうした事態を避けることを覚えていく。さらに，5歳までの段階で「自分は人から愛される（愛されない）存在である」「人は自分が必要なときに助けてくれる（助けてくれない）」といったモデルをつくりあげ，「この人はきっとこうしてくれる（くれない）だろう」という予測や「自分はここでこうした方がよさそうだ」という行動のプランニングを行うようになる[26]。そして，それをさまざまな対人関係に当てはめて行動するようになるのである。

つまり，乳幼児期の健全なアタッチメントの発達は，その後の子どもの対人関係や発達に重大な影響をもつ。一方，育児困難な状況においては，子どもの欲求が養育者に届きにくかったり，養育者からの関わりの意図が子どもに届きにくかったり，養育者が子どもの欲求を重荷に感じてしまったりして関係のすれ違いが起こり，その結果として健全なアタッチメントの形成が妨げられ，ますます育児困難がもたらされる悪循環に陥りやすい。

2. 具体的な展開

①Aくんのアタッチメント欲求

アタッチメントに関連づけて事例の状況を考えると，Aくんの日常は情

▷26　遠藤利彦 (2011)「人との関係のなかで育つ子ども」遠藤利彦・佐久間路子・德田治子・野田淳子『乳幼児のこころ――子育ち・子育ての発達心理学』有斐閣，85〜115頁。

緒的に安心して過ごせる環境ではなくなってきていると考えられる。

　Ａくんの心の状態を一日の流れに即して考えてみよう。園で過ごしている間，外の世界に自分を関与させてさまざまな活動に取り組む時間の大半，Ａくんの心の状態は「安心感の輪」（図 4-10）の上半分に位置する。さて，お迎えの時間がきてＡくんは母親（Ｂさん）と再会した。そのとき，Ａくんには一日の中で使い切った心のエネルギーを母親との関わりの中で取り戻そうとする作用が起こる。母親に対するアタッチメント欲求が活性化した状態であり，Ａくんの心の状態は「安心感の輪」の下半分にある。

　図 4-10 に沿ってＡくんの気持ちを推測すると，そのときのＡくんの欲求は「大好きって受けとめて」や「気持ちを落ち着かせてね」のいずれか，あるいはそれらが混在していることが推察される。しかし，3 歳というコミュニケーション能力が未熟なＡくんが自分の欲求を言葉でわかりやすく母親に伝えることは難しい。Ａくんの言動にイライラしている母親にも，Ａくんの本当の欲求を読み取る心の余裕はなさそうだ。Ａくんの母親に対するアタッチメント欲求が理解されず，逆にＡくんの心が傷つくような叱責や暴力的な対応が継続すると，Ａくんは安心を得られないだけでなく，やがて自分の心がいま以上に傷つくことを恐れて母親にアタッチメントを求めなくなっていくであろう。母子間の健全なアタッチメントの形成が妨げられ，Ａくんの健全な対人関係の発達や発達そのものに悪影響が及ぶ心配がある。

②事例への対応

　母親であるＢさんからの相談を受けた保育士がどのように対応すべきか助言する際，子どもの行動や表情を「安心感の輪」（図 4-10）にあてはめて検討することによって，その子どもの欲求は何なのか理解しやすくなり，それに応じた対応を養育者とともに考えることが可能になる。特に，子どもが執拗に甘えてきたり，忙しいときに限ってわがままを言ってきたりする場合，子どもが自分を困らせる存在にみえてしまうことはどの養育者も経験することであろう。しかし，アタッチメントの視点でとらえ，子どもは落ち着かない感情の中で頼れる存在にくっついてホッとした気持ちになりたかったのだと，母親が子どもの気持ちに気づいていく支援ができれば，母親は感情的になっていた自分を自覚し，子どもの欲求に応じる方法を試すことができるようになるだろう。

③母親（Ｂさん）のアタッチメント欲求

　もうひとつの重要なポイントとして，その母親自身にも不安があり，アタッチメントを必要としている状態であることを理解しておきたい。保育士が「安心感の輪」の概念を理解していることによって，母親から相談を

受けたときに，母親が「安心感の輪」の図の下半分の状態にあり，自分を守ってほしい，慰めてほしい，否定せずに受けとめてほしい，気持ちを落ち着かせてほしい，といった欲求を向けていることを理解できるであろう。保育士が母親の訴えに耳を傾け，「大変だったのですね」と共感的な理解とともに母親の気持ちに寄り添う姿勢を示すことで，母親の緊張した心は緩み，気持ちは落ち着いていくと思われる。その際，やみくもな励ましや対応の改善をせまる対応は，母親がもつアタッチメント欲求とずれてしまうので避けるべきである。母親の子どもに対する新たな実践が可能になるのは母親自身の気持ちが落ち着き，子どもの欲求に目を向ける余裕が生じたときである。したがって，保育士には，母親を見守り，励まし，手応えをともに喜ぶ姿勢が好ましい。そういった保育士の寄り添う姿勢が，不安や恐れを抱くわが子の気持ちに寄り添い，安心感を提供する母親へと変化させるだろう。

まとめと課題

　保育の仕事では子どもへの視点が重視される。しかし，子どもへの視点をさらに延長し，養育者に対する視点をもつことも心がけたい。子どもだけでなく養育者も含めて支援の手を届けること，それはつまり，子どもの養育環境全体を支援することに他ならない。

■ コラム 4 ■

「安心感の輪」子育てプログラム

　標準的な「安心感の輪」子育てプログラムでは，1人のファシリテーターのもとに1〜20人ほどが集まり，1回90〜120分のセッションを8回実施する。プログラムの内容は，子どもの欲求と養育者の関わりについての8つのテーマからなる。プログラム開始時に，このプログラムは完璧な養育者になることを目指すものではないこと，子どもは「ほどよい」養育者を求めていることが伝えられ，完璧な親になろうとして緊張している養育者の心をほぐす。「間違ってもいい」「遅すぎることはない」のメッセージは折に触れて伝えられ，養育者を安心させる。

　「安心感の輪」子育てプログラムのコア・コンセプトである「安心感の輪」は，子どものアタッチメント欲求と探索欲求の循環を示す概念である。すなわち，子どもの行動には，"安心を求めるアタッチメント"と"安心に包まれた探索"の2つの欲求が循環するように現れる。養育者は，それらの欲求に対する適切な態度を，視覚的にわかりやすく表した絵図（安心感の輪：131頁，図4-10参照）とともに学ぶ。同時に，養育者側の心の状態によって

は，子どもへの適切な態度の形成が妨げられることも学ぶ。

　プログラム中の養育者の変化は「わが子が自分にアタッチメント欲求を向けていたのだ」「つまり安心させてほしかったのだ」という理解と実感とともに現れる。実際，養育者は子どもが抱いている欲求を見分けることができるようになると，子育てが楽になっていく。しかし，子どものアタッチメント欲求を見分けることと，それに応答できるということは別である。養育者自身が育ちの過程で受けた心の傷や，心の大部分を占めている未解決の問題に由来する心の防衛は，子どもとの関係を阻む壁となりうる。それを乗り越え，健全なアタッチメント関係を育むことに「安心感の輪」子育てプログラムの意義がある。

　そこでは，わが子が自分に向けてくるアタッチメントの欲求に対して，気持ちがざわめき，落ち着いた対応が妨げられることについてファシリテーターは養育者の内省に寄り添って支援する。「安心感の輪」子育てプログラムでは，自覚されにくい気持ちのざわめきを，映画「ジョーズ」のメインテーマ曲「シャークミュージック」[28]という言葉で比喩する。それによって，まさにその渦中にあるときのザワザワした心の状態をひとつの形としてとらえられる。セッションでは，子どもとの関わりでどのようなときに養育者の心にシャークミュージックが聞こえてくるか，ファシリテーターとともに振り返り，また，安全なグループの場で語ることを促され，気づきを得ていくことが支援される。自身のシャークミュージックに敏感に気づき[29]，少しの間，意識的に耐えてみることで，子どもに対するいらつきや恐れの感情が統制でき，目の前にいるわが子の安心への欲求に寄り添うという，もうひとつの選択肢を使うことができることを，養育者は体験的に学んでいく。ここで不健全な親子の関係性の解決を目指すのである。

　プログラムの過程では，真摯に取り組む養育者ほど，新しい子育ての考え方を知って不安を感じたり，子どもへの応答ができず自信喪失を感じたりする。そのとき，養育者は誰かに支えられたいと感じており，まさに安心感に通じる支えを必要としている。ファシリテーターはその気持ちを理解し，目の前の養育者が味わっている情緒的な体験に寄り添うことも心がける。子どもへの適切な応答を阻害していた感情のしこりは，養育者自身が受容され，"抱えられる"体験によって緩んでいく。それは，養育者自身がわが子の感情に寄り添い，安心感を提供していこうとする態度につながる。

　すなわち，「安心感の輪」子育てプログラムは，知識を与える心理教育的なアプローチと同時に，子どものアタッチメント欲求の応答を妨げている養育者の感情を共感的に調整する心理療法的アプローチの特徴をもつ。そのような2つの側面からのアプローチによって，親子の「安心感の輪」の円滑な循環を支援する。

　さて，本来「安心感の輪」子育てプログラムは養育者を対象にしているが，保育所や幼稚園に通う子どもにとっては，保育士も養育者と同様にアタッチメント対象となる。保育士がアタッチメントの視点で子どもと自分との関係

▷28　シャークミュージックは誰もが経験することであり，それが聞こえてくること自体は特別なことではない。ただ，実際には安全な状況であるにもかかわらず，養育者のネガティブな感情が喚起されてしまうと，子どもの安心への欲求に対して拒否的，回避的になってしまうことがある。

▷29　たとえば，ある参加者のシャークミュージックは，わが子の登園しぶりの際に自覚された。参加者自身の子ども時代の登園しぶりの記憶が呼び起こされ，辛い感情が生じ，つい厳しい態度でわが子に接してしまっていた。セッション中の振り返りで，子ども側に登園への不安からアタッチメント欲求が起こっており，その不安を受けとめることが大事であることを理解する一方で，自分も不安であり，自分の中のわけのわからない気持ちから，必要以上に厳しく接していたと気づき，その気持ちをシャークミュージックという言葉で形にしたことで，自分と子どもの気持ちを区別できるようになった，と語った。その後，登園をしぶる子どもに「そういうときもあるよね」と寄り添いの態度で接し，関係が改善していったという報告であった。

をみつめ，その関係性を検討して保育に生かすことは可能である。とりわけ配慮が必要な子どもについては，問題行動の背後にはその子なりの不安や恐れがある。安心を求める子どものサインをどのように受け止め，関わっていくか，「安心感の輪」の概念は解決への手がかりを与えてくれよう。すべての子どもの発達に普遍的なアタッチメントの要素に目を向けることは，子どもの大切な発達支援になるという筆者の実感を，ぜひ多くの保育士に受け取っていただきたい。

そしてまた，保育士自身の安心感についても一考されたい。あなたはいま，安心していますか。もし不安でいるのなら，何が自分に安心感を与えてくれるのか考えてみるとよいかもしれない。子どもを支える保育士にも安心感に通じる支えが必要なのだから。

(**1**・**4**松本眞美，**2**杉谷宗武，**3**小口将典，**5**得津慎子，**6**，コラム4 久保信代)

3 多職種協働（パートナーシップ，協働）

〈学びの手がかり〉
　子どもと家庭を支えるには，保護者との信頼関係をもとに家庭と連携して支援していかなければならない。また，保育所内においても担任や担当者だけでなく，職員との協働が必要である。さらに，子ども・保護者の抱える問題が多様化・深刻化すればするほど，その問題は保育所だけで解決できるものではなく，その支援のためには，保育所と関係機関との連携が必要である。本節では保育所内の園長や主任の役割と職員との協働，そして，保育所と連携の必要な関係機関とその役割について学ぶ。

1. 改定「保育所保育指針」の子育て支援について

　2017（平成29）年3月31日付で，厚生労働省雇用均等・児童家庭局長より，改定「保育所保育指針」が公示され，2018（平成30）年4月1日より施行された。

　現在の子育て家庭では，都市部を中心に核家族化や少子化が進行し，育児経験が少なく，近隣に身近な相談者がなく孤立していることによって育児不安になっているケースも多い。また，保護者の長時間労働や仕事上のストレスなどから，育児と仕事の両立に悩む保護者が増加している現状がある。

　したがって，家庭における子育ての負担や不安，孤立感を和らげ，保護者が子どもとゆとりをもって向き合い，喜びを感じながら子育てできるよ

う，保育所は子どもの育ちと子育てを支援していくことが重要である。

　保護者と連携した「子どもの育ち」への支援と「保護者と連携して子どもの育ちを支える」という視点をもって，保育所の特性を生かした子育て支援が必要である。また，保護者の状況に配慮した個別の支援や不適切な養育等が疑われる家庭への支援については，市町村や地域の関係機関との連携および協働を図り，保育所全体の体制構築に努めなければならない。

　そのためにも，改定「保育所保育指針」の第4章子育て支援[30]をもとに，多職種協働の実際やいろいろな専門職との連携について考える。

▷30　改定「保育所保育指針」の第4章子育て支援については巻末資料参照。

2.　多職種協働の実際

①家庭との連携（パートナーシップ）

　保育所における保護者支援は，「保護者と連携して子どもの育ちを支える」という視点をもって，子どもの育ちを保護者とともに喜び合うことを重視するとともに，保護者の養育する姿勢や力が伸びていくような保護者自身の主体性，自己決定権を尊重した支援を行うことが重要である。

　そのためには，家庭との連携が必要であり，保護者の気持ちを受け止め，相互の信頼関係を築きながら，保護者の主体性を尊重したパートナーとしての関係づくりと協力が不可欠である。

②保育所全体の体制づくり（施設長や主任のリーダーシップ）

　職場内外の協働・連携は，施設長や主任などの管理職の課題に対する姿勢や取り組みが大きく影響する。職員に対して過干渉でも放任でもないバランス感覚と，それぞれの保育者の自主性を大切にしつつ全体で一緒に考えるという姿勢が求められる。

　施設長や主任の具体的な対応として以下の6点が求められる。

1)　職場内の相談および協働体制を整える
- クラス担任だけに任せず，責任を負わせすぎない（一人で抱え込まない）ようにし，同僚の保育者とともにチームで保育する支援体制を整える。
- 日頃から施設長や主任と各保育者との連絡や連携，相談を密にし，保育者との信頼関係を築いていく。
- 施設長や主任はリーダーシップをもってクラス担任や担当者を支える組織づくりに取り組む。
- 限られた人数の中で職員一人ひとりの力を引き出し，組織力の向上につなげていく。

2)　保育者間で問題を共有する
- 保育カンファレンスで，具体的な事例検討を行い，保育者間で課題

を共有し，支援の方向を見出す。

- 保護者や子どもに必要な援助を確認すると同時に，地域の関係機関と役割分担を行う。
- 保育カンファレンスを通して保育士自身の気づきや学びを深め，専門性を高め合う。

3) 職員間で連携しながら保護者を支える

- 施設長や主任などの管理職とクラス担任との連携を密にする。
- 保護者とクラス担任との信頼関係が築きにくい場合は，登降所時の挨拶などを通して施設長や主任などの管理職が自然な形で話しかけ，保護者の気持ちに寄り添い，共感的態度で接しながら，保護者の気持ちが安定するようにしていく。
- 施設長や主任などの管理職は，結果的には子どもを中心にして保護者とクラス担任が語り合えるような関係を築いていけるように配慮する。

4) 特別な支援が必要な子どもについては，保育所全体での取り組み内容を検討し具体化する

- 特別な支援が必要な子どもがいる保育所では，施設や設備（保育室の配慮，靴箱やロッカーの配置や使い方，手洗い場やトイレの使い方など）について，その子どもの日常生活に支障がないかどうか検討し，整備していく。
- 特別な支援が必要な保育を進めていくには，施設長や主任を中心にして保育所全体で取り組むとともに，保護者の理解を得ることが不可欠である。そのため，一人ひとりの良さや可能性，保育者の意図や願い，障害がある子どももない子どももともに育ち合うことの意義などを伝え，保育所での保育に対して信頼が得られるようにしていく。

5) 地域の専門家や専門機関との連携

- 医師や心理職，作業療法士，理学療法士，言語聴覚士などの専門家や関係する専門機関と連携し，協力を得る。
- 子どもの実態に沿ったアドバイスを受け，実践することで，保育者自身も特別な支援が必要な子どもに対する理解が深められる。

6) 職員がそれぞれの役割を自覚し，保育所全体の協力体制をつくる

- 施設長や主任などの管理職が中心になり，保育士，看護師，栄養士，管理作業員など全職員がそれぞれの役割を自覚し，保育カンファレンスを核にして，保育所全体の協力体制をつくる。
- 施設長や主任などの管理職はリーダーシップを発揮しながら，最新

の情報や知識，また，関係機関についての情報を得て，保育所との
ネットワークをつくり，地域の専門家と保育所が協働する子育て相
談支援のシステムを構築する。

3. いろいろな専門職との連携

①地域連携機関の専門職

保育所と地域連携する関係機関にはさまざまな専門職が配置されている。
主な専門職として，表4-8のようなものがある。

地域の機関を利用する際には，どのような専門機関があるのか，また，
そこで働く専門職の役割と援助・支援における視点などを把握していること
が重要である。そして，「顔の見える連携」といわれるように，保育所
と専門機関の間に信頼関係があることによって，保護者の不安も軽減され，
担当者との連携もスムーズになる。そのためには，日頃から地域の関係機
関・施設などと相互理解を深めておくことが必要である。

②保育士が連携・協働する機関や組織，人々

子どもや保護者への援助や支援展開は，すべて保育所が単独で担うわけ
ではない。図4-11にあるように子ども・家庭福祉の領域には，多くの専

表4-8　保育所と地域連携する機関の専門職

分　野	機関・施設の例	主な専門職
保　育	保育所，認定こども園，幼稚園　等	保育士，幼稚園教諭，保育教諭，栄養士，看護師　他
教　育	学校，幼稚園，教育委員会，特別支援学校（特別支援学級），教育相談センター　等	教諭，特別支援教育コーディネーター，特別支援教育担当教員，養護教諭，栄養教諭，スクールカウンセラー，言語聴覚士，社会教育指導主事，心理士，教育関係者　他
保　健	保健所，保健福祉センター，精神保健福祉センター　等	医師，保健師，栄養士，歯科衛生士，心理士，言語聴覚士　他
医　療	嘱託医，園医，病院，医療機関　等	小児科医，小児神経科医，児童精神科医，看護師，心理士　他
療　育	児童発達支援センター（福祉型・医療型），児童発達支援事業　等	小児科医，小児神経科医，児童精神科医，看護師，保育士，心理士，社会福祉士，言語聴覚士，精神保健福祉士　他
行　政	市区町村担当課，福祉事務所，協議体（要保護児童対策地域協議会）　等	行政職員，保育士，保健師，栄養士，社会福祉士　他
	児童相談所（子ども家庭支援センター・こども相談センター）　等	児童福祉司，児童心理司，社会福祉士，心理士，保育士，保健師，行政職員　他
児童福祉施設等（保育所を除く）	乳児院，児童養護施設，母子生活支援施設，障害児施設　等	保育士，児童厚生員，児童指導員，看護師，栄養士，心理士，社会福祉士，指導員，医師，言語聴覚士，作業療法士，理学療法士　他
司　法	家庭裁判所，司法関係の各種事務所　等	弁護士，公認会計士，税理士，司法書士・認定司法書士　他

出典：筆者作成。

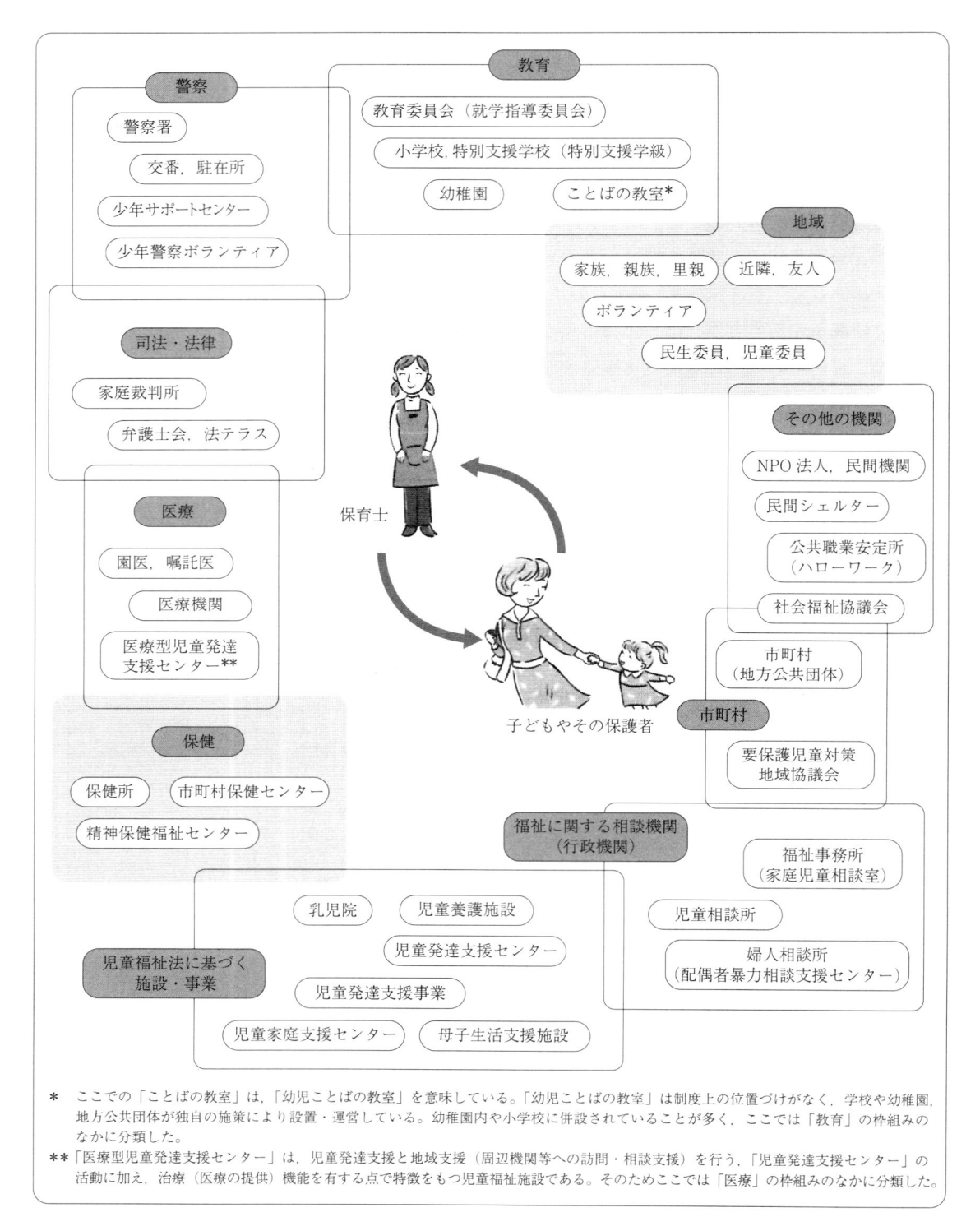

図 4 - 11　保育士が連携・協働する機関や組織，人々

出典：笠師千恵・小橋明子（2014）『相談援助　保育相談支援』中山書店，96頁。

図内テキスト：

- 教育
  - 教育委員会（就学指導委員会）
  - 小学校，特別支援学校（特別支援学級）
  - 幼稚園
  - ことばの教室*
- 警察
  - 警察署
  - 交番，駐在所
  - 少年サポートセンター
  - 少年警察ボランティア
- 地域
  - 家族，親族，里親
  - 近隣，友人
  - ボランティア
  - 民生委員，児童委員
- 司法・法律
  - 家庭裁判所
  - 弁護士会，法テラス
- その他の機関
  - NPO 法人，民間機関
  - 民間シェルター
  - 公共職業安定所（ハローワーク）
  - 社会福祉協議会
- 医療
  - 園医，嘱託医
  - 医療機関
  - 医療型児童発達支援センター**
- 保健
  - 保健所
  - 市町村保健センター
  - 精神保健福祉センター
- 保育士
- 子どもやその保護者
- 市町村
  - 市町村（地方公共団体）
  - 要保護児童対策地域協議会
- 福祉に関する相談機関（行政機関）
  - 福祉事務所（家庭児童相談室）
  - 児童相談所
  - 婦人相談所（配偶者暴力相談支援センター）
- 児童福祉法に基づく施設・事業
  - 乳児院
  - 児童養護施設
  - 児童発達支援センター
  - 児童発達支援事業
  - 児童家庭支援センター
  - 母子生活支援施設

＊　ここでの「ことばの教室」は，「幼児ことばの教室」を意味している。「幼児ことばの教室」は制度上の位置づけがなく，学校や幼稚園，地方公共団体が独自の施策により設置・運営している。幼稚園内や小学校に併設されていることが多く，ここでは「教育」の枠組みのなかに分類した。

＊＊「医療型児童発達支援センター」は，児童発達支援と地域支援（周辺機関等への訪問・相談支援）を行う，「児童発達支援センター」の活動に加え，治療（医療の提供）機能を有する点で特徴をもつ児童福祉施設である。そのためここでは「医療」の枠組みのなかに分類した。

門職が配置されている。特に，児童虐待問題や家庭に深刻な問題を抱えているケースへの対応は，保育所の限界を超えるものであり，専門機関との連携が不可欠である。保育所は地域の第一線に位置する児童福祉施設であり，多様な問題が集中するだけに，こうした問題をいち早くキャッチし，他の専門職につなげるという重要な役割を担っている。

　保育所から専門的な機関へとつなぎ，援助・支援の役割を分担することで，保育所だけでは対応できなかった側面への介入が可能となり，同時にまた単独で過重な役割と責任を保育士が背負い込むことなく，本来の保育の専門性を発揮することができるのである。また，長期にわたり一貫した援助・支援を続けるためにも，機関・施設が密接に連携しながら引き継ぎ，地域全体で長期的に見守っていくことが重要である。

4. 精神疾患をもつ母親によるネグレクトと身体的虐待傾向の事例（母子家庭）

　それでは，事例を通して，保育所での連携について考えてみよう。

【事　例】

　4歳児（長女），1歳児（次女）と母親の母子家庭。母親は精神疾患で通院中。生活保護世帯で，同区内に母方の祖母はいるが疎遠ぎみ。母親は，朝なかなか起きられないため，子どもは10時前後に登所することが多い。生活や子育てに不安と苛立ちがあるようで，その日によって気持ちに波がある。体調が悪いということで，洗濯や食事の用意，子どもたちの世話などもせず，育児放棄しがちである。子どもは朝食を食べずに登所し，忘れ物が多い。

　母親は登降所時に，保育所で子どもたちが遊び始めたり帰る用意に時間がかかるとイライラするようで，きつい言葉をかけたり，ときには叩いたりすることがある。他の保護者と会話をすることは好まないが，担任や元担任には自分のしんどさを話したがる。

〈保育所での対応事例〉

　　○子どもの姿や母親の状況などについて会議等で報告し，保育所内で問題を共有する。

　　○母親との日々の対応については担任と他の専門職員によって話す内容を分担して関わり，情報を共有する。

　　　・その日の子どもの様子については担任から伝え，成長している子どもの姿が感じられるようにする。

　　　・子どもの保健関係や母親自身の体調面については，看護師が対応する。

- 子どもの食事面，簡単にできる調理の工夫など，栄養士や調理士から負担にならない程度にアドバイスをする。
- 母親自身の悩みやしんどさについては別室等でベテランの元担任や主任・所長が対応し，母親のしんどさが子どもに向かないようにしていく。
- 母方の祖母に子どもたちの見守りと母親への支援について協力を依頼する。

○関係機関との連携については次の通りである。

- 母親が抱えている経済的な問題や病気の内容によっては市町村・区役所等と連携し，各関係機関で対応する。また，保健師や医療機関からアドバイスを受ける。
- ネグレクトや身体的虐待が疑われる場合は，児童相談所や市町村の関係機関と連携し，要保護児童対策地域協議会（以下，要対協）で検討する。

5. 多職種協働の視点と留意点

①職種や職員が有する責任と権限の自覚

　最後に，多職種協働が機能するために必要な視点についてまとめておく。まず，保育所業務は資格のみで行うものではない。何かしらの組織や機関に所属したうえで実践している。多職種協働を考える場合，組織内の支援に対する協働が図られているのかを確認することが必要となる。その中で，自分自身のポジションはどのような位置づけなのかということも問われてくるのである。そこに付随するものは，その職員に与えられた権限は何かということである。たとえば，クラス担任の保育士と保育所長では同じ権限が与えられているだろうか。そうではないはずだ。それぞれの役職には，それに応じた責任と権限が与えられているからである。したがって，保育士個々の立場によって，協働する相手や協働による支援の形も異なってくる。そのため，保育士は自分自身に与えられた権限において，どのような協働が必要となるのかを考えることが求められる。その際，自分自身の権限を超えた協働の必要性があるならば，組織内において，それを実行できる立場の職員に引き継ぎ，実現させていくことが必要となる。施設・機関連携の際に，主任保育士や保育所長がその窓口になることが多いのはそのためである。

②多職種協働によって築かれる支援の形

　多くの保育士には，個々の児童を取り巻く人間関係をとらえる力が求められる。単に，親がいるのか，そうでないのかなどの客観的な事実だけで

なく，その親や周りの人たちがその児童とどのように関わっているのかということを判断しなければならない。つまり，関係性への理解である。その際に，児童の状況に応じた支援の形を考えないといけない。

　多職種協働の形は，ネットワークと呼ばれ，具体的には，①クライエント個人に対する支援のネットワーク，②共通の課題や関心を共有する集団に対するネットワーク，③制度的な機関や政策的なつながりのあるネットワークがある。

　どのネットワークを築くにも，支援を必要とするクライエント（児童や家族）のためという理由は同じであるが，それぞれによってつながる相手が変わってくる。1つ目は児童やその家族への支援に関するネットワークである。多くの保育士が，日常の業務において保護者や保育所・施設内の他職種と連携している。また，このネットワークは具体的な職種間連携によって築かれることが多い。本節3項の「いろいろな専門職との連携」であげられた職種や地域住民への理解は不可欠である。その際にも，保育士はなぜ連携を図る必要があるのか，また声をかける必要があるのかということを日常的に判断しているはずである。

　2つ目は，保育所の保護者会などのような集団を対象としたネットワークである。子育てという共通の関心に対する専門的な情報提供や外部の専門職を招いての講演会なども，それに該当する。また，保育所を開放した地域子育て支援事業によって必要な多職種協働もこれに該当する。保育所・施設内の職員のみで対応できる場合は，内部連携で実践できるが，外部のつながりを活用することも必要となってくる。そのため，個々の保育士や組織で蓄積されたつながりがなければ，実現させることが難しいだろう。このことから，多職種協働を行うためには，事前につながりたい相手先の情報や役割を理解しておくことが必要となる。

　3つ目は，制度的な機関や政策的なつながりのあるネットワークであるが，これはいわゆる機関連携という言葉で表現されることが多い。児童分野においては，以前から児童虐待に対する取り組みがなされているが，その中で虐待防止のためのネットワークが市町村単位で構築されてきている。要対協のように地域住民にも参画を求める行政システムも制度化されている。このような機関連携において肝要なことは，単につくればよいということではなく，実際に機能するようなシステムで型をつくるということである。

③ネットワークを築くための視点

　最後のまとめにネットワークを築くためのポイントとして，ネットワーク5W2Hをあげておく。

Why	なぜネットワークが必要なのか（目的）
Who	そのために誰が，誰に声をかけるのか
Where	どこ（どの圏域）でつくるのか
When	いつまでにつくるのか
What	何をテーマにしていくのか
How	どうやって運営していくのか
How much	必要な経費等はどうするのか

（社団法人日本社会福祉士会編（2013）『ネットワークを活用したソーシャルワーク実践——事例から学ぶ「地域」実践力養成テキスト』中央法規出版，38頁）

　実践の具体的な場面において，多職種協働を図る際には，上記のポイントを確認しながら，状況を把握しておくことによって円滑なネットワークが築かれていく。また，その際には，エコマップのような関係性を視覚化したものを活用するとより一層理解が深まり，実践に反映させやすくなる。

まとめと課題

　保育所における保護者支援は，「保護者と連携して子どもの育ちを支える」という視点をもって，子どもの育ちを保護者とともに喜び合うことを重視するとともに，保護者の養育する姿勢や力が伸びていくような保護者自身の主体性，自己決定権を尊重した支援を行うことが必要である。そのためには，施設長や主任のリーダーシップのもと，職場内の相談および協働体制を整え，保育者間で問題を共有し，連携しながら保育所全体でどう取り組むかを検討し具体化しなければならない。

　さらに，地域の専門家や専門機関と連携し，職員がそれぞれの役割を自覚し，保育所全体の協力体制をつくることが重要である。特に，児童虐待問題や家庭に深刻な問題を抱えているケースへの対応は，保育所の限界を超えるものであり，専門機関との連携が不可欠である。

　保育所は地域の第一線に位置する児童福祉施設であり，多様な問題が集中するだけに，こうした問題をいち早くキャッチし，他の専門職につなぐという重要な役割を担っている。また，長期にわたり一貫した援助・支援を続けるためにも，機関・施設が密接に連携しながら引き継ぎ，地域全体で長期的に見守っていくことが重要である。

（1〜4項・まとめと課題　玉田典代，5項　種村理太郎）

演習課題3　ジェノグラムとエコマップ

〈ジェノグラム〉

　ジェノグラムとは，ファミリーツリーともいう家系図のことである。下記の簡単な書き方を参照して，まずは自分のジェノグラムを書いてみよう。

◯ジェノグラムの描き方（その1）

男性は□，女性は◯で表す。その中やまわりに名前や年齢・職業を記入する。

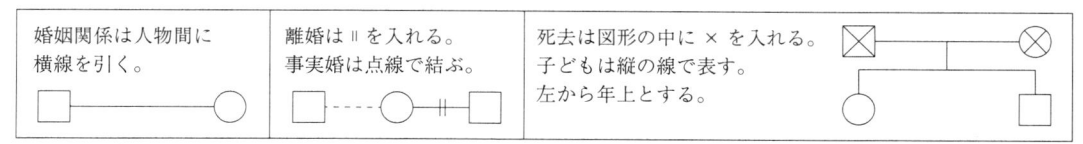

婚姻関係は人物間に横線を引く。	離婚は ‖ を入れる。事実婚は点線で結ぶ。	死去は図形の中に × を入れる。子どもは縦の線で表す。左から年上とする。

◯ジェノグラムの描き方（その2）

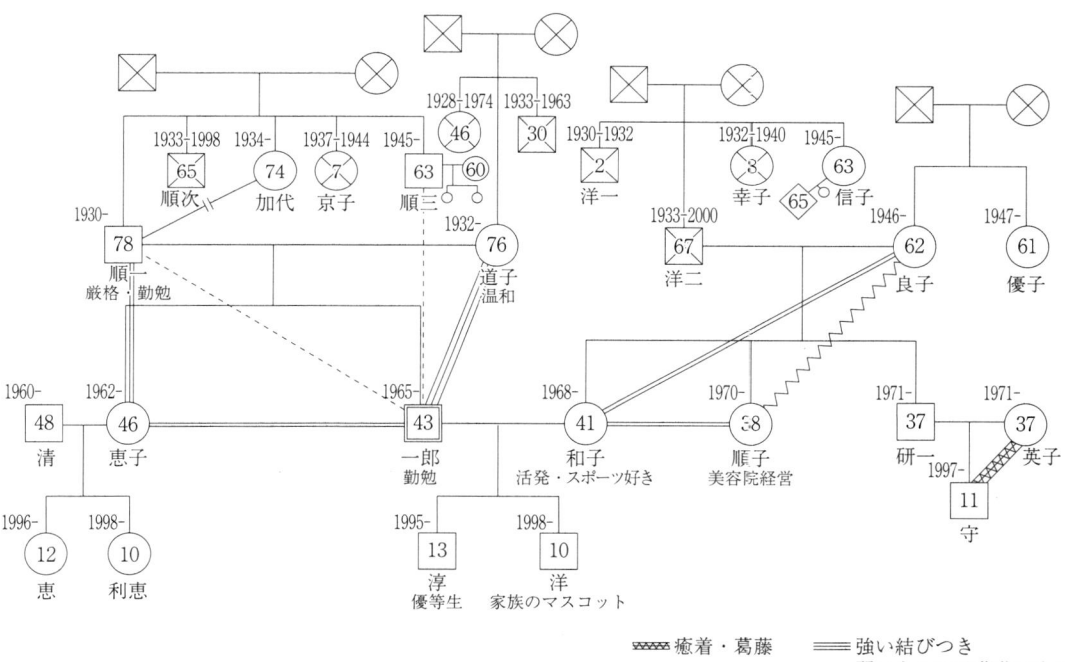

◎あるいは □クライエント
⊗あるいは ⊠死亡

〰〰〰 癒着・葛藤　　＝＝＝ 強い結びつき
――― 近い結びつき　〰〰 弱いあるいは葛藤のある結びつき
‐‐‐‐ 距離のある結びつき　－‖－ 断絶した結びつき

出典：渡部律子（2015）「相談援助のためのアセスメントの技術」社会福祉士養成講座編集委員会編『相談援助の理論と方法Ⅰ（第3版）』（新・社会福祉士養成講座7）中央法規出版，199頁。

◯演習の手順

① 自分を中心に家族を描いてみよう。

② 三世代遡って描いてみよう。自分→親世代→祖父母世代

③ 知らない家族や親族がいたら，家族にきいてみよう。自分のルーツ探しになるかもしれない。

④ そうした自分たちの家族の歴史も含めて，家族で話し合ってみると，思いがけない今日の自分の姿に関する出来事などが浮かび上がってくるかもしれない。

ジェノグラム演習シート

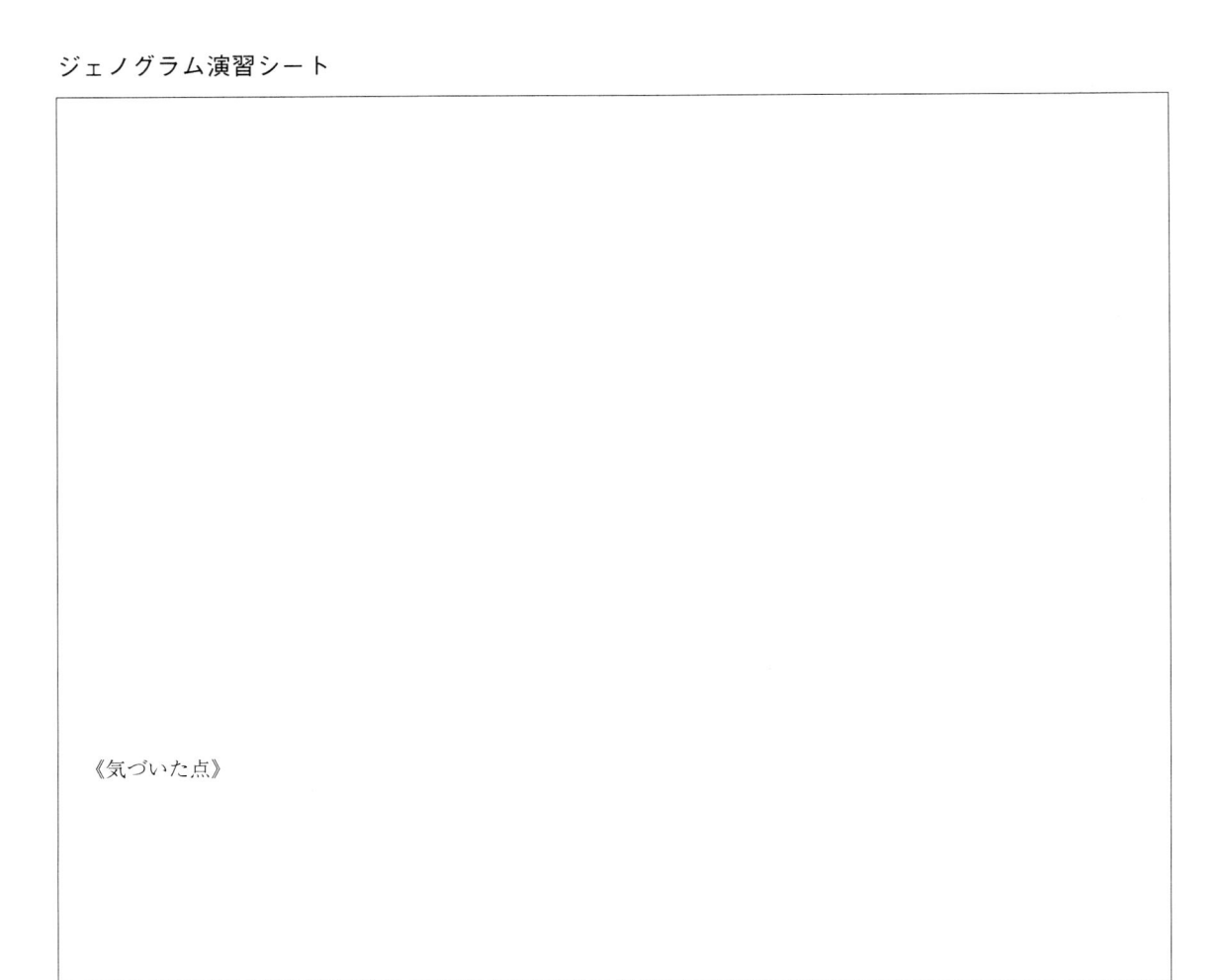

《気づいた点》

〈エコマップ〉

　エコマップとは，エコロジ・マップの略であり，1975年にハートマン（Hartman, A.）によって開発された。保護者を取り巻く複雑な環境を図示することで，全体性をとらえることや問題の構造を理解することができる。また，子どもや子育て家庭が抱える問題を「人間関係」および「社会関係」から整理し，把握することにも有効である。

○エコマップの作成手順

　①対象となる家族または世帯を中央に記入する（男性は正方形，女性は円，年齢を書きこむ）。

　②家族を取り巻く人を周囲に記入する。

　③地域や社会資源などを周囲に記入する。

　④①で記入した対象となる家族と，②③との関係を4種類の線を用いて表す。

　⑤関係性を表す線について，エネルギーや資源の流れを矢印で示す。

　⑥関係性を表す線・矢印に簡単な説明を記入する。

　⑦その他，必要な情報を記入する。

○エコマップの表記例

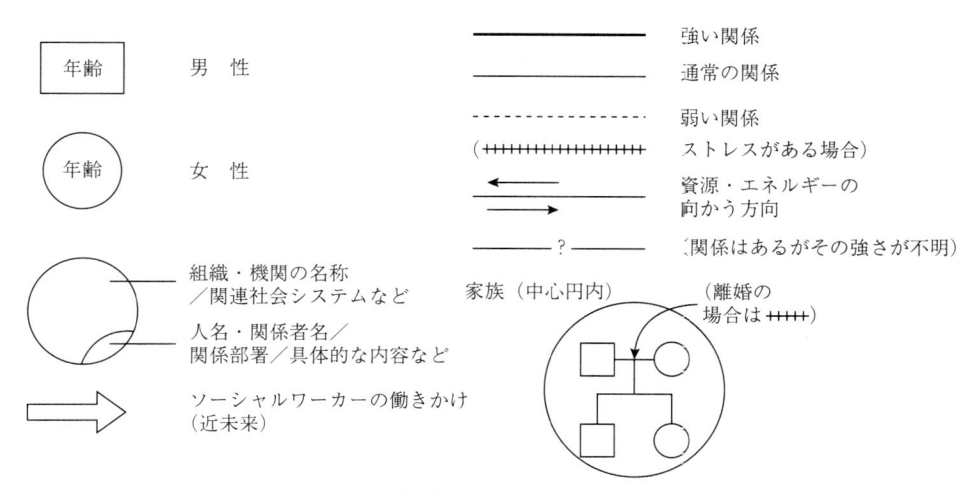

出典：久保紘章（1996）『社会福祉援助技術演習』（社会福祉士・介護福祉士講座）相川書房，88頁を一部改変。

○エコマップの記入例

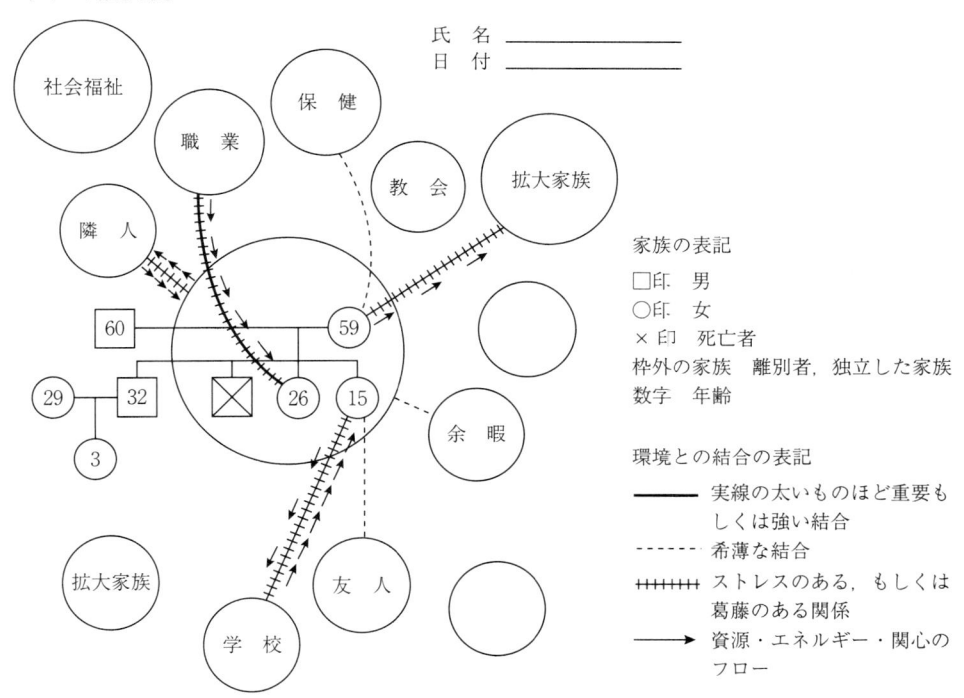

出典：岡本民夫ほか（1992）「老人福祉サービスにおける事前評価とエコマップ──ソーシャルワーク実践の
　　　図式化の試み」『ソーシャルワーク研究』18(3)，177頁を一部改変。

　エコマップは，作成過程で支援者が対象となる子ども・保護者（家庭）への理解を深め，支援の方向性を考えることが目的である。そのため，1つの正解例があるわけではない。情報を可能な限り把握し，図式化するスキルと環境との関係を読みぬく創造力が求められる。

事例からエコマップを描いてみよう。

【事　例】

　Aさん（27歳）はBくん（7歳，男），Cちゃん（4歳，女），Dくん（1歳，男）の3人の子どもの母親である。夫は8歳年上で，Aさんは2度目の結婚である。BくんとCちゃんは前の夫との子どもであり，一番下のDくんは現在の夫との子どもである。Dくんが生まれてから，夫のBくんへの接し方が次第にきつくなり，最近では暴言に加えて，暴力を振るうようになってきている。会社での残業時間が増えると同時にパチンコや飲み屋などに立ちよることも増えてきているようだ。Aさんは，最近の夫との関わりに悩んでいるが，身近に相談できる人がいないことから，Cちゃんが通う保育所のE保育士に相談をしている。Dくんは時々近くの小児科にかかっており，Aさんは待ち合い室で一緒になったお母さんたちの情報に振り回されることもある。いまの夫自身も子どもの頃，実の父親から虐待を受けていたと聞いている。夫の両親はすでに亡くなっており，Aさんの両親は電車で30分ほど離れた隣町で健在である。Bくんは小学校2年生になり，学級担任が最近のBくんの表情が暗く，元気がないことを気にしていることから，保護者に家庭訪問をしたいと電話をかけてきた。

エコマップ演習シート

《気づいた点》

（得津愼子，小口将典）

第5章

ベテラン保育所保育士の経験知を伝達する

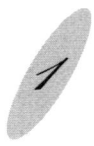 # ソーシャルワークに役立つ視点とスキル

> **〈学びの手がかり〉**
>
> どのような相談も，まずは相談者が受け手に対して「この人なら自分の気持ちを素直に話せる。聴いてもらえそうだ」という気持ちをもたないと始まらない。保護者の話を聴くときにカウンセリングマインドをもつことはとても大切なことであるが，それは保護者の言い分をすべて受け入れる優しさとは違う。1項では上手な聴き方をするために，カウンセリングのコミュニケーション・スキルの基本を知り，使えるようにしよう。
>
> 2項のグループワークは，日本語で「集団援助技術」といわれ，保育の現場では子どもや保護者に対して日常的に活用している技法である。保育者自身がグループワークを自認しながら実践している場面ばかりではないかもしれないが，日常の子どもたちへの保育の手遊びや集団遊びも，保護者会もすべてグループワークである。また，他者の言動に影響され，個別面談等では表層化しにくい「思い」に気づいたり発言したりすることもある。保育者もグループワーカーとして，よき雰囲気づくり（環境設定）ができるようになろう。

1. 相談援助の技術——カウンセリングマインドによる面接

①カウンセリングマインド

「胸のつかえがとれる」という言葉があるように，親は子育てをしていると日々の子どもの様子に始まり，子どもの将来にまで思いをはせ，専門家に「相談」に行くほどではないけれど，このもやもやした胸のつかえを誰かに聴いてもらいたい，吐き出したいと思うことがある。子どものことにかぎらず，夫婦や家族のこと，ご近所やママ友だちのことなど，口に出せれば随分楽になることは多い。ところが，この悩みにならないもやもやを話す適当な相手がみつからないのが現代の子育て事情である。さらに，この胸のつかえのとれない心理状態ではうまくガス抜きができずに，親子関係にストレートに影響を及ぼしてしまうことも決してめずらしいことではない。

親にとって保育士は，子どもをよく知り，親の状況もある程度わかり，日常的に顔を合わせる機会があり，他ではなかなかできない身内の子育て話ができる貴重な存在である。中には，保育士が「唯一頼りにできる人」という親もいるだろう。保育士に話を聴いてもらいたいと，日々チャンス

をうかがっている親もいるはずである。そのような親の様子に私たち保育士はちゃんと目をとめて，話を聴けているのだろうか。

　カウンセリングマインドとは，人と人の基本的信頼を築くためにカウンセラーがとる態度の基礎となるものである。一言でいうと「優しさと思いやりと強さ」であり，「見守って，待っていること」だと東山は述べている[1]。「優しさ」には相談者を安心させる雰囲気と，相談者自身が自分で自分のことを考えることができるための雰囲気を含み，「思いやり」は相手と同じ目線でともに感じること，そして「強さ」は相談者がどのような態度をとっても，またどのような状況に置かれていても，揺るがず・逃げず・小さなことにこだわらない姿勢を意味する。ただ優しいだけ，ただ強いだけでは相談者を受けとめることはできない。それらをバランスよく兼ね備えることが大切なのである。それは，相手が大人であろうと幼児であろうと同じである。そう考えると，保育士は子どもや親の話に耳を傾けるとき，すでにカウンセリングマインドを発揮しているといえる。

　保育士が親の話を聴くことと，心理士など専門家が面接室で行うカウンセリングとは，目的や枠組み，相談者との関係において異なる。しかし，「話を聴く，相談にのる」という点で共通するので，基本を知り活用していくとよいだろう。

②基本的傾聴のコミュニケーション・スキル

　カウンセリングをマスターする第一歩は，基本的傾聴スキルの習得である。一生懸命に心を傾けて聴くことは何よりも大切だが，聴き方にはコツがありカウンセラーも練習をして身につけていくものである。

(1)　関わり行動

　相談を受けるとき，相談者が話しやすいように視線や姿勢，声のトーンに気を配る。圧迫感を与えないように適度に相手の視線に合わせ，「あなたに関心をもって聴いていますよ」という姿勢を示す。また穏やかな声の調子やトーンは相手に安心感を与える。些細なことだが，相手に与える印象はとても大切である。

(2)　質問技法

　質問には，開かれた質問と，閉ざされた質問がある。閉ざされた質問は「はい」「いいえ」で端的に答えられる質問，開かれた質問は状況や考え，気持ちなど自由な発言を促す質問である。閉ざされた質問は，内容を明確にするときや，口数の少ない相談者に使うと答えやすい。しかし，閉ざされた質問を繰り返しすぎると，相手は話したいことが話せず，取り調べを受けているような気分になる。一方，「今日はどうなさったのですか？」「そのときどう思われたのですか？」など開かれた質問は，そのときに相

▷1　氏原寛・東山紘久（1995）『幼児保育とカウンセリングマインド』ミネルヴァ書房，7頁。

談者が抱いている思いや考えを自由に話せるので，話の内容や展開が深まることが多い。両者を上手に組み合わせて使うとよい。

(3) はげまし・言い換え・要約技法

　はげましは，うなずきやあいづち，言葉の繰り返しを話の合間にはさみ，相談者が快適に話し続けられるようにはげますことである。うなずかれたり，「それで……」と言われると，誰でも言葉を継ぎやすくなるものである。言い換えは，相談者がいま話したことのエッセンスをフィードバック（振り返り，共有）することである。要約は，言い換えよりも長い話の内容を整理しまとめて相談者に返すことである。いずれも相談者から聴いた話の内容を，正しく聴き取れているか，お互いに確認する作業である。もし，くい違っていれば，「そういう意味だったのね」と訂正をすれば，その方が誠実な態度が伝わり，信頼感も増すであろう。これらの技法は，相談者が自分の話を正確に理解してもらっていると感じる共感的理解の基礎となるものである。

(4) 感情の反映

　相談を聴く中で大切なことは，感情や気持ちに焦点をあてることである。人は，解決方法やなすべきことが頭でわかっていても，気持ちが処理できないからすっきりしなかったり，あがいたり，あるいは身体症状が出たりするのである。「たいしたことではない」と自分でも気づかないうちに本当の気持ちを抑圧している人は，どこかで無理をしているものである。相談者が抱えている気持ち，ときには本人も気づいていない気持ちを，たとえば「つらかったね，誰にも助けてもらえないように感じていたのね」と鏡に映すように返すと，相談者は改めて自分の気持ちに気づき，受けとめてもらえた，話してよかったと感じるであろう。

　これらの基本的傾聴を繰り返していくと，相談者は一通り話を聴いてもらえたという実感をもつことができ，信頼関係（ラポール）が形成されていく。

③相談の枠組み（面接構造）

　カウンセリングがふつうの会話と異なる点は，枠組みがあるということである。心理面接は，たとえば「週1回50分間」定まった面接室にするなどの制限がある。この制限を相談の枠組み（あるいは面接構造）と呼び，制限があることで相談の受け手の立場や傾聴の質が守られることになる。制限がないと受け手の集中力が途切れて，傾聴の質を維持することが難しくなる。また，相談者の不健全な依存を助長させてしまうことにもなる。

　相談の枠組みは，保育に限らず対人支援の現場では共通して活用できる。急がない，聴きすぎない，もちろん危機介入の必要があるときには，枠組みを変えて柔軟に対応すべきである。しかし卒園までの長い道のりを支援

し続けるためには，原則として相談の枠組みを守り，よい相談態勢を保つことが必要である。たとえば，立ち話の最中や時間の余裕がないときに，深刻な相談が始まりかけたら，「ちょっと場所を変えて相談室でお聴きしましょう」や「この相談はとても大切なことですから，改めて時間をお約束してお聴きしたいです」と明確に伝える方が望ましい。手に負えそうにないときは，上司や専門家に委ねることも大切である。信頼を壊さないために枠組みはある。

④聴きながら見立てる（アセスメント）

【事　例】

　Aちゃん（5歳，女児）はこの数か月，口数が減り表情が乏しい。遅刻や忘れ物が多く，生活に乱れがみられる。とてもきっちりしていた母親は，身なりを構わず沈んだ表情で，寝込んでいることも多いようである。

　「この頃，体調はどうですか？　疲れているようにみえるけれど……」と声をかけると，体調がすぐれず思うように体が動かないことをポツリポツリと話され，「私は母親失格，こんな母親に育てられてこの子もかわいそう，いっそ養子にでも……。夫も私に愛想を尽かしている」と涙をこぼされた。

　カウンセラーは相手のペースにあわせてゆっくりと耳を傾けるが，同時に相談者の様子を観察して，心身の状態や相談の意図，相談者の特徴やもっている力など，見立て（アセスメント）をしている。見立てに，さまざまな情報を統合して，現在の状態像，有効な支援方法，予後の見通しまで広く仮説を立てることで，聴きながら見て，感じて，考える作業である。

　Aちゃんの母親は明らかに体調不良が長引いて，Aちゃんに遅刻や忘れ物など生活の支障が出てきている。Aちゃんの生活に影響が出ていることを考えると，母親としての機能は十分に果たされていないといえるかもしれない。母親のまじめできっちりとした元々の性格と，現状とのギャップも気にかかる。何よりも自分を責めすぎて，養子に出すことを考えるなど悩みの内容が現実から飛躍している。思うように動けないつらさ，自分はだめな母親だという自責の念を受けとめながらも，睡眠や食欲など母親の体調，家事や仕事，生活の様子，夫や実家など周囲の支援の状況，医療機関への受診の有無など，情報収集のための質問をしていく必要がある。

　ここで情報収集に集中しすぎてはならない。情報収集はAちゃんや，Aちゃんを育てる母親の状況を理解し，今後の対応や支援方法を考えて見立てるためにある。しかし見立てはゴールではなく，支援という道のりの1ステップにすぎない。特に保育士の場合，相談事が解決したら終結ではなく，卒園までの長い道のりを伴走し，再び困ることがあれば受けとめる関

係こそ支援の要である。そのような信頼関係を基盤にしてこそ，情報収集や助言は活きたものになる。温かい心（warm heart）と冷静な判断（cool head）をあわせもつ必要がある作業といえよう。

⑤抱え込まないこと——事例検討会，コンサルテーション

Aちゃんの母親の状態が，医療を必要とするのかを診断したり判断することは保育士の職務を超えている。しかし，正しい情報と知識のもとで対応策を考えることは必要で，状況判断に困ったときや，手に負えないときは決して抱えこまず，まずは園内の相談体制を整え，皆で協議する事例検討会を開く必要がある。さらに医療知識の提供など，必要があれば専門家に入ってもらいコンサルテーションを受けることが役に立つ。Aちゃんの母親も医療が必要であることを地域の精神保健福祉士から助言され，受診へとつながった。他機関他職種との連携の中で，保育士の役割は何か，どのような点に気をつければよいのかを検討することはよりよい支援への近道である。

最後に，相談はいつ終えるとよいのだろうか。Aちゃんの母親が復調して，Aちゃんの生活も元に戻れば，それまでのように声をかけ気にかける必要は薄らぎ，見守るだけで十分になるだろう。しかし，いつ再び調子を崩すかもしれない，他の問題に突きあたるかもしれない，卒園までは「いつでもどうぞ」という気持ちで，開かれた終結がカウンセリングマインドに適うのではないだろうか。

2. グループを活用した相談援助

グループワークは課題解決のためにメンバーとともに目標を立て，課題解決に向けてメンバーが相互に協働する働きのことを指しており，保育所・幼稚園・認定こども園・障害児施設などでは，さまざまな場面でグループワークを実践している。具体的にはクラスもグループであり，保護者会や生活発表会等の行事において意図的に振り分けられた集団もグループである。

子どもに対するグループワークの代表的なものとしては，遊びがあげられる。「子ども自身が挨拶をしっかりと行う意識をもつ」「友だちと仲良くする意識をもつ」などの意図や目的をもって「遊び」は展開される。実際，心と体を動かすことにより，意識・無意識に働きかけ，身体知を高めることにつながる。また，周りの子どもと一緒に行われることにより，互いの様子からさまざまなものを感じ，自らの成長につなげるという，グループダイナミクス（集団力動）が働く効果もある。つまり，遊びというグループワークを通じて，子ども自身が「言語や非言語を通じたコミュニケー

ションを高める」「人間関係を深める」という効果を得ることができる。

　一方，保護者に対するグループワークとしては，「学級懇談会」での話し合いや「保護者研修会」等での演習・実技などが考えられる。しかし，いきなり議論を始めようとしても，相互に理解が深まっていない状態では，互いに様子をみて慎重になる場合が多く，なかなか意見が出ず議論が進まない可能性が高い。反対に，もし発言があったとしても，議論に慣れている一部の保護者だけが話をし，一部の保護者の意見だけが推し進められることになってしまう。そこで，最初から議論や研修を始めるのでなく，全体の雰囲気を和やかにし相互理解を進めるために，「アイスブレーク（Ice break：緊張をほぐすためのきっかけ）」などを行うことが多い。アイスブレークとは「初対面の人同士や相互理解の十分でない人同士がコミュニケーションを図ったり，協働作業を行ったりする際に，緊張やわだかまりをときほぐすための自己紹介や簡単なゲームなどの演習を用いた技法」である。集合した人全体やグループメンバーの堅苦しい雰囲気を和ませ，参加者自身がリラックスしたうえで，グループワークの目的の達成に向けて積極的に関わることが可能となる。

　保育士には，グループメンバーである子ども同士や保護者同士が主体的で積極的にクラスや各種行事における集団，保護者会などを円滑に運営できるように，支援する役割が求められている。

【事　例】

　駅前にあるＯこども園は，駅前でありながら郊外の町に所在するため，近隣には田んぼや畑もあり，商店街もある。また駅から少し歩けば，ニュータウンもある地域である。Ｏこども園の周辺地区は，高級住宅地のＰ地区と下町のＱ地区の大きく２つの地域に分かれている。駅前という利便性の高い場所にあるため，ＰとＱの両地区からの利用が半々（少しＱ地区の利用者の方が多い）の状況である。しかし，ＰとＱの両地区の住民は経済感覚が大きく違い，生活観や教育観も異なる。

　水曜日の午後に実施している選択教育プログラムに関する「事前アンケート」では，Ｐ地区の保護者からは，「英会話」や「芸術活動」の希望がたくさんあがるが，Ｑ地区の保護者からは「和太鼓」や「ダンス」の希望が多くあがっている。

　２月末の参観日の後で，４歳児クラス（さくらんぼ組）では，４月からの最終年の選択教育プログラムのメニューを決めるために保護者会が行われた。担任のＡ保育士は，クラスの保護者に「教室と費用の関係で３つのメニューだけ開設できること」「できるだけバランスよく選択メニューを設定したいこと」を伝えて，保護者会を始めた。

▷2　松村明監修「アイスブレーク」『デジタル大辞泉』小学館（https://dictionary.goo.ne.jp/jn/260177/meaning/m0u/ 2019 年 3 月 8 日アクセス）。

しかし，保護者会では，両地区の保護者の意見の折り合いがつかなくなってしまった。

　Ｐ地区の保護者は「幼児期の芸術活動が情操を育むために効果的である」「国際社会で活躍できる人材として成長するためには早期からの英語教育が重要である」と主張し，Ｑ地区の保護者は「この地域の伝統芸能を子どもたちが受け継いでいくためには和太鼓は必要である」「子どもに必要なのは健康な体づくりであり，そのためにダンスが効果的である」と主張する。

　Ａ保育士は，意見を取りまとめることができず対応に苦慮していた。それをみかねた両地区の保護者の代表から提案がなされた。人数で上回るＱ地区からは「民主的に多数決で決めましょう」という提案で，費用は惜しまないという保護者が多いＰ地区からは「Ｏこども園の経営を考え，講師料をＰ地区の保護者で分担して出すので，『芸術活動』と『英会話』の２つは残してほしい。もちろんＱ地区の子どもも参加しても構わないので……」との提案が出された。

　しかし，話し合いは紛糾し，双方の意見対立が深まっていった。

①グループワークの実践手順

　一般的にグループワークの実践には４つの段階がある。まず「準備期」であり，次に「開始期」，そして「作業期」，さらには「終結期」である。上記のＯこども園のさくらんぼ組の事例にあてはめながら考えてみよう。

(1)　準備期（初回のグループワークまでの段階）

　準備期とは，グループメンバーである子どもや保護者一人ひとりの状況や特性を把握し認識する段階である。グループワーク開始に向け，子どもや保護者の思いやサインをしっかりと受け止めるとともに，子どもや保護者に関する記録（連絡ノートや支援経過記録，援助計画）や関係する専門職（他の保育者も含む）等から得た情報をふまえ，彼らが置かれている状況やニーズを正確に理解し深め，グループワークの手法や目標を検討する時期といえる。これらの一連の行為を「波長合わせ（tuning-in）」という。なお，支援者であるグループワーカー（以下，Ａ保育士）は，グループワークの過程で起こりうる摩擦や危機を予測しておかなければならない。

〈Ｏこども園・さくらんぼ組にあてはめると…〉

　生活スタイルや価値観が大きく異なる地域の子どもたちがいる場合，事前に意見が分かれるということを予測しておく必要がある。しかし，同じような経済感覚の人たちがクラスにいるとしても，保護者の育ってきた環境や背景も異なり，保育や教育に対する方針も各家庭で異なるので，意見は分かれやすい。

　　混乱を防ぐためには，準備が必要である。事前にアンケートを行って意見を徴収し，メニューを３つに絞ったことはよかったと思われる。しかし，事前に，Ｏこども園としてアンケート結果をどう活用するのかを協議し，保育理念や教育方針に従って具体的に方向性を決めておく必要があったと考えられる。そして，混乱を避けるのであれば，アンケートを行う際に「園で方向性を決める参考にします」「ご希望の多い順に３つを決定します」等，記載しておく必要があっただろう。

(2)　開始期（初回のワーク開始～メンバーが目標に沿って相互作用を始めるまでの段階）

　　開始期とは，グループメンバー同士が相互に様子をみて確認を行いながら，集団になじんでいく時期である。まず，さまざまな不安を抱えてグループ（クラスや行事など）に参加しているメンバー（子どもや保護者）が，相互に打ち解け相互理解を深めるために，アイスブレークなどを行う。次にグループ活動を実施する日時や回数・期間，予算や費用，プログラム活動の目的と内容，子ども同士や保護者同士の役割分担，ルールなどを具体的に確認しなければならない。

　　さらには，グループワーク（活動）の目的を明らかにし，実施する活動内容が子どもや保護者等の思いやニーズと一致したものかどうかを確認する必要もある。当初は，子どもや保護者がＡ保育士のリーダーシップによって信頼関係を確認する時期であるが，徐々に子どもや保護者が積極的に役割を果たし，主体的にクラスやグループの運営ができるようにしなければならない。

〈Ｏこども園・さくらんぼ組にあてはめると…〉

　　この事例ではいきなりクラス会での協議が始まった。アイスブレーク等を活用して，少し和やかな雰囲気づくりをしてから協議をすることも大切である。また，Ａ保育士が各保護者の意見を「傾聴」した姿勢はよかったが，積極的なグループへの配慮ができていなかった。いきなり全体で話し合いを始めると，多くの保護者は意見を言いにくく，一部の積極的な保護者の意見のみが強調され，保護者全体の意見を共有することができない。まずは，地域等を横断してサブグループ（小グループ）をつくり，司会や記録，発表者等の役割を決めたうえで，相互に活発に話し合うことができる段階を踏んだ方がよかっただろう。さらには，あらかじめ時間を決めて話し合いを進めていく必要もあっただろう。

(3)　作業期（メンバーが相互に作用し，個人とグループが各目標に向かって取り組む段階）

　　作業期とは，クラスやグループが徐々に発展していく時期である。子ど

も同士や保護者同士など，メンバー間における相互作用の活発化や信頼関係の深まりにより，グループとしてのルールや考え方が生まれ，集団内のメンバーとして目標に向かって一致した行動をとることが要求される。その中で，気の合う者同士の親しみや団結力が増強され小グループを形成する時期でもあり，一方でメンバー間の対立や葛藤が生じたり，リーダーや孤立者が出現したり，小グループ間での摩擦などがみられたりする時期でもある。

　そのため，A保育士はメンバー個人や小グループに働きかけ，互いに協力して対立や葛藤を乗り越えたり，集団の目標から逸脱したりしないように，支援を行う。さらには，A保育士は，このような集団内での個人の相互作用の様子を観察して，子どもや保護者の個別の具体的な目標を明らかにしていく必要があっただろう。

〈Oこども園・さくらんぼ組にあてはめると…〉

　各グループで話し合った内容を発表してもらい，全体でコンセンサスを得ることから始めていく。またA保育士は，あらかじめ園内で協議した方向性やクラス担任としての考え等（たとえば，保育内容表現の「音楽」「図工」「体育」の３領域からひとつずつに絞るといったような基準）について，日頃の子どもたちの様子を具体的に交えながら，保護者に対して説明し，話し合いの方向づけをする必要があったのではないだろうか。

(4)　終結期（グループワークが終了またはグループが解散するまでの時期）

　終結期とは，目標や課題を達成して，クラスやグループとしての活動を終わらせて評価する時期である。グループの終結に向けて，グループ体験について振り返り，アンビバレンス（両面価値）な状況（例：①自ら評価できる面と自ら反省すべき面，②このグループを終える寂しさと今後への期待の気持ちなど）を互いに表出するのである。また，新たな課題グループへの移行に向けて準備したり，グループを再編したりすることも重要である。さらには，子どもや保護者一人ひとりのアフターケアやフォローアップについても念頭に置き，他の保育士や関係機関との連携も視野に入れておくことが必要である。

〈Oこども園・さくらんぼ組にあてはめると…〉

　時間には制限がある。保護者にもそれぞれ予定があり，いつまでも話し合いを続けるのはよくない。もし，予定の時間で結論が出なければ，早急に結論を出さずに，再度話し合いの機会をもつことも必要である。どうしても，その日に決定しなければならないのであれば，あらかじめ落とし所を考えておくべきである。そのことについては，保護者会開始時に，全体に説明しておくべきであろう。

　また，保護者会が紛糾し意見対立があった場合などは，子ども同士の関係等にも影響が及ぶ可能性が高い。早期に，臨時保護者会等を開き，全体の雰囲気が和み互いのわだかまりが解消できるようなプログラムを設けたりすることも重要である。

②価値の多様性と相互理解

　グループワークを行う際，グループワーカーである保育士は，グループメンバーである子どもや保護者一人ひとりの個性や特性を認めることが重要である。一人ひとりの個性や特性を認めるということは多様な価値を認め，メンバー間の相互理解を深めるために，グループへの働きかけを行うことがグループワーカーには求められる。その際，質の高いグループワークを行うためにグループワーカーとなる保育士には次の4つの原則に基づいて行動することが求められる。[3]

> [3] 津富宏（2008）「グループワーク」『ユースアドバイザー養成プログラム（改訂版）』内閣府（https://www8.cao.go.jp/youth/kenkyu/h19-2/html/ua_mkj.html 2019年3月8日アクセス）をもとに改変。

1）個別性の尊重：グループワークを行う際，グループワーカー（保育者）は，メンバー（子どもや保護者）一人ひとりの人格や主体性を尊重し，グループの特性や主体性を認めなければならない。

2）共感的態度：グループワークを行う際，グループワーカー（保育者）は，メンバー（子どもや保護者）一人ひとりが発言・行動する際に，審判的・批判的に対応するのではなく，傾聴し受容する態度で臨まなければならない。

3）中立性：グループワークを行う際，グループワーカー（保育者）は，もしメンバー（子どもや保護者）の間で対立や葛藤が生じた場合，基本的には中立性を確保しなければならない。

4）修正と制限の原則：グループワークを行う際，グループワーカー（保育者）は，特定の者の発言だけが目立っていたり，特定の者だけが発言できていない場合や，話の焦点が大きくそれている場合などは，話題や情報を提供したり，メンバー（子どもや保護者）の発言を促したり，軌道を修正したりすることなどが必要である。また，メンバーの生命や尊厳を脅かされたり，グループ内の人間関係を破壊したりする行動に対しては，制限を設けることが必要である。

---

③グループワークの課題と限界

　保育士は，「集団遊び」「設定保育」や「各種行事」などを通じて，子どものグループワークを実践していたり，「懇談会」「研修会」などを通じて保護者のグループワークを実践していたりするが，その多くはグループワークを行っているという認識がないまま，実践を積み重ねている。保育士自身が，グループワークを認識し，その効果と課題を明らかにすることで，より効果的な保育やグループ支援につながっていくだろう。

　グループワークには，良い意味でも悪い意味でも「互いに影響される」というメリットとデメリットがあることを十分に理解しておかなければな

らない。メリットとして，グループに参加している子どもや保護者一人ひとりの成長や発達を促し，集団内の相互作用により社会的適応能力を高めたり，個々の意欲や問題解決能力を高めたりする。一方デメリットとして，同じグループメンバー同士でありながら，摩擦・対立・葛藤・疎外などを引き起こすこともあり，心理的・精神的に傷つけられる場合がある。そのため，グループワークを担う保育士は，「グループワークの手順（4つの段階）」における諸注意を意識し，「4つの原則」に基づいて，グループワークを実践することが重要である，と留意しておかなくてはならない。

まとめと課題

保育士は，介護福祉士・社会福祉士・精神保健福祉士とともに国家資格として位置づけられた社会福祉の専門職である。そのため，養成カリキュラムの中で「ソーシャルワーク（相談援助の技術）」を学ぶことが位置づけられ，「個別援助技術（ケースワーク）」や「集団援助技術（グループワーク）」を活用することが求められている。子どもや保護者と接する際，カウンセリングマインドを基本として，本節に記述したさまざまな原則，手順や技法を確認して，ソーシャルワークに活用していただきたい。

多くの保育所で担当制が敷かれているため，担当クラスの子どもや保護者からの相談や課題について対応する際，責任感から一人で抱え込まないように注意しなければならない。相談援助の場面においては，多様な専門職や専門機関などとの「多職種連携」や「多機関連携」が重視されており，多面的な角度から援助の方法を検討し，より効果的な総合的援助や支援を行うことが重視されているからである。

これまで，保育所で保育士が実践してきたソーシャルワークについては十分なエビデンス（実践効果の根拠）が蓄積されてきていない現状があるので，今後は保育士自身が種々の保育場面においてソーシャルワークを実践する中で「効果の有無」や「実践課題」を明らかにして，より効果的な保育につながる援助や支援を検討し，周囲や後輩の保育士へと伝達していく必要がある。

> ■ コラム5 ■
>
> ### 保育現場から警鐘を鳴らす
>
> 保育士による保護者支援・子育て支援は，保育の専門性に基づくものである。そのためにも，保育の経験を重ねた保育士は保育の知識や技術に加えて，ソーシャルワークやカウンセリング等の知識や技術を備え，保育所内のコー

ディネーターとしての役割を担うことが重要である。

　また，入所児童の受け入れ開始年齢が月齢の低い乳児の割合が多い状況の中，同年齢でも発達や育ちの違いが大きく，命を守ることが最も重要な乳児，1〜3歳にわたる子どもの環境整備や，保育士の配置基準の不十分さからくる不安・危険を子どもが感じることのないよう，きめ細やかで安心・安全な保育（見守りと関わりの実践・リスクの回避）が重要となっている。条件整備や保育士増員を欠いたままで子どもの詰め込み等定員の弾力化運用が行われていることは，何としても防止しなければならない。

　格差・貧困化が急速に進んでいる日本社会では，子どもの成長や学力の格差，学歴格差を生み出し，貧困と，不安定な生涯をもたらすという悪循環が生まれている。それらを個別家庭の自己責任にしておくのではなく，すべての子どもたちに豊かな保育を保障していくためにも，保育所を拠点として地域に子育て支援のきめ細かなネットワークをつくり出し，豊かな公的保育を地域に創出することを大きな課題として掲げ，これからも保護者支援と子どもの保育という2つの側面の業務を士気高く担い，子どもの保育に夢をもつ保育士として存在し続けたいと願う。

（1項　谷向みつえ，2項　立花直樹，コラム5　津山恵子）

 2　家族支援——家族や家庭への効果的な関わりやサポート

〈学びの手がかり〉

　子どもに何らかの問題行動があった場合，とかく母親や家族の背景に原因を求めがちである。確かに家族の子どもへの影響は大きいものがあり，問題や子ども以上に保護者や家族への対応が難しい場合もある。しかしながら，家族やその生活習慣に原因があったとしても，それが難しければ難しいほど，その原因を取り除くことは困難な場合が多い。家族に原因を求めるよりも，有効な資源としてとらえる方が建設的である。解決のために家族ができることに注目して，家族が積極的に動き出せるような家族への関わり方を本節では学ぶ。

【事　例】

　いつも元気なAちゃん（5歳）なのに，連絡なしでお休み。担当のB保育士が母親のCさんの携帯電話に連絡を入れたが返信はなく，2日目には家に電話をかけたが誰も出ない。近所で仲良しのDくんの母親は「Aちゃんママは前もタレントの追っかけで遠くのコンサートに行って帰ってこな

かったことがあって……, Eちゃん（中学生の姉）がいるから大丈夫ですよ」とのこと。Cさんからは夕方に「どうしたんですか？」とのんびりした声で返事があった。家の用事でお休みさせて連絡する暇もなかったとのこと。

B保育士は「遊びに行ってたんじゃないですか？　Aちゃんはその間どうしてたんですか？」と言いたいところだったが，まずは「関係づくり」と自分にいい聞かせて，「子育て大変ですよね。たまには息抜きもしたいですよね」と共感的に言ったところ，「息抜きって……, どういう意味ですか？　私の息抜きのためにお休みさせたと思っておられるんですか？」と母親は怒っているようだった。確かに母親は「いろいろあって忙しくて」と言葉を濁しただけだった。

〈B保育士の反省〉

B保育士は，勤続8年目の中堅で経験豊富。Cさんはいつも礼儀正しくてきちんと行事や課題もこなしているが，たまに連絡なしのお休みがあることもあり，ちょっと保護者として危なっかしい印象があり，つい配慮に欠ける言い方になってしまった。次のように対応すればよかったと思った。

〈想定される対応例——あくまでも例であって解答はいろいろ考えられる〉

- 「お電話ありがとうございます。お忙しいのに電話ありがとうございました。もう一段落ですか？」
- 「今日は（こんなことを）みんなでしました。（こんなことが）ありましたよ」
- 「明日はみんなで○○するんですよ。Aちゃん，初めての挑戦だと思うので，また頑張り屋さんのAちゃんらしい活躍がみられそうです。お話を楽しみにしていてくださいね」

〈解題——この対応の「こころ」〉

母親が安心して相談や説明ができるように，まずは自分が責められていないと安心してもらえる対応から始める。そのためには「受容と共感」といわれる傾聴的態度（本章1節1項参照）が重要だが，電話での手短かな会話では，こちらが積極的に話しやすく会話をリードすることも必要である。その際，ストレングス視点といわれる相手のもっているよいところを引き出す対応もひとつの方法である。

子どもの送迎は，日常生活の中で習慣化していて当然だと思われているかもしれないが，家族の立場からすると日常生活なだけに案外な負担である。送迎の時間帯に親だけでは対応できない出来事が起こったり，危機的状況になる場合もある。

保育士の大きな役割のひとつは，家族と日常のふれあいを通して保護者

にも教育や指導的な関わりをしながら，必要に応じて精神的なサポートや子育て支援をすることである。ときには，家族が何らかの SOS を出している場合もある。それらが子どもの養育に影響すると思われる場合には，家族支援が必要である。

　そのときに，(1)誰のニーズ（誰が一番困っている）なのかを整理して，(2)ニーズをもつ人のゴールを達成するためのサポートであることを明確にしたうえで，(3)家族の自律性を尊重して，家族自らで解決へと進みうる家族のもつ力を見定めて，それを発揮できるように，(4)力づけて協力する（エンパワメント）姿勢が求められる。

〈次の対応はどうだろうか？〉

　ここからの働きかけは第3章3節の「困りごと点検シート」を参照のうえ，シートにも記入してみよう。

〈フェイスシートを書いてみよう〉
　あまり情報がないので多くは書けないかもしれないが，まずはトライしてみよう。

〈浮かび上がってくること〉
　誰が何に困っているかといえば，一番困っているのは「B保育士」で，「保護者とうまくコミュニケーションできない」ことに困っているが，一般のアセスメント書式で書くと，「母親の無責任な対応」が問題とされるかもしれない。しかしながら，「問題となっていること」が具体的には，「連絡なしの欠席」であれば，子どもを時間通りに送ってくることができないときには，「速やかに園に連絡する」とか，「誰かお願いできる人をつくる」とか対処できるようになればよい。そのためには母親Cさんと一緒に考えることが必要となる。Cさんが安心してB保育士に相談して，自分の力（ストレングス）やサポート資源に気づくことができれば，問題解決に近づくことができる。たとえ「『アイドルの追っかけ』で家を空けたい」というような相談でも，Cさんが安心してB保育士にもちかけられる関係になることが出発点だ。それまでは，問題を抱えて困っているのは，母親ではなくて「B保育士」なのである。

　一般的に保育士の母親へのアプローチは，まずは受容的に傾聴することで信頼関係を結ぶことなのはいうまでもない。しかしながら，従来から関係することを避けているかのようなCさんに，「変わってほしい」という強い思いを抱いて話を聞こうとしても警戒されるだけである。

　そんなときに，家族療法という家族への働きかけについての専門的な方法から多くのヒントを得ることができる。ここでは具体的な家族支援の考え方と方法について，主にシステム論に基づく家族療法と家族ソーシャルワークの知見に基づき，現場実践に有用と思われるものを紹介していく。

　家族療法の考え方は，従来の問題解決についての考え方と異なっている。従来の問題解決のための一般的な方法は，問題や問題行動には原因があり，

その原因を特定し取り除くことを目的とするものであった。家族療法では、さまざまな要因が全体的に影響しあって、ひとつの現象が生じると考えるので、ひとつの原因を特定して、問題を掘り下げたり、追究するよりも、問題を巡るパターンや前後関係に留意して、問題に関わる人々が動きやすくなるためのサポートを工夫するものである。この考え方の違いに着目して、注意深く読み進めていこう。

1. 家族支援についての考え方

①家族というときに誰を、何を連想するだろうか？

（1）「家族＝母親」ではない。父親は当然ながら、両親のきょうだいや祖父母、親戚など、子どもの生活に影響する一番密接な小さな単位が家族である。そこでは、身近に養育するものという考え方で、必ずしも血のつながりを重視するものではない。

（2）家族を一様に定義することはできない。「両親と子ども」からなる核家族を標準やモデルとして考えない。家族はその形や役割も多様で、しかも時とともに変化する「生きている」ひとつのまとまりである。

（3）家族支援として直接的に働きかける対象もさまざまであり、母親一人だけの場合もあれば、近隣や友人や親戚の方が心配している場合もある。

②家族の「問題」探しをしない

「問題」が生じたとき、私たちには「解決」のために「原因」探しをするクセがついている。保育士にとっても子どもの場合の原因の多くは親や家族にあるようにみえる。しかしながら、物事にはひとつの原因があって、それを取り除くことで問題解決に導かれるという考え方よりも、問題をどう解決するかという視点で起こっている現象（悪循環パターン）を変化させる工夫をする方が現実的である。明らかに子どもに害をなしていると思われる家族であっても、親や家族を「原因＝悪者」にすると、問題解決のためのチームとして協力関係がつくれなくなって、逆に問題が強化される場合もある。そこで、家族が子どものためのプラスの社会資源として機能できる枠組みづくりを考える。家族に働きかけるのは、家族が個人にとって最も相互影響力の強いシステムであり、問題にアクセスしやすく、一番有効に働きかけうる単位とみなされるからである。つまり家族は解決のための最大の資源、「希望」の容れ物なのである。

③家族をシステムとしてとらえる——家族システム論のキーポイント

（1）家族は個人からなるが、家族システムとしてのダイナミクス（力動、相互影響力）をもっているので、その部分（家族メンバーや個別の関係性）と全体の関係性の動きに留意する。

（2）　個人も，細胞や神経などの緻密なシステムの集合体であり，同時に人を取り巻く社会環境や自然環境などより大きなシステムの中にある。私たち人間は，意識しないまま絶えず酸素を吸って（外界からのインプット），二酸化炭素を吐く（外界へのアウトプット）の繰り返しで生命を維持している。そのようにして生きているシステムはオープン・システムとして，すべての他のシステムと相互作用している。つまり「保育士 vs. 家族」「子ども vs. 家族」と限定される閉ざされた関係ではなく，それぞれが相互作用を繰り返しながら変化していくものである。それゆえに，問題に関係するすべての人々や家族外部のシステムを考慮し，全体の相互作用に留意しつつ働きかける姿勢が大切である。

④家族レジリエンス

家族には家族レジリエンス[4]という何らかの困難に際して必ず立ち直る力がある。支援する立場にある人々の役割は，その力を促進し，エンパワーすることである。

⑤理想の家族の姿

理想の家族の姿は家族それぞれで違う。一般的な基準や規範で考えると家族の独自性や自律性を損なってしまう[5]。

2.　家族支援のプロセス──ファミリーソーシャルワークに学ぶ

家族支援はさまざまなレベルで行われているが，ソーシャルワークにおいてはもともと支援の対象は家族であり，ソーシャルワークの支援過程（プロセス，段階）は以下の通りである（→第4章1節**2**「ソーシャルワークの展開過程からの具体的応用」参照）。

まず，関わって（ジョイニング），全体像を把握し（アセスメント），支援の具体案を決め（プランニング），実際に働きかけ（プランの実行，働きかけ），見極める（モニタリング）プロセスを繰り返し，問題解決のための目標に達成すれば終結する。

①第1段階　家族と関わる：ジョイニング

一般的には信頼関係の樹立の段階といわれるが，家族との場合は家族というシステムが対象なだけに工夫が必要である。あくまでもひとつの家族という小さな単位──システムに，その一員として参加（joining, ジョイニング）させていただくという姿勢で，まずは仲間入りの段階である。「治療的な信頼できる関係をセラピストと家族の間につくりだして，家族関係の中で一緒に作業できるようにする」といわれているが，社交の入り口で家族や個人に合わせながら，その家族システムが問題解決システムとして機能できるようにする準備の段階である。家族のルールを尊重し，リフレー

▷4　レジリエンス
　従来子どもの発達の分野でいわれてきたことで，過酷な幼児体験や養育状況にあっても，子どもは健やかに発達していくものであるという信頼である。危機的状況に晒されて，こころに傷を負ったり，取り返しのつかない喪失体験をしても，必ず人には回復する力があるとする考え方であり，近年その有効性が語られ始めてきた。

▷5　家族の収まりのよい形（それぞれにとってのニッチ，収まりどころ，居場所）は家族それぞれであり，家族がバラバラになるのが収まりどころとなる場合も当然ある（たとえば，子どもの福祉を損ねない円満離婚など）。

ミングといわれる肯定的意味づけ・言い換え，自分や家族にとっての問題の意味などを変えて，「問題を抱えている家族」への「相談援助」といわれるものから「問題解決を積極的に図る家族」との「協働体制」をつくるプロセスである。

そのための第1のポイントは，家族に侵入的にならないことであり，それまでの家族のキーパーソン（家族の社交の窓口）や，家族のヒエラルキー（上下関係）などのルールを尊重する姿勢を示し，明るい，楽しい雰囲気づくりにも気を配る。利害が対立していたり，葛藤関係があからさまな家族全員と支援者が同時に仲良くなるのは困難であるように思われ，中立的な立場を保つことに心を砕きがちだが，保育士として評価する立場でなく，一緒に進んでいくための「お知恵拝借」という立場で，訴えが相反していても，各々のメンバーの言動をそれぞれ受容的な共感的態度で丁寧に受け止め，それを返していく。そうすれば，自分の味方ではなくても，少なくとも敵対するものではないと理解され，おのずと関係がとれてくる。

②第2段階　家族や問題の全体像を把握する：家族アセスメント

アセスメントは，ソーシャルワークでは「事前の情報収集による，当事者のニーズと全体像の把握と分析」の段階であるが，家族アセスメントは，地域や家族や個人に何か問題が生じたときに，家族が十分にその潜在的にもてる力を発揮しうるよう，どのように機能しているか，機能できるかの全体の絵を描くことである。その手がかりは，下記のように多種多様であるが，その前提の第1の家族アセスメントは，支援者の仮説であるということである。解決のための支援者の家族理解であり，それに基づいて家族と関わっていくためのよりどころであって，「真実を掘り当てる」ということではない。ゆえにうまくいかなかったり，適切でないと思えば，速やかに他の仮説に基づいてやり直す柔軟さが求められる。

また，第4章2節**3**の「危機介入アプローチ」で解説しているように，この段階で真っ先になすべきは，子どもの安心で安全な養育環境の確認であることを見落としてはいけない。

○家族アセスメントの手がかり

①　ハートマンの家族ソーシャルワークから

アメリカの家族志向ソーシャルワークで知られるハートマン[6]（Hartman, A.）は，家族アセスメントの手がかりとして以下をあげた。

(ア)　誰がどんな問題やニードをもって，それをどのように定義しているか。

(イ)　基本的な衣食住と家族や個人の環境，さらにそれらと機関，ソーシャルワーカーとの関係や，家族と環境の関係，それぞれの相互作用，

▷6　Hartman, A. and Laird, J. (1983) *Family-Centered Social Work Practice*, The Free Press.

バランス，境界等。

㋒　エコマップ，ジェノグラム（家系図）等による多世代的アセスメント。

㋓　家族パターン，家族マップ，家族画，あるいは家族の住まいの観察等によって，家族の内側の構造・組織・過程，とりわけ役割と家族ゲーム（家族が気づいていない「勝ち負け」の競合的な関係性）と家族のコミュニケーションのプロセスをみる。

さらに，ハートマンは，家族とその環境との関わり合いが視覚的に一度に把握できるエコマップを考案した。これは現在，日本でも盛んに用いられている。家族が自分たちで書くことで，自らの環境や家族を系統立てて客観化する機会として用いることも可能である。

②　その他の家族の手がかり（オルソン円環モデル[7]，マクマスターモデルから）

㋐　凝集性（まとまる力）：家族の成員が互いに対してもつ情緒的結合

㋑　家族適応性（変化に対応する力）：状況的・発達的ストレスに応じて家族内の権力構造や役割関係・関係規範を変化させる能力

㋒　家族のコミュニケーション

㋓　その他：問題解決能力，感情的な関わりや反応，行動のコントロール

③　家族システム論による「発達」「構造」「機能」の3つの視点

㋐　発達の視点：個人の発達と家族ライフサイクル

　　家族はそれぞれが個人の発達課題をもっており，家族というシステム自体もまた家族の生活周期に応じて発達的課題に直面しつつ，そのシステムを持続していくために，絶えず環境との適応を図り，家族としての家族ライフサイクル（家族周期）を歩む。一般的に，家族は「成立（結婚）→拡張（子どもの誕生）→拡散（子どもの成長）→回帰（子どもの巣立ち）→交替（死）」という段階を踏んでいくとされている。結婚や子どもの出産のような祝福される出来事であっても，それまでの日常生活が一変する大きな変化にあたって，家族はめいめいが新たなシステムをつくり直すチャレンジに挑戦している。

　　個人も家族も日々変化するものであり，絶えず対応を迫られ，家族はいつも危機的な状況にあるともいえる。第1にこの家族ライフサイクルによる生活周期上の変化の中で当然生じる家族危機がある。第2に家族ライフサイクルの変化の段階に何らかの課題が残っていると，次の段階に進むにあたって，危機的状況を生じることがある。第3に家族員の突然の不幸や天災・災難などの予期せぬ突発的な出来事に

▷7　立木茂雄（1999）『家族システムの理論的・実証的研究──オルソンの円環モデル妥当性の検討』川島書店。
▷8　岡堂哲雄（1991）『家族心理学講義』金子書房。

　生物が内外の条件を問わ
ず，絶えず一定の条件を保
つこと。たとえば体温が一
定に保たれるなど。家族も
そのホメオスタシスによっ
て安定しようとするが，生
物体システムとして，同時
に変化に向かう，変化と安
定を繰り返すものである。

よって，危機的状況に陥ることもある。家族システムは**恒常性**の中に
とどまるものではなく，絶えず変化する。変化には危機が付き物であ
り，変化は成長のチャンスだという理解が必要である。

（イ）　構造の視点：家族をシステムとして構造的に理解する

　家族構造を境界・提携（連合，同盟）・勢力（パワー）という３つの
特性に基づいてその相互交流をみていく。ヒエラルキー（階層的上下
関係），世代間境界（たとえば両親システムと子どもシステムに境界が引か
れているか），連合関係，葛藤関係，家族各員や家族内サブシステムと
それぞれの相互作用や誰がパワーをもち，リーダーシップをとってい
るか等々である。

　これは家族構造図（家族マップ）という図に表すことで，家族関係
を一望して，仮説をたてて働きかけていくのに役にたつ。この家族
マップは，エコマップやジェノグラム（家系図）も合わせてひとつの
図として描いて，そこに必要な情報を書いていくと，家族の文化や歴
史的背景等も含めて，時間的，空間的な家族アセスメントができる。

（ウ）　機能の視点

　それぞれの要素（人やサブシステム，つまり夫婦の関係や子ども同士の
関係）には，それぞれ予期・期待されている役割や機能がある。たと
えば親役割や家長（リーダー）役割などである。社会的に期待されて
いるものと，その家族で共有されているもの，それぞれ期待されるも
のは単一ではないが，家族内外の相互期待が適度に満たされていれば
機能しているといいうる。

　たとえば，母親Ｃさんは家庭内においては，期待される母親役割や
妻役割を大いに果たしていたかもしれないが，「毎日子どもの送迎を
して，それができないときには必ず連絡する」という，保育士が母親
に求める基本的な役割を果たせなかったことが問題とされたのである。

　家族のもつ機能は家族ライフサイクルによって変化し，その変化に
柔軟に対応することが求められている。保育所には，ライフサイクル
上，子どもの役割から自分たち夫婦で家族をつくり，親になるという
役割にまだなじんでいない経験の浅いカップルも多いかもしれない。
家族内外から期待される役割や機能に戸惑いながらも，特段の問題が
あるとは思っていない家族もいるかもしれないし，ストレスにうちひ
しがれている家族もいるかもしれない。それぞれの状況を理解してサ
ポートすることが必要である。

　このように家族支援にあたっては，家族機能や，家族ルール，家族シス
テム内で問題があることの意味や象徴すること，家族システムの外部との

境界や，家族や家族の下位システムの境界，力関係（勝ち負け），意思決定過程，家族の愛情や感情表現，家族でのゴール，家族の神話と認知のパターン，家族の文化やしきたり，家族役割，家族メンバーのコミュニケーションスタイルなどを視野にいれて，家族を理解し，それによって働きかけていく。

　このすべてに目配りするのは不可能である。しかしながら，何か家族に気になることがあれば，これらの考える手がかりを参考に，気になったことを明確化して整理できるようにしておこう。

◯事例におけるアセスメントに基づく働きかけ

　B保育士は「困っているのは，Cさんに苦手意識をもっている私かもしれない」という前提で，Aちゃんの無断欠席の背景について率直にCさんと話してみることにした。保育士が保護者や関係者と関わるのは，あくまでも保育上にニーズがあるときである。保護者や家族の個人的な事情に踏み込む前に，「子どもの保育上のニーズ」は何なのかを必ずチェックしよう。

　「お母さん，この間はお電話で失礼申しました。お家で大変だろうと思ったので……」。O保育所では月例バザーをしているのだが，たまたま当番のCさんが一人で後片づけをしていたので，そのときに話しかけた。すると，Cさんもバツが悪く思っていたらしく謝ってきた。

　「この間は電話で失礼しました。電話しなきゃあと思っていたところだったので。あの日は実は急に夫の母が倒れて，彼は仕事だから私に病院に付き添うようにと言ったんですけど，私……そんな，義母（はは）の付き添いだなんてどうしたらよいかわからないし，私もパートがあるし，『お義姉さん（おねえさん）にお願いしたら』って言ったら彼が怒鳴りだして……。ともかく義姉（あね）に連絡したりバタバタしてるうちにアッという間にお昼過ぎになって，Aにご飯も食べさせてなかったのに気づいて，食事をしようかと思ったときに先生からの電話に気づいたんですけど，もう遅いからいいやと思ってしまったんです。私……何の役にも立たないで，ただ，家でおろおろ電話番してただけで……。それで結局大事なときには疲れて気づいたら寝てしまってたり，あの日も結局園に連れて行き損ねちゃって……」。

　「そうですか。あの日，大変だったんですね。それでお義母様（おかあさま）はもう大丈夫なんですか？」

　「ええ。でも病院に長くはいられないので。一人暮らしだったんで，退院後どうするかって，彼と義姉がいつも長電話してて……。私は，お昼間病院に行って，義母の洗濯したりいろいろしてるんですけど。私には相談しないんです。義姉がEちゃんに『おばあちゃんと一緒に暮らせる？』な

んて聞いてるのに！」

　「毎日病院に行ってお世話しておられるのに，大事なことは相談されないんですね。何だか役に立っていないと思われてるみたいなんですね」

　「でも，彼は『お前は家でＡたちの世話をしてればいいよ』って言うんです。彼は私に介護は無理だって思ってるんだと思います」

　「ご自分たちのお母様のことだから，ご主人もお義姉様もＣさんに厄介をかけたくないと思っておられるんですね」とＢ保育士が言うと，キッとなって，「いいんですよ。そんな気休め。私，パートでも大した仕事をしているわけじゃないし，仕事より義母のお世話の方が気楽だと思っているんですけど，結局，どこでも私って役に立たない人間と思われてるんだなあと思って」と泣き出して，「自分が相手にされてないのは，頼りないからだ」という自信のなさを語った。それでＡちゃんを送りに行くどころか食事をさせる気力もないくらい落ち込むこともあるとのことだった。

　Ｂ保育士は，受容的に話を聞きながら，たとえばＣさんは保護者会での役をきちんと責任をもって立派にこなしていることや，Ａちゃんの成長を物語るエピソードに話題を変えて話しているうちに，笑顔を見せて帰って行った。

③第3段階　家族援助支援の具体的な計画作成：プランニング

　プランニングはアセスメントに基づいて「目標と契約」を明確にし，共有する段階である。保育の場合は，子どもについての「保育計画」を立てるが，このような場合は，「家族支援」としての「家族支援計画」を立てて家族全体と家族メンバーそれぞれのニーズとゴールが違うことを共有したうえで，以下の点に留意して，短期・中期・長期計画，さらに危機介入が必要であるか，などについても考える。

　(1)　希望のインプット（導入）。

　(2)　（関係する気持ちのある）すべての家族員が関与するように図ること。

　(3)　ゴールは長期か短期か。いま，必要なゴールを決める。

　(4)　誰が何をするかの役割分担の明確化。

◯事例におけるプランニング

　まず，今日の話の整理としてエコマップと家族マップを書いて，Ｂ保育士はＦ主任に相談した（→本章3節「保育所におけるスーパービジョン」参照）。そこで，もっと知りたい情報が浮かび上がってきた。

　(1)　Ｃさんが自信をもてる人間関係や社会資源。

　(2)　Ｃさんの不安定な養育態度はストレスや抑うつ状態と関連しているのだろうか。精神的な治療やケアの必要性と現状。

　(3)　Ｅちゃんのときには自信をもって子育てしていたのならば，何らか

の変化が家族にあったのだろうか。

　⑷　Ｃさんの気分のムラや自信喪失に，夫や周りの人々は気づいている
　　のだろうか。

　それらの情報によって，園での行事や子育てひろばなどに両親揃って来
所したときに，Ｃさんが子育てや一家の主婦としての自分に少しでも自信
をもつことができるような話し合いをすることや，医療機関の紹介，子育
て支援グループ，自己主張訓練のグループや家族関係を調整する相談機関
などの紹介につなぐ必要性があるのかを見極めることなどが考えられた。

　それらを整理すると以下のようになった。

〈危機介入の必要性〉

　「Ａちゃんに食事させる気力がないことがある」とのことなので，２日間
無断欠席であれば自宅訪問する。継続的にＡちゃんの安全確認に留意する。

• 短期目標
　：園の送迎に関係なく，Ｃさんが落ち込んだときには，園に安心して
　　ＳＯＳ の電話がかけられるような関係づくり。
　：Ｃさんの家族関係を把握し，必要に応じて介入する。

• 中期目標
　：Ｃさんを中心としたサポートネットワークの形成，あるいは確認。必
　　要に応じて専門家につなぐ。
　：Ｃさんに保育所での人間関係や，課題を通して自信をもってもらう。

• 長期目標
　：Ｂ保育士やＦ主任がサポートしなくてもＣさんが自信をもって子育て
　　ができ，子どもへのネグレクトの心配がなくなる。

④第４段階　具体的計画実行：実際の働きかけ，協働のプロセス

　この段階で重要なのは，ソーシャルワーク実践のスキルを駆使するとい
うよりも，基本的なスキルとテクニックを学び，使うことである。有効な
スキルの例として，傾聴法，感情の反射と反映，ストレングスの強化，リ
フレーミング，問題の明確化，温かさや共感と真摯に向かい合うことなど
があげられるが，ここではリフレーミングについて少し説明を加える。

　リフレーミング（肯定的意味づけ・言い換え）は，簡単にいえば「褒め
る」ことである。それぞれに貼られた否定的なラベルを肯定的なものに貼
り替えることで，ものごとに対する当事者たちの認識や行動，関係が変わ
る。たとえば，Ｃさんが「ついお気楽に振る舞ってしま」って，後で「落
ち込む」のは，「人間関係にいつも気配りして」「謙虚で人を責めない優し
いひと」だからであり，子どもの世話にムラがあるのは「無理をしないよ
うに自分で自分のペース配分をしている」からである，などである。これ

を一歩進めて関係性を肯定的に言い換えると，より有効である。起こっているコミュニケーションのパターンに異なる肯定的な意味や枠組みを呈示することで，問題の相互関係のパターンの意味が肯定的に変わる。たとえば「子どものことで両親が口論しがちである」という問題が語られたら，その口論が，夫婦間の子どもへの心理的・身体的虐待になっていないことを確認したうえで，「お互いの意見の違いをぶつけ合えるのは，両親の仲がいいからであり」，子どもは「問題児」ではなくて，両親が話し合ってお互いの歩調を合わせる機会を提供する「親孝行な子ども」であるというような思いがけない肯定的な見方をすると実際に効果的である。

　子どもの養育に際しては「叱るより褒めよ」が一般的だが，親や保護者に対しては褒めるよりも，その足りないところを指摘して改善を促すために，つい助言したり指導したりしがちである。しかしながら，親も保育士も褒められたい一人の人間に変わりはない。子どもの福祉を損ねないで，親にも無理を強いない，上手な働きかけが必要である。そのためには，口先でなく，本当に親が頑張っていることや，親と子どもの関係の肯定的な面を上手に見つけるスキルも必要である。

○事例におけるプランの実施──プランニングに基づく働きかけ

　B保育士は，次の日にもCさんと話をする時間がとれ，Cさんは冷静にいまの状況を話してくれた。心が折れたり，ビョーキっぽくなることもあり，そんな折には面倒で連絡帳を読む気にもならないが，夫が家事をしてくれたりして生活上の不便はない。落ち込んだときもよく眠れるし，食べられる。少なくとも精神的な治療やカウンセリングを受けるほどの落ち込みではないとのことだった。また，つい人前では元気でお気楽に振る舞ってしまいがちなので，何かのグループに入るのは無理をしてしまいそうで気が進まない。しかしながら夫は人と一緒にいるのが好きなので，夫と二人なら催しにも参加できる。そうやって夫が理解してくれれば，Aちゃんの送迎も夫が助けてくれると思うとのことだった。

　そのときたまたまDくんの母親が珍しくお迎えに来ていた。いつも仕事で忙しいので祖母が送迎していたが，その日は祖母が曾祖母の介護をすることが必要になったので，母親が仕事を休んでお迎えに来たとのことだった。それを耳にしたCさんは，「うちは，おばあちゃんだけど，Dくんとこはひいおばあちゃんなんだ!!」と介護や介護保険の話を熱心に聞いて，「こんなふうにいろいろなことをいろいろな人に聞いたり，話せたりする機会があるとホッとします」とのこと。それを受けて「おばあちゃんが倒れたり家族の変化は子どもに予想外の影響を与え，それで母親としても戸惑うことが起こるかもしれないので，おばあちゃんが落ち着くまで，A

ちゃんや家族の日常生活の情報交換をする」という今後の相談の枠組みを
つくった（契約）。

　Ｃさんによれば，夫はよくできた人で，Ｃさんに気を遣ってくれるので，
逆に自分が信頼を失わないように無理をして一層疲れてしまうとのこと
だった。そうした「互いの思いやりに疲れている」関係になっているかも
しれないという仮説のもとに，夫婦のやりとりやＡちゃんへの対応などの
情報も得て，祖母の介護という問題に少しでも夫婦や家族で立ち向かえる
ような体制づくりと，Ｃさんの自己評価を高めるしかけを工夫をすること
になった（目標の合意・共有＝契約）。

　Ａちゃんの両親は，ほどなく子育てひろばに揃ってやってきた。Ｂ保育
士は二人と話をした。まず，父親に祖母のことを労ったところ，「妻は一
生懸命になるタイプなので，子育てだけで精一杯だと思います。だから母
のことまで任せたら，子どもの方がおろそかになると思ってあんまり言わ
ないようにしてるんですよ」とのことだった。その会話を皮切りに二人は
祖母の退院後の相談を始めた。バタバタした日常生活の中では案外夫婦が
向き合って話し合う機会は少ないものである。このときも，「落ち込んで
疲れやすく」「うつ状態になって動けない」妻の問題の解決を図るのでは
なくて，まずは対等な夫婦としての話し合いになるようにＢ保育士は関
わった。その会話の中で，肯定的な点をとらえて強調し，「Ｃさんはまわ
りに気を遣う，気楽そうにみえるかもしれないが実はまじめで一生懸命な
お母さんで，お父さんもそういうＣさんのよい所を認めて，信頼している。
でもお父さんは，おばあちゃんは自分の母親なので，お姉さんと二人の責
任だと思っていること。その責任をお父さんが負えるのも，Ｃさんがしっ
かり子育てと家庭のことをしてくれているからだ」とリフレーミングをし
た。Ｃさんは，気がかりだったことを夫が褒めてくれたので，ホッとした
様子だった。

⑤第 5 段階　見極める　プロセスと終結：モニタリング

　プランとその実施が円滑に行われて子どもへの悪影響がなくなっている
かどうかを絶えず子どもの様子からチェックしたり，園内会議や地域での
会議などで情報収集をして，特別な関わりは不要になったと判断されれば，
後は小学校入学までの継続的な見守りやその後に必要な引き継ぎを行う。
状況が膠着，あるいは悪化していたら，別の方針ややり方に変更した方が
よいかどうかを広範な情報に基づいて判断する。これらに際しての判断も，
あくまでも子どもの福祉を目的として家族主体で行う。

　一般的に終結にあたって重要なのは，家族が自ら獲得しての終結，解決
であるということの共有と，それはみんなが平等に参加し，貢献した結果

であり，またみんなが勝者であって敗者がいないことの確認である。

〇事例における見極めと終結——モニタリングの繰り返し

　Aちゃんの祖母は退院して，介護保険サービスと父親や義姉の介護を中心に，ときどきCさんも手伝って在宅で暮らしている。3か月くらいたったとき，Cさんが「たくさん相談にのっていただいて，ちょっと恥ずかしかったですけれど，何だかいろんなことが気にならなくなりました。義母が家に帰ったり，これからますますお金がいるかもしれないし，私は仕事を続けようって話し合って決めました。でも結局，私が義母のこともやらなきゃいけないし，忙しくて。それで，お話ししていただくの，また今度彼と二人で時間がとれたときでいいですか。いろいろありがとうございました」と申し出て，相談面接は終了とした。

　B保育士はCさんがパニックになっていたときから，義母の介護とパートの両立に収まる過程で，どのようなサポートやきっかけで落ち着くことができたか，そのために夫婦や義姉，子どもたちとともにどのようにこの難局を乗り越えたかを振り返ってもらった。その乗り越えた中心は「自分」であったことに焦点づけて話を進めた。そして，これからの長い子育てには，まだまだ大変なことも多く，落ち込んで子どもの世話をする気力がなくなったりすることもあるかもしれないと，そのときの対処の仕方について話し合った。今後も心配なとき，しんどくなったときにはいつでも相談できるという確認の後に，特別な相談の枠組みは終了とした。

〇事例のまとめ

　Cさんは，もともとごく一般的な主婦で，優しくて頼りがいのある夫と子どもたちとのしあわせな4人家族だったかもしれないし，ルーズで精神的に不安定で，夫は妻よりも原家族とのつながりの方を大事にする，妻を平等なパートナーとみていないワンマンだったかもしれない。本事例でB保育士のわずかな言葉の綾にCさんが反応したように，保育士のわずかな言葉に，親も子どもも大きく影響される。

　自分自身や人間関係にまったく困難や悩みのない人はいない。人々は常に危機を抱えている。見過ごすのではなく，人々の「よくあろうとする意思」を信じて，適切な働きかけをすることが一番の解決への早道である。

▷10　精神分析医のランク（Rank, O.）が，「意思心理学」で述べたことで，ソーシャルワークでは機能派といわれる実践アプローチの基礎理論として知られる。
　Rank, O. (1941) *Beyond Psychology*, Dover Pub. Inc.

まとめと課題

　家族支援にあたっては，まず「家族」とは何か，「ニーズ」は誰のニーズで，問題とその解決は何かということをしっかり整理し，念頭においたうえで，家族に関わっていく。その対象は個人，親，家族というシステムから，社会環境，自然環境まですべてを包含し，そのシステムとシステム

の相互作用で現象が起こっているということに着目すべきである。

　親だけでなくて，家族全体やきょうだいや，祖父母や同居の親族，さらに地域や家族をとりまく環境―システムも頭におこう。

　いま，家族支援で困っている何らかの問題や事例があれば，第3章3節の「困りごと点検シート」にトライしてみよう。

　また，肯定的な見方や関わりについて，ぜひとも実生活で試してもらいたい。たとえば，何となく苦手で関わり方に苦慮している子どもがいれば，①その子で困っている点に何かよい面はないか，②その子に何かよいところはないかなどを考えて，まずいままでと違う形で褒めてみよう。褒める相手が親であれば，子どものこと，親自身のこと，子どもとの関わり，周りとの上手な付き合い方などについても褒める練習をしてみよう。すぐ思いつかないかもしれないが，時間をかけて思いを巡らせれば，必ず褒めることは浮かび上がってくるものである。

（得津愼子）

 ## 3　保育所におけるスーパービジョン

〈学びの手がかり〉
　保育所保育指針では，保育の質の向上のために保育の専門性を高めることの必要性が明記されている。そのため，主任保育士には，各保育士に対する相談・指導・調整役などのスーパーバイザーとしての役割が求められる。本節では，効果的なスーパーバイズの方法について学ぶ。

1.　スーパーバイザーとしての主任保育士

　寺田は，保育所に勤務する主任保育士を対象とした実態調査において，主任保育士の重要な役割のひとつして，「保育士間の良好な人間関係構築や，役割分担等で必要とされる相談や調整及び保育士の専門性の向上を目的としたスーパービジョンを行う際の，スーパーバイザーとしての役割」[11]を明らかにしている。

　つまり，主任保育士は，所属する保育所の保育の質の向上とともに，同僚である保育士を育成する重要な役割を担っている。そのため，主任保育士は経験とそれに基づく勘のみに頼った指導ではなく，ソーシャルワークの理論，そして本節で述べるスーパービジョンの方法を習得する必要がある。

▷11　寺田清美（2010）「主任保育士の実態とあり方に関する総合的考察と展望」『主任保育士の実態とあり方に関する調査研究報告書』日本保育協会，77〜80頁。

175

2. スーパービジョンの基本

①スーパービジョンとは

　保育所保育指針「第5章　職員の資質向上」に示されているように，保育士は常に自己研鑽に努める必要がある。しかし，自己研鑽は個人だけで行うことは困難で，そのための方法のひとつとしてスーパービジョンがある。スーパービジョンという用語は聞きなれないかもしれないが，ソーシャルワークや臨床心理の領域ではなじみのある用語であり，援助方法のひとつである。スーパービジョンとは，「組織の方針にそって質量ともに最良のサービスを利用者に提供することを目指して，スーパーバイジーの職務遂行を監督・調整・支援・評価する権限をもったスーパーバイザーがスーパーバイジーと肯定的に関わりながら管理的・教育的・支持的機能を果たすことである」と定義される。◁12

　この定義によれば，スーパービジョンは，スーパーバイジーの専門職が自分の仕事を適切に行い，専門職として成長するのを支える方法や過程であり，利用者に質の高いサービスを提供するためのものだといえる。つまり，スーパービジョンの目的は，直接的には専門職の専門性の向上であり，間接的には質の高いサービスの向上といえる。

　スーパーバイザーとは，スーパービジョンを行う人であり，指導者にあたる。多くの場合，一定の権限をもつ職場の上司や指導担当者がこれを担う。スーパーバイジーは，スーパービジョンを受けて専門職として指導を受ける者である。両者の関係はあくまでも信頼関係に基づくものである。

②スーパービジョンの機能

　一般的にスーパービジョンには，支持的機能，教育的機能，管理的機能の3つの機能がある。◁13

(1)　支持的機能：信頼関係を基盤にしたスーパービジョン関係を通して，実践を行うスーパーバイジーを精神的に支える働きであり，スーパービジョンの過程における基礎となる機能である。

(2)　教育的機能：具体的な実践事例を通して，スーパーバイジーが理論と実践を結びつけられるようにするとともに，実践に必要な価値・倫理，知識および技術をスーパーバイジーに伝える機能である。

(3)　管理的機能：スーパーバイジーが，所属する組織の理念や方針に沿った援助活動を展開し，組織の一員として適切な行動がとれるように管理する機能である。これは単に組織への適応だけでなく，スーパーバイジーがその能力を発揮できる環境をつくり上げていくための機能でもある。

また，これらに評価的機能（スーパーバイジーの実践や業務について評価を

▷12　岡田まり（2015）「スーパービジョンとコンサルテーション」社会福祉士養成講座編集委員会編『相談援助の理論と方法Ⅱ（第3版）』中央法規出版，201頁（原典は，Kadushin, A. and Harkness, D. (2014) *Supervision in Social Work (5th ed.),* Columbia University Press）。

▷13　▷12と同じ。

表5-1　スーパービジョンの形態

形　態	概　要
①個人スーパービジョン	スーパービジョンの基本形態で，スーパーバイザーとスーパーバイジーが1対1の面接方式で行う。個別のニーズや一人ひとりに応じたスーパービジョンを展開できるが，一方で，多忙な保育現場において，個別のスーパービジョンの時間の確保という課題がある。
②グループ・スーパービジョン	一人のスーパーバイザーが複数のスーパーバイジーに対してスーパービジョンを実施する形態である。スーパーバイザーを中心に，ケースカンファレンスや研修会の形で行われることが多い。グループメンバーの意見交換により学習効果が期待できる。一方で，一人ひとりのスーパーバイジーの個人的な課題については対応しにくい課題がある。
③ピア・スーパービジョン	スーパーバイジー同士が互いに仲間（ピア）として同じ立場でスーパービジョンを実施する形態である。より親しみやすい雰囲気でグループ討議を進めることができるが，各メンバーがスーパービジョンについて理解していなければ，的確な確認作業が行えない課題がある。
④ユニット・スーパービジョン	一人のスーパーバイジーに対して複数のスーパーバイザーがスーパービジョンを実施する形態である。スーパーバイザーグループが一人のスーパーバイジーの事例を検討するが，その検討をスーパーバイジーにも行わせることによって，スーパーバイジーの成長を図る。
⑤ライブ・スーパービジョン	スーパーバイザーが実際にその場に同席し，援助の方法をスーパーバイジーに教える形態である。

出典：植田寿之（2007）「スーパービジョンとコンサルテーション」仲村優一・一番ケ瀬康子・右田紀久惠監修『エンサイクロペディア社会福祉学』中央法規出版，650〜653頁をもとに作成。

行う機能）を加える場合もある。[14]

このようにスーパービジョンには複数の機能があるが，それぞれが独立しているのではなく相互に関連し合うことで，より効果的なスーパービジョンが行われる。

③スーパービジョンの形態と展開過程

スーパービジョンは表5-1に示されるように，個人スーパービジョン，グループ・スーパービジョン，ピア・スーパービジョン，ユニット・スーパービジョン，ライブ・スーパービジョンの5つの形態がある。これらは，現場の実情などをふまえていくつかの形態を適宜組み合わせて実施することが望ましい。

また，スーパービジョンは，準備期，開始期，作業期，終結期の4つの過程からなる。準備期においては，スーパービジョンの説明とスーパーバイザーの紹介が行われる。開始期では，スーパービジョンの目的および対処する課題，目標，進め方などを確認し，具体的な行動計画を設定する。作業期では，スーパーバイジーによって作成された資料に基づいて対処する課題の達成に向けた作業を行う。終結期では目標が達成されたかなどの評価を行い，今後の課題を明らかにする。

このようにみると，スーパービジョンは保育現場でも日常的に実施されている。たとえば，新人保育士（スーパーバイジー）に対して，主任保育士（スーパーバイザー）が保育内容などに関して指導者としてスーパービジョ

▷14　植田寿之（2002）「スーパービジョン」黒木保博・山辺朗子・倉石哲也編著『ソーシャルワーク』中央法規出版，194〜195頁。

ンを行っている。このことは，直接的には新人保育士自身の成長を，間接的にはそのことを通して子どもへのより質の高い保育の提供を目指すことにつながる。

3. 保育におけるスーパービジョン
——障害がある子どもの保育の事例をもとにして

登場人物
- A保育士：保育経験12年。O保育所の主任保育士（以下，A主任）。本事例のスーパーバイザー。
- B保育士：保育経験5年。さくら組（5歳児クラス）の担任保育士。本事例のスーパーバイジー。
- C保育士：保育経験3年。さくら組の担任保育士・加配保育士。本事例のスーパーバイジー。
- Zくん：今年度入所したばかりの男の子。自閉症スペクトラムと軽度の知的障害の診断を受けており，発達年齢は3歳台である。

　B保育士とC保育士は，20名の子どもの担任をしている。その中に，今年度入所したZくんがおり，C保育士が加配として担当している。B保育士もC保育士も障害のある子どもを担当するのは初めてであり，4月当初より，不安を感じていた。

①準備期〜開始期

　4月下旬，B保育士とC保育士はZくんの対応に苦慮していることを，A主任に相談した。A主任は，Zくんの様子や2人の対応，困っていることを聴くとともに，不安や焦りなどをしっかりと受け止めた。そのうえで，A主任もさくら組の保育に重点的に関わるようにすること，具体的に検討したいことを2人で話し合って「事例検討用紙」にまとめること，2日後に改めて話し合いをすることにした。

　スーパービジョンの準備期では，支持的機能を果たすことに重点を置く。その内容は，スーパーバイザーであるA主任と，スーパーバイジーであるB保育士やC保育士との信頼関係を築くと同時に，保育を行ううえでの課題についての情報収集を行うことである。

　具体的には，前に述べた面接技術などを活用して，B保育士とC保育士の話を傾聴し，2人の不安や焦り，自信のなさに焦点を当てて受容・共感し，それらの軽減を図り，精神的に支えるのである。なぜなら，B・C保育士の感情を適切に受け止め，対応することは，A主任と2人の保育士との信頼関係を築き上げ，2人が自らの課題を乗り越えるのに不可欠だから[15]である。この支持的機能は，スーパービジョンの基盤となり，スーパービジョン全体を通じて最も重要なものである。

▷15　岩間伸之（2008）『逐語で学ぶ21の技法——対人援助のための相談援助技術』中央法規出版。

②開始期――本格的な情報収集を行い，課題を明確にし，計画を立てる

> 　2日後，「事例検討用紙」（表5-2）をもとに話し合いを行った。2人がZくんの対応で悩んでいたのは，Zくんが保育中に保育室を飛び出したり，他児を突然叩いたりすることであった。A主任は，「どのような状況でZくんが保育室から飛び出したり，他児を叩いたりするのか」を詳しく聞きながら，さらに「なぜそのような行動をとるのか」についても話し合いをした。その結果，以下のようなことが考えられた。
> 　①保育室から飛び出すのは，クラス全員で活動するときである（Zくんが好きな活動のときは除く）。Zくんは活動内容を理解していない，あるいは活動の難易度が高いためにその活動が嫌で保育室を飛び出すのではないか。
> 　②保育室から飛び出したときに，C保育士がZくんを追いかけるのは彼にとっては楽しい活動になっているのではないか。
> 　③他児を叩くのは，ある程度遊んだ後，することがないときに多く起きている。遊びを探しながらの行動ではないか，あるいは彼なりの他児への関わりになっているのではないか。
> 　A主任は，具体的対応の前提として以下のことを踏まえるように伝えた。
> 　①「保育室を飛び出す」「他児を叩く」行動には理由がある。そのため，「困った行動をするZくん」という視点ではなく，「困っているのはZくん」「困っているZくんをどう支えるか」という視点で保育をする。
> 　②「保育室を飛び出す」「他児を叩く」のを減らすだけの対応は難しいので，同時にそれに代わる望ましい行動を増やす援助をする。
> 　話し合いの結果，表5-3のような短期目標を設定し，Zくんへの対応をすることにした。

　この段階では，情報を収集し，B保育士とC保育士の保育を行ううえでの困難や課題を明確にすることを目的とする。ここで支持的機能に加えて，教育的機能および管理的機能が加わることになる。ここでA主任がスーパーバイズを行う際の留意点は，以下の7点である。

(1)　保育を困難にしているものは何かを評価する。すなわち，a）子どものとらえ方，b）子ども理解，c）子ども理解に基づく関わり方，d）保育の展開の仕方，e）担任間の連携のあり方（(7)と重複），f）保育に取り組む際の自信や意欲である。

(2)　B保育士やC保育士の不安や困難，わからなさに寄り添い，共感しながら指導をする。

(3)　「～のときは～すればいい」というhow toのみや，A主任の経験のみを頼りに指導するのでなく，保育士の専門性，保育所保育指針や所属する保育所の理念を基盤にして指導をする。

(4)　A主任がすべてを教えるのではなく，B保育士やC保育士も自ら考えながら保育の質を高めるような指導を行う。

(5)　B保育士やC保育士が保育を行ううえで適切な援助や環境構成があ

表 5 - 2　事例検討用紙

記録日	20○○年 4 月□日	子どもの名前	Z	記録者	さくら組B，C

(1)　検討事項	

(1)　検討事項
①保育室から飛び出す行動へどのように対応すればよいか
②他児を叩く行動に対してどのように対応すればよいか

(2)　保育を行ううえでの難しさ
①クラス全体で行う活動がはじまると，保育室から出ていき，園庭に行こうとする。そのつど，C保育士が追いかけるが，うれしそうに大声をあげながら走りまわる。
②保育室では，一人でパズル，ブロックなどで遊んだり，昆虫の図鑑を見たりしている。遊び終えると，近くにいる子どもを急に叩くなど，他児にちょっかいを出す。他児が「やめて」などと言うと，笑いながらまた叩く。

(3)　他の子どもとの関係
①他児が歌ったり，踊ったりしている姿を笑顔で見ている。
②他児を叩く以外に，Zくんから関わる姿はみられない。
③Zくんを遊びに誘う子どもが数名（Xくん，Yちゃん）いるが，Zくんは始めだけその場にいてすぐにその場を離れる。

(4)　子どもの好きな活動・遊び，興味や関心，得意なこと
①ふれあい遊びが好きでC保育士に求めてくる。
②パズルやブロックでよく遊んでいる。ブロックは複雑な形を組み立てている。

(5)　すでに実施している援助をするうえでの工夫や配慮
①自由に遊ぶ時間などに，Zくんのふれあい遊びを一緒にしている。
②クラス全体での活動に参加していないときでも，タイミングを見計らって活動に誘っている。自分で活動に参加するときには認める言葉をかけている。

表 5 - 3　短期目標

目標	①クラス全体で活動するときに，保育室で落ち着いて活動する。 ②他児と関わるときには適切な方法で関わる。
支援の手立て	①これまでと同様に，クラス全体での活動に参加していないときでも，タイミングを見計らって声をかけ，活動に誘う。自分で活動に参加するときには認める言葉をかける。 ②クラス全体の活動の際には，Zくんが理解できるような言葉をかける，絵カードなどを使用するなど説明を工夫する。 ③Zくんが好きなブロックで遊んでいるときに保育士が一緒に遊んだり，他児を誘いかけたりする。 ④Zくんが好きなふれあい遊びを通して，小集団（4，5人のグループ）での関わりができるように保育士が仲立ちする。 ⑤保育室を飛び出したときは，C保育士が対応する。Zくんにとって遊びにならないように安全に配慮しながらつかず離れずの距離で関わる。保育室に戻ってきたら，「おかえり，待っていたよ」などZくんが戻ってきたことを認める言葉をかける。また，他クラスの保育士とも連携し安全を確保できるようにするとともに，Zくんへの関わり方を共有する。 ⑥他児を叩きそうなときは，事前にとめて適切な関わり方（「一緒に遊ぼう」と言うなど）を伝える。また，他児にはZくんの一緒に遊びたい気持ちを代弁し，わざと叩いているわけではないことを伝える。

れば，その根拠を示しながら，それをしっかりと認め，フィードバックする。

(6)　B保育士やC保育士が困っていることの軽減ばかりに目を向けるのでなく，あくまでも子どものよりよい育ちを最終目標ととらえる　((3)

(4)(5)と関連する)。

(7)　複数担任であるので，担任間での子どものとらえ方の違い，保育の
進め方についての考え方の違いがあれば，それらを調整する。

また，スーパービジョンの際には，表5-2のように，事前に記録する
ことが必要である。なぜなら，記録をすることで振り返りができること，
情報の共有ができること，評価に使用できること，今後のカンファレンス
や外部のコンサルテーションの際に使用できることなどの利点があるため
である。

そして，情報収集や課題をもとに目標を設定する。目標設定は，情報収
集や課題の明確化の段階で行ってもよいし，後でB保育士とC保育士が目
標設定したものをA主任が確認してもよい。

ここでの目標は，2～3か月を目安にした短期的なものである。目標を
考える目安は，表5-2の「(1)検討事項」や，「(2)保育を行ううえでの難し
さ」である。そして目標は，たとえば，表5-2の(1)と(2)では，Zくんの
「保育室から飛び出す」ことにB保育士とC保育士が悩んでいる。それに
対応するための目標として「Zくんが保育室から飛び出さないようにす
る」ではなく，表5-3のように「クラス全体で活動するときに，保育室
で落ち着いて活動する」という目標を設定する。つまり，目標設定の際は，
「～しない」ではなく，「子どもが～する」という肯定的かつ，具体的なも
のを記述するのである。

そして，目標に対する保育士の援助・配慮，環境構成などを明記する
（表5-3「支援の手立て」の欄を参照）。その際に，すでに適切に対応できる
ことについてはA主任が担任2人を認めて取り入れる必要がある。それに
よって，B保育士とC保育士の自信や主体性が育ち，専門性の向上につな
がる。また，子どもの肯定的な部分（表5-2）をしっかりと担任2人に認
識させることで，子どもを肯定的にとらえる姿勢が養われる。

また，障害のある子どもの保育に際しては，個別支援計画を立案してい
る場合が多いので，それと矛盾がないようにしなければならない。あるい
は逆に，個別支援計画を見直す必要もあるだろう。

③作業期——計画をもとに実践する

前述したことを踏まえて短期計画を実行するが，本事例のように他クラ
スの同僚の協力を要請する場合（表5-3「支援の手立て」の⑤）は，A主任
が担任間の調整を行う必要がある。これはスーパービジョンの管理的機能
にあたる。

また，短期目標は2～3か月を目安にしたものであるが，およそ2～3
週間ごとに振り返りを行うとよい。その際，必要に応じて短期目標を修正

したり，追加したりする。さらに，Ａ主任は，さくら組の保育に参加したり，保育の様子を観察したりすることを通して，指導を行うことも求められる。

④終結期——評価と見直し

2 か月後の 7 月上旬に，事前に記載した記録（表 5 - 4）をもとに，短期目標の評価と今後の課題について話し合った。おおむね目標は達成できており，Ａ主任はそれをねぎらうとともに，何がＺくんの行動に変化をもたらしたのかを話し合った。その結果，支援の手立てを実行したことに加えて，表 5 - 4 に示されるように，彼の理解度に合わせた援助やＢ保育士とＣ保育士のＺくんに対するとらえ方が変化したことをあげていた。

表 5 - 4 評 価

変化	①クラス全体で活動するときに，保育室で落ち着いて活動する。 →•保育室から出ていくことはほぼなくなり，集中して遊ぶ時間が 4 月に比べると多くなった。 ②他児と関わるときには適切な方法で関わる。 →•Ｚくんの好きな活動を通して，他児（特にＸくん，Ｙちゃん）がＺくんに声をかけることが増えた。 •Ｘくん，Ｙちゃん以外のクラスの子どもと一緒に遊ぶ姿がみられるようになった。その際，自分から「○○して遊ぼう」「一緒に遊んでいい？」などと言ってから遊びに参加するようになった。
支援の反省と課題	〈目標達成につながったと考えられる要因〉 •以下の点を意識して，短期目標の「支援の手立て」を実行した。 ①Ｚくんがどのように行動すればよいのか理解できる言葉がけをしたり，絵カードを使用したりした。 ②Ｚくんの行動を否定的にではなく，肯定的にとらえながら関わった。たとえば，Ｚくんの他児を叩く行動は，「他児と関わりたい」「することがない」という理由から生じ，しかしその適切な方法を知らないだけでわざとではないととらえ，そのため適切な方法を具体的に伝えるようにした。 〈反省や今後の課題〉 ①他児を叩いた際に禁止する言葉がけのみで終わる場合もあったので，Ｚくんの気持ちを言語化すること，適切な行動を伝えることを徹底したい。 ②Ｚくんと他児の関わりが増えてきたが，自分の思い通りにならないことや他児に注意されると叩くことが増えてきたので，上記①を徹底すると同時に事前にそのような状況のときにとるべき行動を伝えるようにしたい。 ③初めてのことをする際には保育室を飛び出すことがあるので，Ｚくんが理解しやすい援助を徹底するとともに，事前にどのような活動をするかを伝えるようにしたい。

2 〜 3 か月経過した時点で，短期目標の再検討，支援の手立てについての評価を実施する必要がある。その際に単に「Ｚくんが保育室から飛び出さなくなった」「Ｚくんの叩く行動が改善されない」といった評価だけでは不十分である。まず変化の有無の理由なり，根拠を明確にする必要がある。同時に子どもの変化の有無と関連づけて，保育士の援助の仕方や環境構成についても評価をしなければならない。このことは実践と理論を結びつけるうえで，スーパービジョンの教育的機能の重要な点である。

スーパービジョンは終結期を迎えればそれで終わるのではなく，実践を

見直したうえで，課題があればそれをあげてもらい，定期的にスーパービ
ジョンを実施する必要がある。

　このようにスーパービジョンとは，いきあたりばったりの指導ではなく，
専門的な視点，系統的な過程を有した方法・技術といえる。各保育所に
よって事情は異なるが，前述したスーパービジョンの機能とスーパービ
ジョンの形態などを考慮しながら，各保育所に適切なスーパービジョン体
制を構築することが求められる。

まとめと課題

　スーパービジョンは保育の質を高めるために，指導する立場にある保育
士，主任保育士や園長などに求められる援助方法である。それは，新人保
育士などの経験が浅い保育士に対して，系統的に，①業務に意欲的に取り
組むために精神的に支え，②専門性を高められるように教育し，③組織の
人間として働けるように管理・評価することである。この援助方法は日々
の指導や園内研修などにおいて活用するなど，各保育所に適切なスーパー
ビジョン体制を構築することが求められる。

（1・3項　鶴　宏史，2項　今井知春）

演習課題 4　保育所における虐待児への早期対応

【事　例】

　保育士は，Ａちゃん（４歳，女児）の背中に強く叩かれたと思われるアザがあるのを発見した。アザのことをＡちゃんに確認したところ，最初は「わからない」と否定していたが，落ち着いて話を聞いてみると，「お母さんに叩かれた」と言った。父親は仕事の関係で単身赴任をしており，１か月に２〜３回週末に家に帰ってくる生活が半年前から続いている。

　母親は非常に献身的にＡちゃんの子育てをしている印象だが，Ａちゃんに対して厳しい口調で怒るなど，行き過ぎた部分もときどきみられる。

①　あなたはまず，どのような行動をとりますか。

②　どのような支援が必要だと思われますか。

③　想定される社会資源との連携について考えてみましょう。

（小口将典）

■ 第６章 ■
保育士のキャリアアップの必要性

 ## ワーク・ライフ・バランスにみる 社会意識の変化と保育士の生活

〈学びの手がかり〉

　ワーク・ライフ・バランスという言葉に馴染みはあるだろうか。内閣府が「男女がともに，人生の各段階において，仕事，家庭生活，地域生活，個人の自己啓発など，さまざまな活動について，自らの希望に沿った形で，バランスをとりながら展開できる状態のこと」（内閣府「仕事と生活の調和憲章」2007年）と提示し，一般的には「仕事と家庭の調和」と紹介されている。保護者が仕事と家庭の調和を保ち，子どもの福祉を損ねないために，保育士は，子どもの保育を担うという重要な役割を果たしている。

　では，その保育士はどのように仕事と家庭を調和させているのであろうか。保育士の仕事と家庭の調和の形はさまざまである。結婚する・しない，子どもをもつ・もたないなど，それぞれの生き方の形は，きわめて個人的な多様性をもつことがらである。しかしながら，もし保育士が子どもを産み，育てるならば，他の保育所の自分ではない他の保育士に保育を依頼する場合が多い。保育は子どもの最善の利益のための重要な仕事だが，その実現のために自分の子の育児は他の人に委ねなければならない。そうしたことに戸惑う保育士もいるだろう。1996（平成 8 ）年を境に，共働き世帯は増加し続けているが（図 6 - 1 ），ここでは，人々のワーク・ライフ・バランスの担い手である保育士の仕事と家庭の調和について考える。

1. 保育の市場開放と保育士の働き方

　保育現場における保育士の働き方が大きく変わったのは，公立保育所の保育所運営費が補助金から一般財源化された2007（平成19）年以降のことである。公立での運営を維持するために，正規職員としての保育士を減らし，非正規のパート保育士を増加させてきた。非正規保育士の数が正規保育士の数を上回るのが当たり前になっている。加えて，公立保育所の民間委託化が進められるようになった。

　ワーク・ライフ・バランスを考えるうえでは仕事と家庭の割合や比重に着目するのみではなく，一人ひとりがどのような価値観をもって，どのような生活・暮らしを展望するのか生活設計や生き方を問うていく必要性が増していると思われる。

　この点に関連して，興味深い 2 つの研究が行われている。

　ひとつは，佐藤らによる保育者のワーク・ライフ・バランスの意識が保

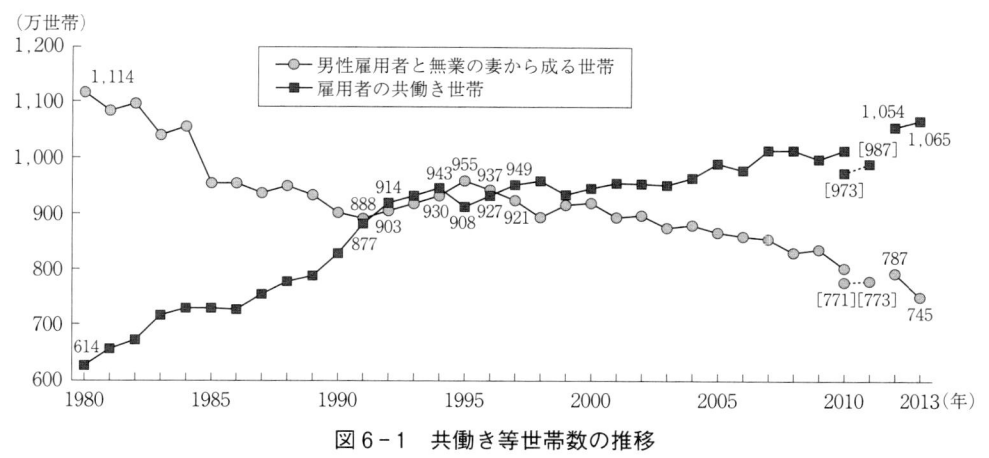

図6-1　共働き等世帯数の推移

備考：1)　1980（昭和55）年から2001（平成13）年までは総務庁「労働力調査」（各年2月。ただし，1980〔昭和55〕年から1982〔昭和57〕年は各年3月），2002（平成14）年以降は総務省「労働力調査（詳細集計）」（年平均）より作成。「労働力調査特別調査」と「労働力調査（詳細集計）」とでは，調査方法，調査月等が相違することから，時系列比較には注意を要する。
　　　　2)　「男性雇用者と無業の妻から成る世帯」とは，夫が非農林業雇用者で，妻が非就業者（非労働力人口および完全失業者）の世帯。
　　　　3)　「雇用者の共働き世帯」とは，夫婦ともに非農林業雇用者の世帯。
　　　　4)　2010（平成22）年および2011（平成23）年の〔　〕内の実数は，岩手県，宮城県および福島県を除く全国の結果。
出典：内閣府（2014）『男女共同参画白書 平成26年版（概要版）』第19図。

　育の評価にどのような影響をもたらしているのかを明らかにしようとした研究である。3点の特徴が明らかにされている。①保育者の性別役割観がワーク・ライフ・バランスのとらえ方に影響を及ぼしている。②保育者が理想と考える生活と現実が異なり，仕事中心の生活に陥り生活と仕事が乖離している。③保育の評価が高い保育者は，ワーク・ライフ・バランスの満足度が高い結果が得られたというものである。[1]

　もうひとつは，中根が保育所保育士のワーク・ライフ・バランスの実態，特に両立生活の「難しさ」を明らかにするために，12歳以下の子どもを育児中の保育所保育士7名に対するインタビュー調査による研究である。その結果を主体的条件・職場の条件・家庭の条件・社会的条件の4条件について分析を試みると，保育士個々に多様であったため，中根は就労の継続要因と中断要因を考慮して分析しなおし，その結果，就労継続や両立の「難しさ」は，本人の母親意識，職場や家庭，社会資源の状況にあることが明らかになった。[2]

　両立支援のための育児休業や短時間勤務などの状況を示す図6-2のように，全業種を通して正規雇用者では育児休暇等の制度はあっても，勤務時間短縮や短時間勤務は取得しづらい状況にある。非正規雇用者では，制度なしが6割以上を占めていることが明らかになっている。保育所や幼稚園の多くは女性職場であり，妊娠・出産しても働き続ける場合，現在でも

▷1　佐藤和順・熊野道子・柏まり・田中亨胤（2014）「保育者のワーク・ライフ・バランスが保育の評価に与える影響」『保育学研究』52(2)，99～110頁。

▷2　中根真（2014）「保育所保育士のワーク・ライフ・バランス（Work-Life Balance）の実態と課題——両立の『難しさ』に焦点をあてて」『保育学研究』52(1)，116～128頁。

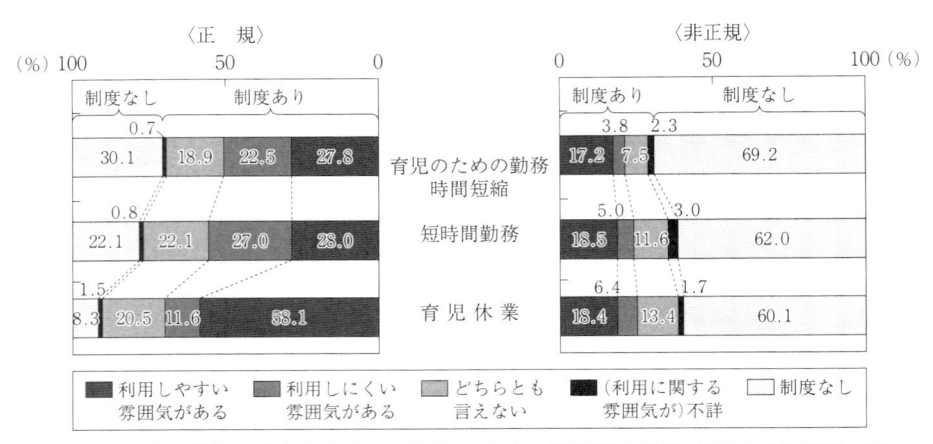

図6-2　妻の職場の仕事と子育ての両立のための制度等の状況（2011〔平成23〕年）

備考：1）　厚生労働省（2011）「第10回21世紀成年者縦断調査」より作成。
　　　2）　「制度があるかわからない」および「（制度の有無が）不詳」を含まない。
　　　3）　「育児のための勤務時間短縮」には，フレックスタイム制，始業・終業時間の繰り上げ・繰り下げ，所定外労働（残業）の免除が含まれる。
　　　4）　調査時点で妻が会社等に勤めていた夫婦を集計対象としている。
出典：内閣府（2013）『男女共同参画白書　平成25年版』第1部特集39図。

産児休暇のみで復帰するという声を聞くことが多い。ワーク・ライフ・バランスの法制度の問題以前の，保育士同士，保育職・専門職集団としての職場，社会規範や行政・教育レベルの課題が混在して現れている結果だと思われる。

2.　一億総活躍社会と時限立法の女性活躍推進法

　政府が2016（平成28）年6月2日に閣議決定した「ニッポン一億総活躍プラン」では，「一億総活躍社会とは，女性も男性も，お年寄りも若者も，一度失敗を経験した方も，障害や難病のある方も，家庭で，職場で，地域で，あらゆる場で，誰もが活躍できる，いわば全員参加型の社会である」[3]と謳っている。

　国は，「長時間労働」が仕事と子育ての両立を困難にし，女性のキャリア形成を阻む要因のひとつとしているが，待機児童問題は依然として解消していない。子育ての環境整備として，保育の受け皿を2017（平成29）年度末までに40万人からさらに10万人分引き上げて50万人分を確保することを目標に上積みした。

　一方の保育士不足については，待遇改善を全産業の女性労働者の賃金を基準としたとき保育士は月額4万円少なく，年収で51万円の格差があるとされた。[4]そのため，一律月額6,000円（2％相当）程度の引き上げを図ることとなった。さらに，保育士の処遇改善策として，園長，主任以外に，概ね7年以上の中堅保育士でキャリアアップ研修を受講し，副主任保育士や

▷3　内閣府（2016）「一億総活躍プラン」2016（平成28）年6月2日閣議決定。

▷4　波線部にみられるように，待遇改善の基準を女性労働者に限定していること自体がジェンダー差別と指摘できる。

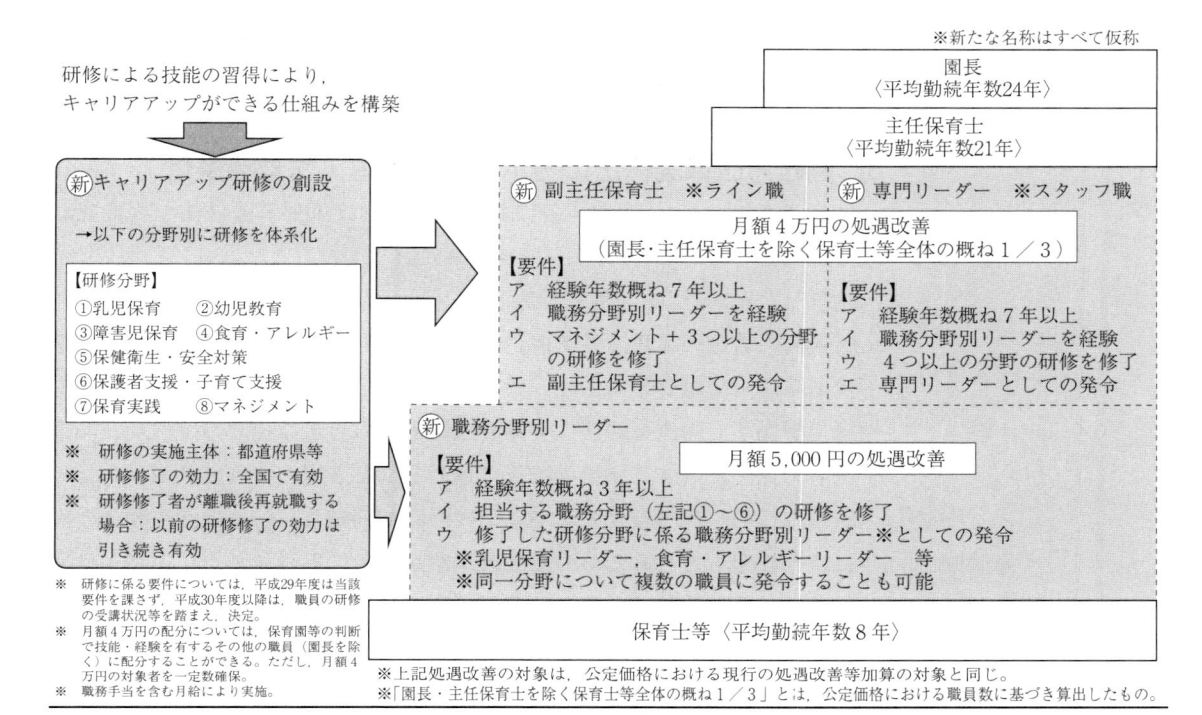

図6-3　保育士給与改善キャリアアップ制度

出典：厚生労働省雇用均等・児童家庭局保育課（2017）「保育士のキャリアアップの仕組みの構築と処遇改善について」10頁（https://www.mhlw.go.jp/file/06-Seisakujouhou-11900000-Koyoukintoujidoukateikyoku/0000155996.pdf　2019年4月20日アクセス）。

専門リーダーとなる者はその発令された者らに，月額4万円の給与加算を設けた。また，概ね3年以上の保育士についても職務分野別の研修を受け，リーダー発令に伴って月額5,000円の処遇改善手当を支給する制度を設けている（図6-3）。

　政府は，財源余地がないこともあり，社会的な承認を得るために処遇改善を研修と職位の発令（辞令交付）を条件としている。しかしながら，旧来から長時間労働・時間外サービス労働・持ち帰り仕事が常態化している保育現場では，公正で根本的なベースアップを行っていくことが先決である。職場処遇の不公平感が保育士同士の分断を招きかねない。

　女性の働き方に関連する女性活躍推進法（女性の職業生活における活躍の推進に関する法律）は，すでに2015（平成27）年9月4日から施行されている。内容は，当初の次世代育成支援対策推進法同様に，地方公共団体と301人以上の大企業を対象に，⑴自社の女性の活躍に関する状況把握・課題分析，⑵その課題を解決するのにふさわしい数値目標と取り組みを盛り込んだ行動計画の策定・届出・周知・公表，⑶自社の女性の活躍に関する情報の公表の義務化（300人以下の中小企業は努力義務）というものを10年間

の時限立法として設けた。しかし，国として明確な目標値が示されておらず，事業所任せにとどまっている。

3. 働き方改革関係法の提示と幼児教育・保育無償化

2018（平成30）年，通常国会において働き方改革推進関係法が可決成立し，2019（平成31）年4月から施行された。

内容は，「ニッポン一億総活躍プラン」で示された「働き方改革」の同一労働同一賃金の実現，長時間労働の是正，高齢者の就労促進の3本柱を労働基準法，労働安全衛生法，労働時間等設定改善法，パートタイム・有期雇用労働法，労働契約法，労働者派遣事業の適正な運営の確保及び派遣労働者の保護に関する法律の改正で進めることが定められている。

さらに，その他の項目として以下について列挙し，一億総活躍社会の実現に実効性をもたせるための36法改正案が国会に上程された。項目1は非正規雇用の処遇改善，項目2は賃金引き上げと生産性向上，項目3は長時間労働の是正，項目4は柔軟な働き方がしやすい研究整備，項目5に病気の治療，子育て・介護と仕事の両立，障害者雇用の推進があげられている。項目6は外国人材の受け入れ，項目7で，ようやく女性・若者が活躍しやすい環境整備が現れる。つづいて，項目8は雇用吸収力の高い産業への転職・再就職支援，人材育成，格差を固定化させない教育の充実と最後の項目9が高齢者の就業促進となっている。[5]

▷5 首相官邸「働き方改革実行計画（工程表）」（http://www.kantei.go.jp/headline/pdf/20170328102.pdf 2019年4月30日アクセス）。

長時間労働の上限設定は，超過勤務（残業）目安を月40時間年間360時間としながら，繁忙期は月80時間から最大100時間までを是とし，年間720時間の時間外労働を認めている。介護や保育現場がブラックと揶揄されてきたが，現在でも超過勤務を「付けない」「認めない」現場でのサービス残業や持ち帰り仕事，休日出勤などで正当な時間外勤務手当が支給されていない状況がある。働き方改革を推進するための関係法律の整備に関する法律（以下，働き方改革関係法）によって現状より多く働いても合法となる場合もある。

また，2017（平成29）年1月1日に施行された育児・介護休業法は，母親・父親を問わず，子の誕生から1歳まで，1歳の時点で必要な場合は1歳6か月までの育児休業が認められる（最大2歳まで）ようになり，働き方改革推進関係法による改正では，育メン（男性の育児参加・育休取得）に重点が置かれ，取得雇用者がいた場合の補助金・奨励金の支給や優良企業の表彰など，企業側の環境整備に対する施策が主である。

働き方改革を促進しようとする背景には，超少子高齢社会・人口減少社会の到来による生産人口の減少，特に15歳以下の年少人口が44年連続で下

がり続けていること（2018〔平成30〕年5月5日現在）から，絶対的な労働人口不足が見込まれ，外国籍労働者に依存しても解消されない事態に追い込まれていることが指摘されている。

　待機児童ゼロの達成年度として国が位置づけた2017（平成29）年度に入った6月早々，政府は年度内の解消が困難であると断念する一方で，達成を2年先延ばしにして保育需要を50万人分からさらに3万人分増やし，最終的に53万人までの受け皿を増やすと宣言した。そして，2019（令和元）年10月からの消費税を2％増税し10％として，返済免除型の奨学金貸付制度の拡大や3〜5歳児の幼児教育無償化といった政策を次々と打ち出している。

　加えて，全国に650の保育士養成施設（養成校）が乱立しながら，保育士不足が解消していない現実がある。保育士の求人は，介護現場と同様に離職者が後を絶たないことから，地域的偏在があるものの新卒者への有効求人倍率が全国平均で2倍の市場となっているのである。ここ数年，保育士養成施設卒業者と保育士試験合格者の一部で5万人が保育士として就職し，3万数千人が離職するサイクルとなっている。151万人の保育士登録者数から，保育所・施設の実就労者数48万人を差し引くと，潜在保育士数がすでに100万人を超えたと推定できる。この現実を国民に伝えず，高い目標を派手に掲げることは限界に達していると思われる。

▷6　全国保育士登録センター調べ（2018年4月1日現在）。

　幼児教育無償化以前に，待機児童解消が喫緊の問題であることは国民の声としてあがっているが，2018（平成30）年から18歳人口が減少し始めた，つまり年少人口の減少により保育需要が増しても，やがて必要十分な保育施設数となるばかりか過剰な事態を引き起こすことを国も地方自治体も恐れているのではないか，ということである。

4. いま一度 "一億総活躍" を問う

　政府が保育所待機児童問題批判を受けて，2016（平成28）年6月2日の閣議決定で出されたのが，「ニッポン一億総活躍プラン」である。しかし，待機児童問題の背景は，女性の社会進出を積極的に行ってこなかったジェンダー問題であり，労働問題であり，人口問題であり，男性優位社会を維持し続けてきた政策の問題であり，政治の問題である。

　その点を示す傍証が，働き方改革は一億総活躍社会の実現性を高めるための方策として，2017（平成29）年3月に働き方改革実現会議で決定された「働き方改革実行計画」によるものであり，目的として日本経済の再生実現を掲げていることである。働き方改革を「日本の企業文化，日本人のライフスタイル，日本人の働くということに対する考え方そのものに手を

表6-1　民間保育所勤務保育士の年収の5年ごとの変化

保育士（女）	1995年	2000年	2005年	2010年	2015年	1995年→2015年の差
20〜24歳	2,752,300	2,785,600	2,581,100	2,641,900	2,634,700	−117,600
25〜29歳	3,386,300	3,420,700	3,108,700	3,037,300	3,046,800	−339,500
30〜34歳	3,733,600	3,769,000	3,346,900	3,251,100	3,129,500	−604,100
35〜39歳	4,048,000	4,017,900	3,596,100	3,519,700	3,346,200	−701,800
40〜44歳	4,520,200	4,316,200	3,815,800	3,488,900	3,521,200	−999,000
45〜49歳	4,772,100	4,856,300	4,121,200	3,579,300	3,661,300	−1,110,800
50〜54歳	4,932,500	5,403,600	4,045,600	4,193,700	3,738,600	−1,193,900
55〜59歳	5,623,700	5,967,400	4,977,500	4,357,100	4,065,200	−1,558,500

出典：箕輪和子（2016）「保育士のおかれている現状と処遇改善の視点」『保育白書 2016年版』162頁。

付けていく改革である」と定義づけ，「日本経済の再生を実現するためには，投資やイノベーションの促進を通じた付加価値生産性の向上と，労働参加率の向上を図る必要がある。そのためには，誰もが生きがいを持って，その能力を最大限発揮できる社会を創ることが必要である」としている。さらに，「長時間労働を是正すれば，ワーク・ライフ・バランスが改善し，女性や高齢者も仕事に就きやすくなり，労働参加率の向上に結びつく」（傍点筆者）と説明しており，「働き方改革が，労働参加率の向上による経済再生という主目的を達成するための手段，もしくは，副次的な目的と位置づけられていることに留意する必要がある」[7] と指摘されている。あくまでも，日本経済の再生のための一億総活躍であり，生産性向上が主目的で，働き方改革の文脈で語られる女性活躍やワーク・ライフ・バランスは副産物にすぎないことを確認しておかなければならない。

　保育士が20万円の壁といわれるようになったのは，初任給の低さだけでなく10年以上勤続しても手取り20万円を超えないからであり，中間層から下層へとスライドさせられているからである。ジェンダー労働問題の視点から見直すと，男性が就労することを念頭に置いていないことの一例といえる。こうした20年間の所得（年収）の落ち込みは，表6-1の民間保育所勤務保育士の年収の経年変化からも明らかである。[8]

　保育所や幼稚園の多くは女性の職場であるが，両性がともに働き，一人ひとりの考えや感じ方が違うことを前提に認め合い，人間として相互に尊重し，尊敬し合える関係を構築していくことを惜しまずに努めなければ，成育の最も基礎段階にある乳幼児保育・教育に応えることができるだろうか。

　また，世襲による運営がなされている園も多い。このような状況でも，その歴史を強みとし法人の理念や設立主旨を踏まえた実践と，園児を見つめて，語り合い，子ども観や保育観を共有するなど，よりよい保育・教育

▷7　倉田賀正（2018）「働き方改革における育児・介護支援の意義と課題〈連載：働き方の多様化と労働法〉」『ジュリスト』no. 1525, 80〜85頁。

▷8　箕輪和子（2016）「保育士のおかれている現状と処遇改善の視点』『保育白書 2016年版』160〜166頁。

を実践する関係をつくることが求められている。ただ，同僚性が高い保育現場への苦言として，やりがいが自己実現的働きがいを過度に助長し，達成のためのワーカーホリックに陥る危険性を秘めていることを申し添えたい。それは職員集団の分断と対立の元凶となる。

まとめと課題

　多様化する保育ニーズに向き合い，保育士がその専門性を発揮するためにはそこで働く保育士の安定した環境が整ってからこそ実現できるものである。国により保育士の処遇改善が進められているが，保育の経験を重ねた保育士たちが働き続けることのできる施策を望みたい。

（竹之下典祥）

2 保育の方向性

〈学びの手がかり〉

　2018（平成30）年4月から，改定された保育所保育指針のもとでの保育が展開されることとなった。乳児期は，教育の準備段階と位置づけられているが，1歳以降は，「小学校就学時の到達目標」に収斂した「保育計画」の作成が求められている。

　Plan（計画）・Do（実行）・Check（評価）・Action（改善）のPDCAサイクルを用い，「各年齢のねらい」，最終目標としての「幼児期の終わりまでに到達すべき姿」に収斂した保育が求められている。その場の一時的な関わりではなく，計画性をもち，科学的に子どもたちと関わることは，説明責任を果たす際に重要であろう。しかし，保育士が現場で最も重視すべきは，「一人ひとり」の個性を最大限に発揮しようとする子どもたちとその保護者を，側面から支援することである。

---

1. 保育の置かれている現状

　子ども・子育て支援新制度のもとで，「保育の場」はより多様となった。具体的には，施設型給付として補助金が支給される，認定こども園（幼保連携型，幼稚園型，保育所型，地方裁量型），保育所，幼稚園がある。地域型保育給付として補助金が支給される，小規模保育所，家庭的保育，居宅訪問型保育，事業所内保育が存在する。

　待機児童を減らし女性労働力を確保するという命題のもと，保育所の経

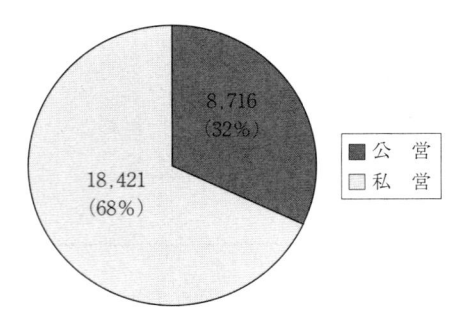

図6-4 公営・私営別保育所等の割合

出典：厚生労働省「平成29年 社会福祉施設等調査」より改変。

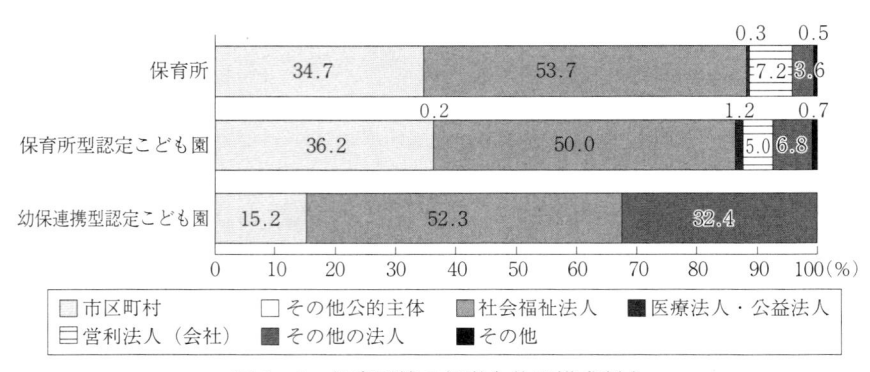

図6-5 保育所等の経営主体別構成割合

出典：厚生労働省「平成29年 社会福祉施設等調査」より改変。

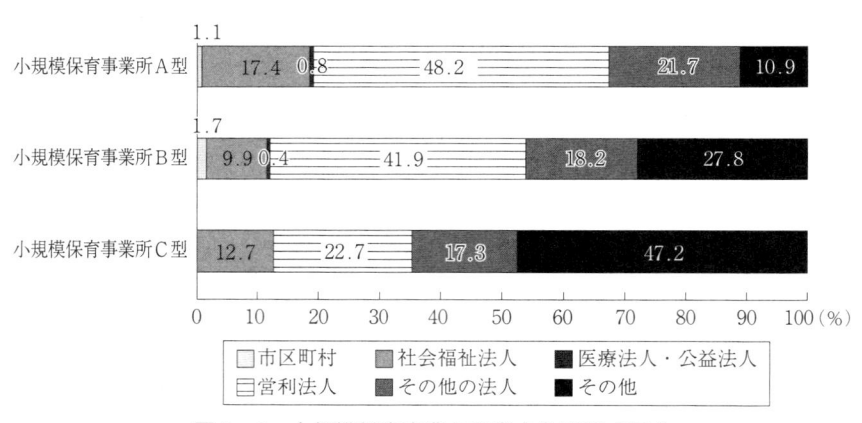

図6-6 小規模保育事業の経営主体別構成割合

出典：厚生労働省「平成29年 社会福祉施設等調査」より改変。

営主体についても規制緩和が進み，企業による全国展開チェーン保育事業
も出現している。ここでは，「保育所等」として厚生労働省の統計に示さ
れる，保育所，保育所型認定こども園，幼保連携型認定こども園，小規模
保育事業のそれぞれの経営主体について，その構成割合を示す（図6-4，
図6-5，図6-6）。

図6-4からは，全体的に，市区町村立等の公営保育所等よりも，私営

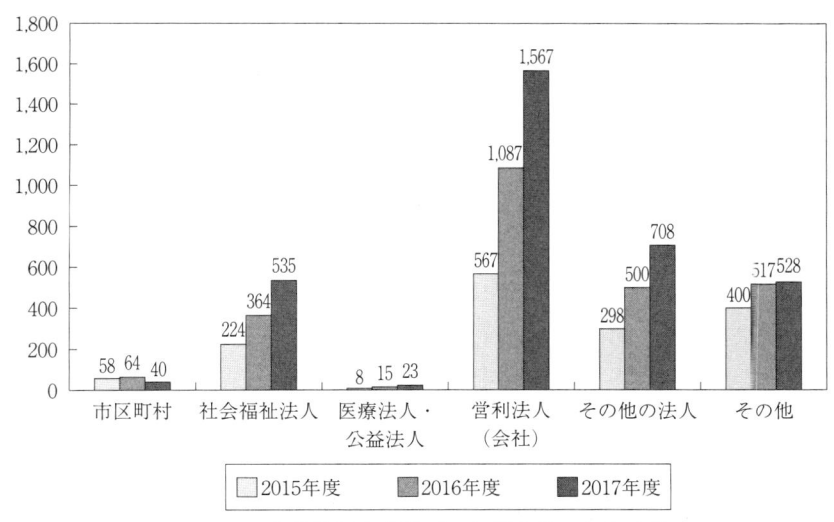

図6-7　小規模保育事業所の経営主体の経年変化

出典：「厚生労働省平成26年・27年・28年社会福祉施設調査」より作成。

の割合が多くなっていることが確認できる。また，その内訳として図6-5からは，営利法人（株式会社・有限会社）の割合が保育所においても約7％を占めていることがわかる。営利法人による同一マニュアルを用いた「効率のよい」より広域での保育所経営は，今後も増加していくことが予測される。

　この傾向は，小規模保育事業において，図6-6でさらに明確に示される。2017（平成29）年の上記の調査では，小規模保育事業の経営主体は，公営40，私営3,361であるが，2016（平成28）年度の小規模保育事業の経営主体は，公営52，私営2,483で，全体の数が1,000近く増加しているのに公営の数は減少している。さらに私営の経営主体の内訳の変化は，社会福祉法人535（前年度364），株式会社・有限会社1,567（前年度1,087），個人等その他法人708（前年度500），その他528（前年度517）となっている。[9]

▷9　厚生労働省「平成28年 社会福祉施設等調査」。

　株式会社・有限会社立の小規模保育事業所は2015（平成27）年度に567か所であった。毎年，500近く増加してきていることがわかる（図6-7）。待機児童が，0，1，2歳児に集中し，行政による「待機児童解消加速プラン」が進む中，今後も各自治体でこの経営主体による小規模保育所が増加していくことが予測される。

2.　保育所保育指針にみる保育所の役割

　2018（平成30）年から導入された改定「保育所保育指針」には，保育所保育に関する基本原則には，保育所の役割として，子どもの権利擁護，保護者支援，社会資源との連携を実施することが規定されている。また，養

護と教育が一体的に提供される保育所保育の特性を通じて，子どもの保育，保護者への保育に関する指導を行うことができるよう，専門性の向上に努めることが保育士に求められている。

基本原則には，上で述べた保育所の役割の他，保育の目標，保育の方法，保育の環境，保育所の社会的責任についても言及されている。

保育所の社会的責任としてあげられているのは，人権に配慮した保育，保育所保育についての保護者や地域に対する説明責任，個人情報の保護・苦情解決である。公的資金が投入される根拠として，客観的に保育の内容だけでなく，日々の実践の効果についても明確化することが，今後求められていくであろう。

3. 「子どもの権利実現」に向けた保育の提供

改定「保育所保育指針」では，小学校入学までに到達すべき子どもの姿が明示され，その実現に向けた計画の作成，そして計画に沿った日々の保育の提供が求められている。記載された到達すべき「子どもの姿」は，子どもの成長・発達の望ましい方向性を年齢別に大まかに示しているにすぎない。一人ひとりの子どもは，個別のユニークな存在である。望ましい方向性を見据えつつも，それぞれの個性を最大限に発揮させ，その子ども自身を生き切るよう支援することが，保育士の役割だと考える。

まとめと課題

子どもの最大限の権利の実現が，保育所の最大の使命である。保育士は，さまざまな社会情勢の中で翻弄されがちな保護者と，その保護者との関係性を基盤として，子どもの権利実現のために，まず，子どもの視点に立って，支援すべき方向性を見極められる専門職であることが求められる。

（土田美世子）

 ## 3 子どもと家庭を支える保育のために

〈学びの手がかり〉
本書では，保育所におけるソーシャルワークについて述べてきた。最後に，保育士がソーシャルワークを学ぶことの意義と子育て支援の展望について確認をしておこう。

1.　目に見えないソーシャルワークのはたらきを学ぶ

　保育士養成のカリキュラムにおいても，ソーシャルワークを学ぶことが位置づけられて久しい。本書では，保育所における保護者支援においてソーシャルワークをどのように用いるのかということに視点をおいて論じてきた。しかし，改めて「ソーシャルワークとは何か」あるいは「ソーシャルワークのはたらき」を説明できるだろうか。

　ソーシャルワーカーの支援活動は「見えにくい」といわれている。1987（昭和62）年に社会福祉士，1997（平成9）年に精神保健福祉士が国家資格として成立したが，その存在と専門職としての社会的な認知はいまだに低い状況にある。西尾は，社会福祉を大きく分けると「法制度，機関，施設，団体」というように「目に見える部分」と，それらが有効に機能するために必要な知識，体系，技能などの「目に見えない部分」があるとしている（図6-8）。

▷10　西尾祐吾ほか編（2005）『ソーシャルワークの固有性を問う――その日本的展開を目指して』晃洋書房。

　「目に見える部分」である社会福祉実践の場に従事する者は，体系化した専門的な知識・価値・技術をあわせもっていなければ，単なる「決まり」「箱もの」になってしまう。社会福祉の法律や，そこに規定されているさまざまな制度とサービスは，それを必要としている人々（クライエント）に適切に利用されて初めて意味をもつものである。法制度や施設が有効に機能し，クライエントが抱えている問題・ニーズと結びつけながら，解決を図っていく機能と役割を果たすことがソーシャルワーカーによる支援活動であるといえる。

　ソーシャルワークを学ぶとは，社会福祉の「目に見えない部分」を体得することでもある。保育での保護者支援に置き換えれば，保護者と保育者との信頼関係（ラポール）に基づく専門的援助関係がその基礎となる。したがって，ソーシャルワークの支援の構造は，こうした関係に基づいた保護者と保育者との相互作用を利用しながら本来もっている力を取り戻し，

```
社会福祉 ┬─「目に見える部分」
         │  ・法制度（各社会福祉法，社会保障，その他の関連法など）
         │  ・機関（福祉事務所，児童相談所など）
         │  ・施設（各福祉法に規定された福祉施設）
         │  ・団体（社会福祉協議会，非営利団体組織）
         │  ・関連法に基づく病院，学校
         └─「目に見えない部分」（ソーシャルワーク）
            ・直接援助（ケースワーク，グループワーク，ケアマネジメント）
            ・間接援助（コミュニティワーク，アドミニストレーション，リサー
                     チ，ソーシャル・アクションなど）
```

図6-8　社会福祉の「見える部分」と「見えない部分」

出典：西尾祐吾ほか編（2005）『ソーシャルワークの固有性を問う――その日本的展開を目指して』晃洋書房，2頁の概念をもとに作成。

さまざまな社会資源を駆使して，保護者が主体者となって問題の解決に向かって協働して展開される。そこには，社会福祉の「目に見えない」さまざまな支援の技術が用いられている。

　保護者支援は，基本的には指導や説得ではなく，本人（保護者）が自らの力を取りもどして，主体的に乗り越えていく過程を見守ることである。したがって，聴くことが支援者の最も重要な姿勢となる。また，支援は，チェックリストやマニュアルなどに沿って決まって進められるものでもない。支援者は常に相手から得ることのできた情報や反応に基づいて，次の質問や，呼びかけ，説明，慰め，励ましなどを，支援者が自らの言葉や仕草によって相手に伝達するものである。そこで用いられる言葉は，それにふさわしい大きさ，強さ，柔らかさ，鋭さ，優しさをもつものとして用いられるべきであり，表情，仕草，視線，距離が伴っていなければならない。そこに支援者の専門性が発揮されるべき過程でもあるといえるだろう。

2. 保育士としての自分をつくること，育てること

　保護者支援をはじめとする，生活の困難さへの支援という仕事には，難しさが伴う。「生活の仕方」はきわめて個人差が大きく，性別や年代はもちろん，育った家族や環境，地域による文化的な差異，それらにまつわる価値観も関わっており，しかもそれらのどのひとつをとってみても，「これが唯一正しい生活である」といえるものではないからである。生活への支援とは，一定の型にはまった暮らし方を要求したり教えこんだりすることでもない。[11]

　そのため，自己（保育者）の生活体験や価値観からの判断ではなく，相談にやってきた人たちの生活全体を理解する能力と，基本的コミュニケーション技術を身につけなくてはならない。相手がさまざまな重圧の中で苦しんでいるときに，出会い，短い時間の中で一定の情報交換や心理的な支援を可能にするような信頼関係をつくらなければならない。また，高い倫理性も求められる。そのためには，十分な教育と訓練が必要であり，社会福祉に関する体系的な学習はそのために必要なのである。

　改めて日々の保護者支援を振り返ってみてほしい。保育士として保護者とどのように向き合い，どのような言葉をかけているのか。保護者や家族が抱える不安，悲しみ，苦悩，葛藤をどのようにして受け止めているのか。アセスメントにおいて，保護者のニーズやストレングスをいかにして見出そうとしていたのか。地域の子育てに関するニーズをどのようにして汲みとり，福祉施策などにつなげているのか。その一つひとつに本書で示してきたソーシャルワーク理論に基づいた基本原則，アプローチ方法が関連し

▷11　窪田暁子（1997）「社会福祉方法・援助論を学ぶ人のために」植田章・結城俊哉編著『社会福祉方法原論』法律文化社，3頁。

ている。

　保護者支援においては，保育者の勘と経験だけではなく，根拠（evidence）に基づいて行われなければならない。本書で学んできたソーシャルワーク理論とアプローチ方法を実践に即して理解することは，支援に根拠を示し，困難で複雑化する問題に対処しなければならない保育所の保護者支援に少しの光と道筋を与えてくれるはずである。

　さらなる子どもと保護者を支える保育士を目指して，日々の実践を理論と結びながら認識することは重要である。こうしたことを繰り返して経験を積み上げていけば，いつしかそれは身についた力になって，保育士の働きを一層自由にするはずである。

まとめと課題

　日本では，ソーシャルワーカーの認知度は低い。社会福祉制度の細分化が進む中で，専門職の配置が制度とともに広がっているにもかかわらず，制度内の業務を遂行し，既存の制度の枠組みにあてはめるために相談にのる者が，ソーシャルワーカーであるように思われている。

　保育所における保護者支援が多様化する中で，保育とソーシャルワークの対話と議論から，互いの力を強め磨き合い，新しい保護者支援のあり方を考え，チルドレン・ファーストの保育と保護者支援を望みたい。

（小口将典）

参 考 文 献

第1章

一番ケ瀬康子（1962）『日本の保育』生活科学調査会。

浦辺史・宍戸健夫・村山祐一編（1981）『保育の歴史』青木書店。

次世代育成支援システム研究会（2003）『社会連帯による次世代育成支援に向けて――次世代支援施策の在り方に関する研究会報告書』3～6頁。

就学前の子どもに関する教育，保育等の総合的な提供の推進に関する法律の一部を改正する法律（平成24年法律第66号）。

土田美世子（2013）『保育ソーシャルワーク支援論』明石書店。

日本保育学会編（1968）『日本幼児保育史 第1巻』フレーベル館。

日本保育学会編（1969）『日本幼児保育史 第2巻』フレーベル館。

日本保育学会編（1971）『日本幼児保育史 第3巻』フレーベル館。

日本保育学会編（1971）『日本幼児保育史 第4巻』フレーベル館。

日本保育学会編（1974）『日本幼児保育史 第5巻』フレーベル館。

日本保育学会編（1975）『日本幼児保育史 第6巻』フレーベル館。

広田寿子（1979）『現代女子労働の研究』労働教育センター。

第2章

阿部彩（2014）『子どもの貧困II――解決策を考える』（岩波新書1467）岩波書店。

子どもの貧困白書編集委員会編（2009）『子どもの貧困白書』明石書店。

タウンゼント，P./山室周平監訳（1974）『居宅老人の生活と親族網――戦後東ロンドンにおける実証的研究』堀内出版。

タウンゼント，P./服部広子・一番ケ瀬康子訳（1974）『老人の家族生活――社会問題として』家政教育社。

内閣府（2009）『平成20年版 青少年白書』。

内閣府（2015）『平成27年版 子供・若者白書』。

成清美治・加納光子編集代表（2019）『現代社会福祉用語の基礎知識（第13版）』学文社。

広井良典（2006）『持続可能な福祉社会――「もうひとつの日本」の構想』筑摩書房。

宮武正明（2014）『子どもの貧困――貧困の連鎖と学習支援』みらい。

第3章

笠師千恵・小橋明子（2014）『相談援助　保育相談支援』中山書店。

河野雄二（2019）「ニーズ」成清美治・加納光子編集代表『現代社会福祉用語の基礎知識（第13版）』学文社。

第4章

一般社団法人日本保育学会　保育臨床相談システム検討委員会編（2011）『地域における保育臨床相談のあり方――協働的な保育支援をめざして』ミネルヴァ書房。

岩間伸之・原田正樹（2012）『地域福祉援助をつかむ』有斐閣。

小口将典編著（2015）『臨床ソーシャルワーク　いのちと歩む高度専門職へのみちすじ──窪田暁子援助論の継承と発展の種を蒔く』大学図書出版。

笠師千恵・小橋明子（2014）『相談援助　保育相談支援』中山書店。

金子恵美（2010）『増補　保育所における家庭支援──新保育所保育指針の理論と実践』全国社会福祉協議会。

川村隆彦（2012）『ソーシャルワーカーの力量を高める理論・アプローチ』中央法規出版。

北川恵（2012）「養育者支援──サークル・オブ・セキュリティ・プログラムの実践」数井みゆき編著『アタッチメントの実践と応用──医療・福祉・教育・司法現場からの報告』誠信書房，23～43頁。

北山修（2001）『精神分析理論と臨床』誠信書房。

久保紘章・副田あけみ編著（2005）『ソーシャルワークの実践モデル』川島書店。

久保信代（2017）「自閉症を抱える子どもと親の関係支援」北川恵・工藤晋平編著『アタッチメントに基づく評価と支援』誠信書房，182～195頁。

クリスチャンセン，D. N., トダール，J., バレット，W. C.／曽我昌祺・杉本敏夫・得津慎子・袴田俊一監訳（2002）『解決志向ケースワーク──臨床実践とケースマネジメント能力向上のために』金剛出版。

社会福祉養成講座編集委員会編（2010）『相談援助の理論と方法Ⅱ（第2版）』（新・社会福祉士養成講座8）中央法規出版。

社会保障審議会児童部会保育専門委員会（2016）「保育所保育指針の改定に関する中間とりまとめ」（平成28年8月2日）。

社団法人日本社会福祉士会編（2013）『ネットワークを活用したソーシャルワーク実践──事例から学ぶ「地域」実践力養成テキスト』中央法規出版。

須永進編著，青木知史・小口将典・伊藤明芳・木村淳也・加賀谷崇文・波多野里美・橋本廣子（2013）『事例で学ぶ　保育のための相談援助・支援──その方法と実際』同文書院。

坪井真・木下聖編（2014）『地域福祉の理論と方法（第2版）』みらい。

得津慎子（2017）『ソーシャルワーク──ジェネラリストソーシャルワークの相談援助』ふくろう出版。

中村和彦（2009）「さまざまなモデルとアプローチ」社会福祉士養成講座編集委員会『相談援助の理論と方法Ⅱ』中央法規出版，135頁。

成清美治・加納光子編著（2010）『相談援助の基盤と専門職』学文社。

第5章

岩崎久志（2011）「スーパービジョン・エンパワーメントの重要性」安田誠人・立花直樹編『保育における相談援助・相談支援──いま保育者に求められるもの』晃洋書房，70～75頁。

岡田まり（2015）「スーパービジョンとコンサルテーション」社会福祉士養成講座編集委員会編『相談援助の理論と方法Ⅱ（第3版）』中央法規出版，200～210頁。

窄山太（2005）「スーパービジョン」谷口泰史・松本英孝・高間満・相澤譲治編『社会福祉援助技術論』久美，140～143頁。

寺田清美（2010）「主任保育士の実態とあり方に関する総合的考察と展望」『主任保育士の実態とあり方に関する調査研究報告書』日本保育協会，77～93頁。

得津慎子（2017）『ソーシャルワーク──ジェネラリストソーシャルワークの相談援助』ふくろう出版。

福山和女・渡部律子・小原眞知子・浅野正嗣・佐原まち子編著（2018）『保健・医療・福祉専門職のためのスーパービジョン』ミネルヴァ書房。

森正樹（2011）「障害児保育の実際」七木田敦・松井剛太『障害児保育──保育実践の原点から未来へ』樹村房，79～117頁。

■ 資　料 ■

保育所保育指針（抄）

児童福祉法（抄）

子ども・子育て支援法（抄）

児童虐待の防止等に関する法律（抄）

第1章　総　則

この指針は，児童福祉施設の設備及び運営に関する基準（昭和23年厚生省令第63号。以下「設備運営基準」という。）第35条の規定に基づき，保育所における保育の内容に関する事項及びこれに関連する運営に関する事項を定めるものである。各保育所は，この指針において規定される保育の内容に係る基本原則に関する事項等を踏まえ，各保育所の実情に応じて創意工夫を図り，保育所の機能及び質の向上に努めなければならない。

1　保育所保育に関する基本原則

(1) 保育所の役割

ア　保育所は，児童福祉法（昭和22年法律第164号）第39条の規定に基づき，保育を必要とする子どもの保育を行い，その健全な心身の発達を図ることを目的とする児童福祉施設であり，入所する子どもの最善の利益を考慮し，その福祉を積極的に増進することに最もふさわしい生活の場でなければならない。

イ　保育所は，その目的を達成するために，保育に関する専門性を有する職員が，家庭との緊密な連携の下に，子どもの状況や発達過程を踏まえ，保育所における環境を通して，養護及び教育を一体的に行うことを特性としている。

ウ　保育所は，入所する子どもを保育するとともに，家庭や地域の様々な社会資源との連携を図りながら，入所する子どもの保護者に対する支援及び地域の子育て家庭に対する支援等を行う役割を担うものである。

エ　保育所における保育士は，児童福祉法第18条の4の規定を踏まえ，保育所の役割及び機能が適切に発揮されるように，倫理観に裏付けられた専門的知識，技術及び判断をもって，子どもを保育するとともに，子どもの保護者に対する保育に関する指導を行うものであり，その職責を遂行するための専門性の向上に絶えず努めなければならない。

(2) 保育の目標

ア　保育所は，子どもが生涯にわたる人間形成にとって極めて重要な時期に，その生活時間の大半を過ごす場である。このため，保育所の保育は，子どもが現在を最も良く生き，望ましい未来をつくり出す力の基礎を培うために，次の目標を目指して行わなければならない。

(ア) 十分に養護の行き届いた環境の下に，くつろいだ雰囲気の中で子どもの様々な欲求を満たし，生命の保持及び情緒の安定を図ること。

(イ) 健康，安全など生活に必要な基本的な習慣や態度を養い，心身の健康の基礎を培うこと。

(ウ) 人との関わりの中で，人に対する愛情と信頼感，そして人権を大切にする心を育てるとともに，自主，自立及び協調の態度を養い，道徳性の芽生えを培うこと。

(エ) 生命，自然及び社会の事象についての興味や関心を育て，それらに対する豊かな心情や思考力の芽生えを培うこと。

(オ) 生活の中で，言葉への興味や関心を育て，話したり，聞いたり，相手の話を理解しようとするなど，言葉の豊かさを養うこと。

(カ) 様々な体験を通して，豊かな感性や表現力を育み，創造性の芽生えを培うこと。

イ　保育所は，入所する子どもの保護者に対し，その意向を受け止め，子どもと保護者の安定した関係に配慮し，保育所の特性や保育士等の専門性を生かして，その援助に当たらなければならない。

(3) 保育の方法

保育の目標を達成するために，保育士等は，次の事項に留意して保育しなければならない。

ア　一人一人の子どもの状況や家庭及び地域社会での生活の実態を把握するとともに，子どもが安心感と信頼感をもって活動できるよう，子どもの主体としての思いや願いを受け止めること。

イ　子どもの生活のリズムを大切にし，健康，安全で情緒の安定した生活ができる環境や，自己を十分

に発揮できる環境を整えること。

ウ　子どもの発達について理解し，一人一人の発達過程に応じて保育すること。その際，子どもの個人差に十分配慮すること。

エ　子ども相互の関係づくりや互いに尊重する心を大切にし，集団における活動を効果あるものにするよう援助すること。

オ　子どもが自発的・意欲的に関われるような環境を構成し，子どもの主体的な活動や子ども相互の関わりを大切にすること。特に，乳幼児期にふさわしい体験が得られるように，生活や遊びを通して総合的に保育すること。

カ　一人一人の保護者の状況やその意向を理解，受容し，それぞれの親子関係や家庭生活等に配慮しながら，様々な機会をとらえ，適切に援助すること。

(4) 保育の環境

保育の環境には，保育士等や子どもなどの人的環境，施設や遊具などの物的環境，更には自然や社会の事象などがある。保育所は，こうした人，物，場などの環境が相互に関連し合い，子どもの生活が豊かなものとなるよう，次の事項に留意しつつ，計画的に環境を構成し，工夫して保育しなければならない。

ア　子ども自らが環境に関わり，自発的に活動し，様々な経験を積んでいくことができるよう配慮すること。

イ　子どもの活動が豊かに展開されるよう，保育所の設備や環境を整え，保育所の保健的環境や安全の確保などに努めること。

ウ　保育室は，温かな親しみとくつろぎの場となるとともに，生き生きと活動できる場となるように配慮すること。

エ　子どもが人と関わる力を育てていくため，子ども自らが周囲の子どもや大人と関わっていくことができる環境を整えること。

(5) 保育所の社会的責任

ア　保育所は，子どもの人権に十分配慮するとともに，子ども一人一人の人格を尊重して保育を行わなければならない。

イ　保育所は，地域社会との交流や連携を図り，保護者や地域社会に，当該保育所が行う保育の内容を適

切に説明するよう努めなければな
らない。

ウ　保育所は，入所する子ども等の
個人情報を適切に取り扱うととも
に，保護者の苦情などに対し，そ
の解決を図るよう努めなければな
らない。

2　養護に関する基本的事項

(1)　養護の理念

　保育における養護とは，子どもの
生命の保持及び情緒の安定を図るた
めに保育士等が行う援助や関わりで
あり，保育所における保育は，養護
及び教育を一体的に行うことをその
特性とするものである。保育所にお
ける保育全体を通じて，養護に関す
るねらい及び内容を踏まえた保育が
展開されなければならない。

(2)　養護に関わるねらい及び内容

ア　生命の保持

(ア)　ねらい

①　一人一人の子どもが，快適
に生活できるようにする。

②　一人一人の子どもが，健康
で安全に過ごせるようにする。

③　一人一人の子どもの生理的
欲求が，十分に満たされるよ
うにする。

④　一人一人の子どもの健康増
進が，積極的に図られるよう
にする。

(イ)　内容

①　一人一人の子どもの平常の
健康状態や発育及び発達状態
を的確に把握し，異常を感じ
る場合は，速やかに適切に対
応する。

②　家庭との連携を密にし，嘱
託医等との連携を図りながら，
子どもの疾病や事故防止に関
する認識を深め，保健的で安
全な保育環境の維持及び向上
に努める。

③　清潔で安全な環境を整え，
適切な援助や応答的な関わり
を通して子どもの生理的欲求
を満たしていく。また，家庭
と協力しながら，子どもの発
達過程等に応じた適切な生活
のリズムがつくられていくよ
うにする。

④　子どもの発達過程等に応じ
て，適度な運動と休息を取る
ことができるようにする。ま
た，食事，排泄，衣類の着脱，

身の回りを清潔にすることな
どについて，子どもが意欲的
に生活できるよう適切に援助
する。

イ　情緒の安定

(ア)　ねらい

①　一人一人の子どもが，安定
感をもって過ごせるようにす
る。

②　一人一人の子どもが，自分
の気持ちを安心して表すこと
ができるようにする。

③　一人一人の子どもが，周囲
から主体として受け止められ，
主体として育ち，自分を肯定
する気持ちが育まれていくよ
うにする。

④　一人一人の子どもがくつろ
いで共に過ごし，心身の疲れ
が癒されるようにする。

(イ)　内容

①　一人一人の子どもの置かれ
ている状態や発達過程などを
的確に把握し，子どもの欲求
を適切に満たしながら，応答
的な触れ合いや言葉がけを行
う。

②　一人一人の子どもの気持ち
を受容し，共感しながら，子
どもとの継続的な信頼関係を
築いていく。

③　保育士等との信頼関係を基
盤に，一人一人の子どもが主
体的に活動し，自発性や探索
意欲などを高めるとともに，
自分への自信をもつことがで
きるよう成長の過程を見守り
適切に働きかける。

④　一人一人の子どもの生活の
リズム，発達過程，保育時間
などに応じて，活動内容のバ
ランスや調和を図りながら，
適切な食事や休息が取れるよ
うにする。

3　保育の計画及び評価

(1)　全体的な計画の作成

ア　保育所は，1の(2)に示した保育
の目標を達成するために，各保育
所の保育の方針や目標に基づき，
子どもの発達過程を踏まえて，保
育の内容が組織的・計画的に構成
され，保育所の生活の全体を通し
て，総合的に展開されるよう，全
体的な計画を作成しなければなら
ない。

イ　全体的な計画は，子どもや家庭
の状況，地域の実態，保育時間な
どを考慮し，子どもの育ちに関す
る長期的見通しをもって適切に作
成されなければならない。

ウ　全体的な計画は，保育所保育の
全体像を包括的に示すものとし，
これに基づく指導計画，保健計画，
食育計画等を通じて，各保育所が
創意工夫して保育できるよう，作
成されなければならない。

(2)　指導計画の作成

ア　保育所は，全体的な計画に基づ
き，具体的な保育が適切に展開さ
れるよう，子どもの生活や発達を
見通した長期的な指導計画と，そ
れに関連しながら，より具体的な
子どもの日々の生活に即した短期
的な指導計画を作成しなければな
らない。

イ　指導計画の作成に当たっては，
第2章及びその他の関連する章に
示された事項のほか，子ども一人
一人の発達過程や状況を十分に踏
まえるとともに，次の事項に留意
しなければならない。

(ア)　3歳未満児については，一人
一人の子どもの生育歴，心身の
発達，活動の実態等に即して，
個別的な計画を作成すること。

(イ)　3歳以上児については，個の
成長と，子ども相互の関係や協
同的な活動が促されるよう配慮
すること。

(ウ)　異年齢で構成される組やグ
ループでの保育においては，一
人一人の子どもの生活や経験，
発達過程などを把握し，適切な
援助や環境構成ができるよう配
慮すること。

ウ　指導計画においては，保育所の
生活における子どもの発達過程を
見通し，生活の連続性，季節の変
化などを考慮し，子どもの実態に
即した具体的なねらい及び内容を
設定すること。また，具体的なね
らいが達成されるよう，子どもの
生活する姿や発想を大切にして適
切な環境を構成し，子どもが主体
的に活動できるようにすること。

エ　一日の生活のリズムや在園時間
が異なる子どもが共に過ごすこと
を踏まえ，活動と休息，緊張感と
解放感等の調和を図るよう配慮す
ること。

オ 午睡は生活のリズムを構成する
重要な要素であり，安心して眠る
ことのできる安全な睡眠環境を確
保するとともに，在園時間が異な
ることや，睡眠時間は子どもの発
達の状況や個人によって差がある
ことから，一律とならないよう配
慮すること。
カ 長時間にわたる保育については，
子どもの発達過程，生活のリズム
及び心身の状態に十分配慮して，
保育の内容や方法，職員の協力体
制，家庭との連携などを指導計画
に位置付けること。
キ 障害のある子どもの保育につい
ては，一人一人の子どもの発達過
程や障害の状態を把握し，適切な
環境の下で，障害のある子どもが
他の子どもとの生活を通して共に
成長できるよう，指導計画の中に
位置付けること。また，子どもの
状況に応じた保育を実施する観点
から，家庭や関係機関と連携した
支援のための計画を個別に作成す
るなど適切な対応を図ること。
(3) 指導計画の展開
指導計画に基づく保育の実施に当
たっては，次の事項に留意しなけれ
ばならない。
ア 施設長，保育士など，全職員に
よる適切な役割分担と協力体制を
整えること。
イ 子どもが行う具体的な活動は，
生活の中で様々に変化することに
留意して，子どもが望ましい方向
に向かって自ら活動を展開できる
よう必要な援助を行うこと。
ウ 子どもの主体的な活動を促すた
めには，保育士等が多様な関わり
をもつことが重要であることを踏
まえ，子どもの情緒の安定や発達
に必要な豊かな体験が得られるよ
う援助すること。
エ 保育士等は，子どもの実態や子
どもを取り巻く状況の変化などに
即して保育の過程を記録するとと
もに，これらを踏まえ，指導計画
に基づく保育の内容の見直しを行
い，改善を図ること。
(4) 保育内容等の評価
ア 保育士等の自己評価
(ア) 保育士等は，保育の計画や保
育の記録を通して，自らの保育
実践を振り返り，自己評価する
ことを通して，その専門性の向

上や保育実践の改善に努めなけ
ればならない。
(イ) 保育士等による自己評価に当
たっては，子どもの活動内容や
その結果だけでなく，子どもの
心の育ちや意欲，取り組む過程
などにも十分配慮するよう留意
すること。
(ウ) 保育士等は，自己評価におけ
る自らの保育実践の振り返りや
職員相互の話し合い等を通じて，
専門性の向上及び保育の質の向
上のための課題を明確にすると
ともに，保育所全体の保育の内
容に関する認識を深めること。
イ 保育所の自己評価
(ア) 保育所は，保育の質の向上を
図るため，保育の計画の展開や
保育士等の自己評価を踏まえ，
当該保育所の保育の内容等につ
いて，自ら評価を行い，その結
果を公表するよう努めなければ
ならない。
(イ) 保育所が自己評価を行うに当
たっては，地域の実情や保育所
の実態に即して，適切に評価の
観点や項目等を設定し，全職員
による共通理解をもって取り組
むよう留意すること。
(ウ) 設備運営基準第36条の趣旨を
踏まえ，保育の内容等の評価に
関し，保護者及び地域住民等の
意見を聴くことが望ましいこと。
(5) 評価を踏まえた計画の改善
ア 保育所は，評価の結果を踏まえ，
当該保育所の保育の内容等の改善
を図ること。
イ 保育の計画に基づく保育，保育
の内容の評価及びこれに基づく改
善という一連の取組により，保育
の質の向上が図られるよう，全職
員が共通理解をもって取り組むこ
とに留意すること。

**4 幼児教育を行う施設として共有すべ
き事項**
(1) 育みたい資質・能力
ア 保育所においては，生涯にわた
る生きる力の基礎を培うため，1
の(2)に示す保育の目標を踏まえ，
次に掲げる資質・能力を一体的に
育むよう努めるものとする。
(ア) 豊かな体験を通じて，感じた
り，気付いたり，分かったり，
できるようになったりする「知
識及び技能の基礎」

(イ) 気付いたことや，できるよう
になったことなどを使い，考え
たり，試したり，工夫したり，
表現したりする「思考力，判断
力，表現力等の基礎」
(ウ) 心情，意欲，態度が育つ中で，
よりよい生活を営もうとする
「学びに向かう力，人間性等」
イ アに示す資質・能力は，第2章
に示すねらい及び内容に基づく保
育活動全体によって育むものであ
る。
(2) 幼児期の終わりまでに育ってほし
い姿
次に示す「幼児期の終わりまでに
育ってほしい姿」は，第2章に示す
ねらい及び内容に基づく保育活動全
体を通して資質・能力が育まれてい
る子どもの小学校就学時の具体的な
姿であり，保育士等が指導を行う際
に考慮するものである。
ア 健康な心と体
保育所の生活の中で，充実感を
もって自分のやりたいことに向
かって心と体を十分に働かせ，見
通しをもって行動し，自ら健康で
安全な生活をつくり出すようにな
る。
イ 自立心
身近な環境に主体的に関わり
様々な活動を楽しむ中で，しなけ
ればならないことを自覚し，自分
の力で行うために考えたり，工夫
したりしながら，諦めずにやり遂
げることで達成感を味わい，自信
をもって行動するようになる。
ウ 協同性
友達と関わる中で，互いの思い
や考えなどを共有し，共通の目的
の実現に向けて，考えたり，工夫
したり，協力したりし，充実感を
もってやり遂げるようになる。
エ 道徳性・規範意識の芽生え
友達と様々な体験を重ねる中で，
してよいことや悪いことが分かり，
自分の行動を振り返ったり，友達
の気持ちに共感したりし，相手の
立場に立って行動するようになる。
また，きまりを守る必要性が分か
り，自分の気持ちを調整し，友達
と折り合いを付けながら，きまり
をつくったり，守ったりするよう
になる。
オ 社会生活との関わり
家族を大切にしようとする気持

ちをもつとともに，地域の身近な
人と触れ合う中で，人との様々な
関わり方に気付き，相手の気持ち
を考えて関わり，自分が役に立つ
喜びを感じ，地域に親しみをもつ
ようになる。また，保育所内外の
様々な環境に関わる中で，遊びや
生活に必要な情報を取り入れ，情
報に基づき判断したり，情報を伝
え合ったり，活用したりするなど，
情報を役立てながら活動するよう
になるとともに，公共の施設を大
切に利用するなどして，社会との
つながりなどを意識するようにな
る。

カ　思考力の芽生え

身近な事象に積極的に関わる中
で，物の性質や仕組みなどを感じ
取ったり，気付いたりし，考えた
り，予想したり，工夫したりする
など，多様な関わりを楽しむよう
になる。また，友達の様々な考え
に触れる中で，自分と異なる考え
があることに気付き，自ら判断し
たり，考え直したりするなど，新
しい考えを生み出す喜びを味わい
ながら，自分の考えをよりよいも
のにするようになる。

キ　自然との関わり・生命尊重

自然に触れて感動する体験を通
して，自然の変化などを感じ取り，
好奇心や探究心をもって考え言葉
などで表現しながら，身近な事象
への関心が高まるとともに，自然
への愛情や畏敬の念をもつように
なる。また，身近な動植物に心を
動かされる中で，生命の不思議さ
や尊さに気付き，身近な動植物へ
の接し方を考え，命あるものとし
ていたわり，大切にする気持ちを
もって関わるようになる。

ク　数量や図形，標識や文字などへ
の関心・感覚

遊びや生活の中で，数量や図形，
標識や文字などに親しむ体験を重
ねたり，標識や文字の役割に気付
いたりし，自らの必要感に基づき
これらを活用し，興味や関心，感
覚をもつようになる。

ケ　言葉による伝え合い

保育士等や友達と心を通わせる
中で，絵本や物語などに親しみな
がら，豊かな言葉や表現を身に付
け，経験したことや考えたことな
どを言葉で伝えたり，相手の話を

注意して聞いたりし，言葉による
伝え合いを楽しむようになる。

コ　豊かな感性と表現

心を動かす出来事などに触れ感
性を働かせる中で，様々な素材の
特徴や表現の仕方などに気付き，
感じたことや考えたことを自分で
表現したり，友達同士で表現する
過程を楽しんだりし，表現する喜
びを味わい，意欲をもつようにな
る。

第4章　子育て支援

保育所における保護者に対する子育て
支援は，全ての子どもの健やかな育ちを
実現することができるよう，第1章及び
第2章等の関連する事項を踏まえ，子ど
もの育ちを家庭と連携して支援していく
とともに，保護者及び地域が有する子育
てを自ら実践する力の向上に資するよう，
次の事項に留意するものとする。

**1　保育所における子育て支援に関する
基本的事項**

(1) 保育所の特性を生かした子育て支
援

ア　保護者に対する子育て支援を行
う際には，各地域や家庭の実態等
を踏まえるとともに，保護者の気
持ちを受け止め，相互の信頼関係
を基本に，保護者の自己決定を尊
重すること。

イ　保育及び子育てに関する知識や
技術など，保育士等の専門性や，
子どもが常に存在する環境など，
保育所の特性を生かし，保護者が
子どもの成長に気付き子育ての喜
びを感じられるように努めること。

(2) 子育て支援に関して留意すべき事
項

ア　保護者に対する子育て支援にお
ける地域の関係機関等との連携及
び協働を図り，保育所全体の体制
構築に努めること。

イ　子どもの利益に反しない限りに
おいて，保護者や子どものプライ
バシーを保護し，知り得た事柄の
秘密を保持すること。

**2　保育所を利用している保護者に対す
る子育て支援**

(1) 保護者との相互理解

ア　日常の保育に関連した様々な機
会を活用し子どもの日々の様子の
伝達や収集，保育所保育の意図の
説明などを通じて，保護者との相
互理解を図るよう努めること。

イ　保育の活動に対する保護者の積
極的な参加は，保護者の子育てを
自ら実践する力の向上に寄与する
ことから，これを促すこと。

(2) 保護者の状況に配慮した個別の支
援

ア　保護者の就労と子育ての両立等
を支援するため，保護者の多様化
した保育の需要に応じ，病児保育
事業など多様な事業を実施する場
合には，保護者の状況に配慮する
とともに，子どもの福祉が尊重さ
れるよう努め，子どもの生活の連
続性を考慮すること。

イ　子どもに障害や発達上の課題が
見られる場合には，市町村や関係
機関と連携及び協力を図りつつ，
保護者に対する個別の支援を行う
よう努めること。

ウ　外国籍家庭など，特別な配慮を
必要とする家庭の場合には，状況
等に応じて個別の支援を行うよう
努めること。

(3) 不適切な養育等が疑われる家庭へ
の支援

ア　保護者に育児不安等が見られる
場合には，保護者の希望に応じて
個別の支援を行うよう努めること。

イ　保護者に不適切な養育等が疑わ
れる場合には，市町村や関係機関
と連携し，要保護児童対策地域協
議会で検討するなど適切な対応を
図ること。また，虐待が疑われる
場合には，速やかに市町村又は児
童相談所に通告し，適切な対応を
図ること。

3　地域の保護者等に対する子育て支援

(1) 地域に開かれた子育て支援

ア　保育所は，児童福祉法第48条の
4の規定に基づき，その行う保育
に支障がない限りにおいて，地域
の実情や当該保育所の体制等を踏
まえ，地域の保護者等に対して，
保育所保育の専門性を生かした子
育て支援を積極的に行うよう努め
ること。

イ　地域の子どもに対する一時預か
り事業などの活動を行う際には，
一人一人の子どもの心身の状態な
どを考慮するとともに，日常の保
育との関連に配慮するなど，柔軟
に活動を展開できるようにするこ
と。

(2) 地域の関係機関等との連携

ア　市町村の支援を得て，地域の関

係機関等との積極的な連携及び協働を図るとともに，子育て支援に関する地域の人材と積極的に連携を図るよう努めること。
イ　地域の要保護児童への対応など，地域の子どもを巡る諸課題に対し，要保護児童対策地域協議会など関係機関等と連携及び協力して取り組むよう努めること。

第5章　職員の資質向上

第1章から前章までに示された事項を踏まえ，保育所は，質の高い保育を展開するため，絶えず，一人一人の職員についての資質向上及び職員全体の専門性の向上を図るよう努めなければならない。

1　職員の資質向上に関する基本的事項

（1）保育所職員に求められる専門性

子どもの最善の利益を考慮し，人権に配慮した保育を行うためには，職員一人一人の倫理観，人間性並びに保育所職員としての職務及び責任の理解と自覚が基盤となる。

各職員は，自己評価に基づく課題等を踏まえ，保育所内外の研修等を通じて，保育士・看護師・調理員・栄養士等，それぞれの職務内容に応じた専門性を高めるため，必要な知識及び技術の修得，維持及び向上に努めなければならない。

（2）保育の質の向上に向けた組織的な取組

保育所においては，保育の内容等に関する自己評価等を通じて把握した，保育の質の向上に向けた課題に組織的に対応するため，保育内容の改善や保育士等の役割分担の見直し等に取り組むとともに，それぞれの職位や職務内容等に応じて，各職員が必要な知識及び技能を身につけられるよう努めなければならない。

2　施設長の責務

（1）施設長の責務と専門性の向上

施設長は，保育所の役割や社会的責任を遂行するために，法令等を遵守し，保育所を取り巻く社会情勢等を踏まえ，施設長としての専門性等の向上に努め，当該保育所における保育の質及び職員の専門性向上のために必要な環境の確保に努めなければならない。

（2）職員の研修機会の確保等

施設長は，保育所の全体的な計画や，各職員の研修の必要性等を踏まえて，体系的・計画的な研修機会を確保するとともに，職員の勤務体制の工夫等により，職員が計画的に研修等に参加し，その専門性の向上が図られるよう努めなければならない。

3　職員の研修等

（1）職場における研修

職員が日々の保育実践を通じて，必要な知識及び技術の修得，維持及び向上を図るとともに，保育の課題等への共通理解や協働性を高め，保育所全体としての保育の質の向上を図っていくためには，日常的に職員同士が主体的に学び合う姿勢と環境が重要であり，職場内での研修の充実が図られなければならない。

（2）外部研修の活用

各保育所における保育の課題への的確な対応や，保育士等の専門性の向上を図るためには，職場内での研修に加え，関係機関等による研修の活用が有効であることから，必要に応じて，こうした外部研修への参加機会が確保されるよう努めなければならない。

4　研修の実施体制等

（1）体系的な研修計画の作成

保育所においては，当該保育所における保育の課題や各職員のキャリアパス等も見据えて，初任者から管理職員までの職位や職務内容等を踏まえた体系的な研修計画を作成しなければならない。

（2）組織内での研修成果の活用

外部研修に参加する職員は，自らの専門性の向上を図るとともに，保育所における保育の課題を理解し，その解決を実践できる力を身に付けることが重要である。また，研修で得た知識及び技能を他の職員と共有することにより，保育所全体としての保育実践の質及び専門性の向上につなげていくことが求められる。

（3）研修の実施に関する留意事項

施設長等は保育所全体としての保育実践の質及び専門性の向上のために，研修の受講は特定の職員に偏ることなく行われるよう，配慮する必要がある。また，研修を修了した職員については，その職務内容等において，当該研修の成果等が適切に勘案されることが望ましい。

児童福祉法（抄）

昭和22年12月12日法律第164号
最新改正　平成30年法律第66号

第1章　総　則

第1条　全て児童は，児童の権利に関する条約の精神にのつとり，適切に養育されること，その生活を保障されること，愛され，保護されること，その心身の健やかな成長及び発達並びにその自立が図られることその他の福祉を等しく保障される権利を有する。

第2条　全て国民は，児童が良好な環境において生まれ，かつ，社会のあらゆる分野において，児童の年齢及び発達の程度に応じて，その意見が尊重され，その最善の利益が優先して考慮され，心身ともに健やかに育成されるよう努めなければならない。

②　児童の保護者は，児童を心身ともに健やかに育成することについて第一義的責任を負う。

③　国及び地方公共団体は，児童の保護者とともに，児童を心身ともに健やかに育成する責任を負う。

第3条　前2条に規定するところは，児童の福祉を保障するための原理であり，この原理は，すべて児童に関する法令の施行にあたつて，常に尊重されなければならない。

第1節　国及び地方公共団体の責務

第3条の2　国及び地方公共団体は，児童が家庭において心身ともに健やかに養育されるよう，児童の保護者を支援しなければならない。ただし，児童及びその保護者の心身の状況，これらの者の置かれている環境その他の状況を勘案し，児童を家庭において養育することが困難であり又は適当でない場合にあつては児童が家庭における養育環境と同様の養育環境において継続的に養育されるよう，児童を家庭及び当該養育環境において養育することが適当でない場合にあつては児童ができる限り良好な家庭的環境において養育されるよう，必要な措置を講じなければならない。

第3条の3　市町村（特別区を含む。以下同じ。）は，児童が心身ともに健やかに育成されるよう，基礎的な地方公共団体として，第10条第1項各号に掲げる業務の実施，障害児通所給付費の

支給，第24条第1項の規定による保育の実施その他この法律に基づく児童の身近な場所における児童の福祉に関する支援に係る業務を適切に行わなければならない。

第2節　定義

第6条の3

（①〜⑧略）

⑨　この法律で，家庭的保育事業とは，次に掲げる事業をいう。

一　子ども・子育て支援法（平成24年法律第65号）第19条第1項第2号の内閣府令で定める事由により家庭において必要な保育を受けることが困難である乳児又は幼児（以下「保育を必要とする乳児・幼児」という。）であつて満3歳未満のものについて，家庭的保育者（市町村長（特別区の区長を含む。以下同じ。）が行う研修を修了した保育士その他の厚生労働省令で定める者であつて，当該保育を必要とする乳児・幼児の保育を行う者として市町村長が適当と認めるものをいう。以下同じ。）の居宅その他の場所（当該保育を必要とする乳児・幼児の居宅を除く。）において，家庭的保育者による保育を行う事業（利用定員が5人以下であるものに限る。次号において同じ。）

二　満3歳以上の幼児に係る保育の体制の整備の状況その他の地域の事情を勘案して，保育が必要と認められる児童であつて満3歳以上のものについて，家庭的保育者の居宅その他の場所（当該保育が必要と認められる児童の居宅を除く。）において，家庭的保育者による保育を行う事業

⑩　この法律で，小規模保育事業とは，次に掲げる事業をいう。

一　保育を必要とする乳児・幼児であつて満3歳未満のものについて，当該保育を必要とする乳児・幼児を保育することを目的とする施設（利用定員が6人以上19人以下であるものに限る。）において，保育を行う事業

二　満3歳以上の幼児に係る保育の体制の整備の状況その他の地域の事情を勘案して，保育が必要と認められる児童であつて満3歳以上のものについて，前号に規定する施設において，保育を行う事業

⑪　この法律で，居宅訪問型保育事業とは，次に掲げる事業をいう。

一　保育を必要とする乳児・幼児であつて満3歳未満のものについて，当該保育を必要とする乳児・幼児の居宅において家庭的保育者による保育を行う事業

二　満3歳以上の幼児に係る保育の体制の整備の状況その他の地域の事情を勘案して，保育が必要と認められる児童であつて満3歳以上のものについて，当該保育が必要と認められる児童の居宅において家庭的保育者による保育を行う事業

⑫　この法律で，事業所内保育事業とは，次に掲げる事業をいう。

一　保育を必要とする乳児・幼児であつて満3歳未満のものについて，次に掲げる施設において，保育を行う事業

イ　事業主がその雇用する労働者の監護する乳児若しくは幼児及びその他の乳児若しくは幼児を保育するために自ら設置する施設又は事業主から委託を受けて当該事業主が雇用する労働者の監護する乳児若しくは幼児及びその他の乳児若しくは幼児の保育を実施する施設

ロ　事業主団体がその構成員である事業主の雇用する労働者の監護する乳児若しくは幼児及びその他の乳児若しくは幼児を保育するために自ら設置する施設又は事業主団体から委託を受けてその構成員である事業主の雇用する労働者の監護する乳児若しくは幼児及びその他の乳児若しくは幼児の保育を実施する施設

ハ　地方公務員等共済組合法（昭和37年法律第152号）の規定に基づく共済組合その他の厚生労働省令で定める組合（以下ハにおいて「共済組合等」という。）が当該共済組合等の構成員として厚生労働省令で定める者（以下ハにおいて「共済組合等の構成員」という。）の監護する乳児若しくは幼児及びその他の乳児若しくは幼児を保育するために自ら設置する施設又は共済組合等から委託を受けて当該共済組合等の構成員の監護する乳児若しくは幼児及びその他の乳児若しくは幼児の保育を実施する施設

二　満3歳以上の幼児に係る保育の体制の整備の状況その他の地域の事情を勘案して，保育が必要と認められ

る児童であつて満3歳以上のものについて，前号に規定する施設において，保育を行う事業

⑬　この法律で，病児保育事業とは，保育を必要とする乳児・幼児又は保護者の労働若しくは疾病その他の事由により家庭において保育を受けることが困難となつた小学校に就学している児童であつて，疾病にかかつているものについて，保育所，認定こども園，病院，診療所その他厚生労働省令で定める施設において，保育を行う事業をいう。

⑭　この法律で，子育て援助活動支援事業とは，厚生労働省令で定めるところにより，次に掲げる援助のいずれか又は全てを受けることを希望する者と当該援助を行うことを希望する者（個人に限る。以下この項において「援助希望者」という。）との連絡及び調整並びに援助希望者への講習の実施その他の必要な支援を行う事業をいう。

一　児童を一時的に預かり，必要な保護（宿泊を伴つて行うものを含む。）を行うこと。

二　児童が円滑に外出することができるよう，その移動を支援すること。

第7節　保育士

第18条の4　この法律で，保育士とは，第18条の18第1項の登録を受け，保育士の名称を用いて，専門的知識及び技術をもつて，児童の保育及び児童の保護者に対する保育に関する指導を行うことを業とする者をいう。

第2章　福祉の保障

第3節　助産施設，母子生活支援施設及び保育所への入所等

第24条　市町村は，この法律及び子ども・子育て支援法の定めるところにより，保護者の労働又は疾病その他の事由により，その監護すべき乳児，幼児その他の児童について保育を必要とする場合において，次項に定めるところによるほか，当該児童を保育所（認定こども園法第3条第1項の認定を受けたもの及び同条第11項の規定による公示がされたものを除く。）において保育しなければならない。

②　市町村は，前項に規定する児童に対し，認定こども園法第2条第6項に規定する認定こども園（子ども・子育て支援法第27条第1項の確認を受けたも

のに限る。）又は家庭的保育事業等（家庭的保育事業，小規模保育事業，居宅訪問型保育事業又は事業所内保育事業をいう。以下同じ。）により必要な保育を確保するための措置を講じなければならない。

③　市町村は，保育の需要に応ずるに足りる保育所，認定こども園（子ども・子育て支援法第27条第1項の確認を受けたものに限る。以下この項及び第46条の2第2項において同じ。）又は家庭的保育事業等が不足し，又は不足するおそれがある場合その他必要と認められる場合には，保育所，認定こども園（保育所であるものを含む。）又は家庭的保育事業等の利用について調整を行うとともに，認定こども園の設置者又は家庭的保育事業等を行う者に対し，前項に規定する児童の利用の要請を行うものとする。

④　市町村は，第25条の8第3号又は第26条第1項第5号の規定による報告又は通知を受けた児童その他の優先的に保育を行う必要があると認められる児童について，その保護者に対し，保育所若しくは幼保連携型認定こども園において保育を受けること又は家庭的保育事業等による保育を受けること（以下「保育の利用」という。）の申込みを勧奨し，及び保育を受けることができるよう支援しなければならない。

⑤　市町村は，前項に規定する児童が，同項の規定による勧奨及び支援を行つても，なおやむを得ない事由により子ども・子育て支援法に規定する施設型給付費若しくは特例施設型給付費（同法第28条第1項第2号に係るものを除く。次項において同じ。）又は同法に規定する地域型保育給付費若しくは特例地域型保育給付費（同法第30条第1項第2号に係るものを除く。次項において同じ。）の支給に係る保育を受けることが著しく困難であると認めるときは，当該児童を当該市町村の設置する保育所若しくは幼保連携型認定こども園に入所させ，又は当該市町村以外の者の設置する保育所若しくは幼保連携型認定こども園に入所を委託して，保育を行わなければならない。

⑥　市町村は，前項に定めるほか，保育を必要とする乳児・幼児が，子ども・子育て支援法第42条第1項又は第54条第1項の規定によるあつせん又は要請その他市町村による支援等を受けたにもかかわらず，なお保育が利用できな

いなど，やむを得ない事由により同法に規定する施設型給付費若しくは特例施設型給付費又は同法に規定する地域型保育給付費若しくは特例地域型保育給付費の支給に係る保育を受けることが著しく困難であると認めるときは，次の措置を採ることができる。

一　当該保育を必要とする乳児・幼児を当該市町村の設置する保育所若しくは幼保連携型認定こども園に入所させ，又は当該市町村以外の者の設置する保育所若しくは幼保連携型認定こども園に入所を委託して，保育を行うこと。

二　当該保育を必要とする乳児・幼児に対して当該市町村が行う家庭的保育事業等による保育を行い，又は家庭的保育事業等を行う当該市町村以外の者に当該家庭的保育事業等により保育を行うことを委託すること。

⑦　市町村は，第3項の規定による調整及び要請並びに第4項の規定による勧奨及び支援を適切に実施するとともに，地域の実情に応じたきめ細かな保育が積極的に提供され，児童が，その置かれている環境等に応じて，必要な保育を受けることができるよう，保育を行う事業その他児童の福祉を増進することを目的とする事業を行う者の活動の連携及び調整を図る等地域の実情に応じた体制の整備を行うものとする。

第3章　事業，養育里親及び養子縁組里親並びに施設

第39条　保育所は，保育を必要とする乳児・幼児を日々保護者の下から通わせて保育を行うことを目的とする施設（利用定員が20人以上であるものに限り，幼保連携型認定こども園を除く。）とする。

②　保育所は，前項の規定にかかわらず，特に必要があるときは，保育を必要とするその他の児童を日々保護者の下から通わせて保育することができる。

第39条の2　幼保連携型認定こども園は，義務教育及びその後の教育の基礎を培うものとしての満3歳以上の幼児に対する教育（教育基本法（平成18年法律第120号）第6条第1項に規定する法律に定める学校において行われる教育をいう。）及び保育を必要とする乳児・幼児に対する保育を一体的に行い，これらの乳児又は幼児の健やかな成長が図られるよう適当な環境を与えて，その心身の発達を助長することを目的

とする施設とする。

②　幼保連携型認定こども園に関しては，この法律に定めるもののほか，認定こども園法の定めるところによる。

子ども・子育て支援法（抄）
平成24年8月22日法律第65号
最新改正　平成30年法律第66号

第1章　総　則

（目的）

第1条　この法律は，我が国における急速な少子化の進行並びに家庭及び地域を取り巻く環境の変化に鑑み，児童福祉法（昭和22年法律第164号）その他の子どもに関する法律による施策と相まって，子ども・子育て支援給付その他の子ども及び子どもを養育している者に必要な支援を行い，もって一人一人の子どもが健やかに成長することができる社会の実現に寄与することを目的とする。

（基本理念）

第2条　子ども・子育て支援は，父母その他の保護者が子育てについての第一義的責任を有するという基本的認識の下に，家庭，学校，地域，職域その他の社会のあらゆる分野における全ての構成員が，各々の役割を果たすとともに，相互に協力して行われなければならない。

2　子ども・子育て支援給付その他の子ども・子育て支援の内容及び水準は，全ての子どもが健やかに成長するように支援するものであって，良質かつ適切なものでなければならない。

3　子ども・子育て支援給付その他の子ども・子育て支援は，地域の実情に応じて，総合的かつ効率的に提供されるよう配慮して行われなければならない。

（市町村等の責務）

第3条　市町村（特別区を含む。以下同じ。）は，この法律の実施に関し，次に掲げる責務を有する。

一　子どもの健やかな成長のために適切な環境が等しく確保されるよう，子ども及びその保護者に必要な子ども・子育て支援給付及び地域子ども・子育て支援事業を総合的かつ計画的に行うこと。

二　子ども及びその保護者が，確実に子ども・子育て支援給付を受け，及び地域子ども・子育て支援事業その他の子ども・子育て支援を円滑に利用するために必要な援助を行うとと

もに，関係機関との連絡調整その他の便宜の提供を行うこと。

三　子ども及びその保護者が置かれている環境に応じて，子どもの保護者の選択に基づき，多様な施設又は事業者から，良質かつ適切な教育及び保育その他の子ども・子育て支援が総合的かつ効率的に提供されるよう，その提供体制を確保すること。

2　都道府県は，市町村が行う子ども・子育て支援給付及び地域子ども・子育て支援事業が適正かつ円滑に行われるよう，市町村に対する必要な助言及び適切な援助を行うとともに，子ども・子育て支援のうち，特に専門性の高い施策及び各市町村の区域を超えた広域的な対応が必要な施策を講じなければならない。

3　国は，市町村が行う子ども・子育て支援給付及び地域子ども・子育て支援事業その他この法律に基づく業務が適正かつ円滑に行われるよう，市町村及び都道府県と相互に連携を図りながら，子ども・子育て支援の提供体制の確保に関する施策その他の必要な各般の措置を講じなければならない。

（事業主の責務）

第4条　事業主は，その雇用する労働者に係る多様な労働条件の整備その他の労働者の職業生活と家庭生活との両立が図られるようにするために必要な雇用環境の整備を行うことにより当該労働者の子育ての支援に努めるとともに，国又は地方公共団体が講ずる子ども・子育て支援に協力しなければならない。

（国民の責務）

第5条　国民は，子ども・子育て支援の重要性に対する関心と理解を深めるとともに，国又は地方公共団体が講ずる子ども・子育て支援に協力しなければならない。

児童虐待の防止等に関する法律（抄）
平成12年5月24日法律第82号
最新改正　平成29年法律第69号

（目的）

第1条　この法律は，児童虐待が児童の人権を著しく侵害し，その心身の成長及び人格の形成に重大な影響を与えるとともに，我が国における将来の世代の育成にも懸念を及ぼすことにかんがみ，児童に対する虐待の禁止，児童虐待の予防及び早期発見その他の児童虐待の防止に関する国及び地方公共団体

の責務，児童虐待を受けた児童の保護及び自立の支援のための措置等を定めることにより，児童虐待の防止等に関する施策を促進し，もって児童の権利利益の擁護に資することを目的とする。

（児童虐待の定義）

第2条　この法律において，「児童虐待」とは，保護者（親権を行う者，未成年後見人その他の者で，児童を現に監護するものをいう。以下同じ。）がその監護する児童（18歳に満たない者をいう。以下同じ。）について行う次に掲げる行為をいう。

一　児童の身体に外傷が生じ，又は生じるおそれのある暴行を加えること。

二　児童にわいせつな行為をすること又は児童をしてわいせつな行為をさせること。

三　児童の心身の正常な発達を妨げるような著しい減食又は長時間の放置，保護者以外の同居人による前二号又は次号に掲げる行為と同様の行為の放置その他の保護者としての監護を著しく怠ること。

四　児童に対する著しい暴言又は著しく拒絶的な対応，児童が同居する家庭における配偶者に対する暴力（配偶者（婚姻の届出をしていないが，事実上婚姻関係と同様の事情にある者を含む。）の身体に対する不法な攻撃であって生命又は身体に危害を及ぼすもの及びこれに準ずる心身に有害な影響を及ぼす言動をいう。第16条において同じ。）その他の児童に著しい心理的外傷を与える言動を行うこと。

（児童に対する虐待の禁止）

第3条　何人も，児童に対し，虐待をしてはならない。

（国及び地方公共団体の責務等）

第4条　国及び地方公共団体は，児童虐待の予防及び早期発見，迅速かつ適切な児童虐待を受けた児童の保護及び自立の支援（児童虐待を受けた後18歳となった者に対する自立の支援を含む。第3項及び次条第2項において同じ。）並びに児童虐待を行った保護者に対する親子の再統合の促進への配慮その他の児童虐待を受けた児童が家庭（家庭における養育環境と同様の養育環境及び良好な家庭的環境を含む。）で生活するために必要な配慮をした適切な指導及び支援を行うため，関係省庁相互間その他関係機関及び民間団体の間の連携の強化，民間団体の支援，医療の

提供体制の整備その他児童虐待の防止等のために必要な体制の整備に努めなければならない。

2　国及び地方公共団体は，児童相談所等関係機関の職員及び学校の教職員，児童福祉施設の職員，医師，歯科医師，保健師，助産師，看護師，弁護士その他児童の福祉に職務上関係のある者が児童虐待を早期に発見し，その他児童虐待の防止に寄与することができるよう，研修等必要な措置を講ずるものとする。

3　国及び地方公共団体は，児童虐待を受けた児童の保護及び自立の支援を専門的知識に基づき適切に行うことができるよう，児童相談所等関係機関の職員，学校の教職員，児童福祉施設の職員その他児童虐待を受けた児童の保護及び自立の支援の職務に携わる者の人材の確保及び資質の向上を図るため，研修等必要な措置を講ずるものとする。

4　国及び地方公共団体は，児童虐待の防止に資するため，児童の人権，児童虐待が児童に及ぼす影響，児童虐待に係る通告義務等について必要な広報その他の啓発活動に努めなければならない。

5　国及び地方公共団体は，児童虐待を受けた児童がその心身に著しく重大な被害を受けた事例の分析を行うとともに，児童虐待の予防及び早期発見のための方策，児童虐待を受けた児童のケア並びに児童虐待を行った保護者の指導及び支援のあり方，学校の教職員及び児童福祉施設の職員が児童虐待の防止に果たすべき役割その他児童虐待の防止等のために必要な事項についての調査研究及び検証を行うものとする。

6　児童の親権を行う者は，児童を心身ともに健やかに育成することについて第一義的責任を有するものであって，親権を行うに当たっては，できる限り児童の利益を尊重するよう努めなければならない。

7　何人も，児童の健全な成長のために，家庭（家庭における養育環境と同様の養育環境及び良好な家庭的環境を含む。）及び近隣社会の連帯が求められていることに留意しなければならない。

（児童虐待の早期発見等）

第5条　学校，児童福祉施設，病院その他児童の福祉に業務上関係のある団体及び学校の教職員，児童福祉施設の職員，医師，歯科医師，保健師，助産師，看護師，弁護士その他児童の福祉に職

務上関係のある者は，児童虐待を発見
しやすい立場にあることを自覚し，児
童虐待の早期発見に努めなければなら
ない。

2　前項に規定する者は，児童虐待の予
防その他の児童虐待の防止並びに児童
虐待を受けた児童の保護及び自立の支
援に関する国及び地方公共団体の施策
に協力するよう努めなければならない。

3　学校及び児童福祉施設は，児童及び
保護者に対して，児童虐待の防止のた
めの教育又は啓発に努めなければなら
ない。

（児童虐待に係る通告）

第6条　児童虐待を受けたと思われる児
童を発見した者は，速やかに，これを
市町村，都道府県の設置する福祉事務
所若しくは児童相談所又は児童委員を
介して市町村，都道府県の設置する福
祉事務所若しくは児童相談所に通告し
なければならない。

（2，3略）

索　引

(＊は人名)

あ行
＊赤沢鐘美　5
＊赤沢仲子　5
アセスメント　107, 109
アタッチメント　130
アプローチ　102
医学モデル　111
育児・介護休業法　190
＊石井十次　3
一億総活躍社会　22, 188
1.57ショック　9
インテーク　107
インフォーマル　59
ウェルビーイング　14, 96, 98
エコマップ　59, 107, 147, 167, 168
エコロジカルアプローチ　104
エバリュエーション　109
＊エプスタイン, L.　114
延長保育　8
エンパワメント　96, 108, 124, 163
岡山孤児院　3
オペラント条件づけ　122

か行
解決志向ケースワーク　124
カウンセリング　95
カウンセリングマインド　150
家族システム論　164
家族ライフサイクル　167
家族療法　163
家族療法アプローチ　104
課題中心アプローチ　114
キーパーソン　59
危機介入　58, 152, 170, 171
危機介入アプローチ　103, 117
＊キャプラン, G.　117
緊急保育対策等5か年事業　9
グループダイナミクス（集団力動）　154
グループワーク　154
権利擁護　14, 16
恒常性（ホメオスタシス）　168
行動変容アプローチ　103, 121
行動療法　122
子ども虐待対応の手引き　38
子ども・子育て支援関連3法案　11
子ども・子育て支援新制度　11, 40, 193
子ども・子育て支援法　42

子供の貧困対策に関する大綱　34
子どもの貧困対策の推進に関する法律　33
子守学校　3

さ行
ジェノグラム　107, 145, 167, 168
実践モデル　101, 102
児童虐待　29
児童虐待の防止等に関する法律　29
児童相談所　38, 119, 142
社会的孤立　36-38
障害児保育　8
信頼関係（ラポール）　101, 107, 110, 152, 197
心理社会（精神分析）的アプローチ　103, 110
スーパーバイザー　175
スーパービジョン　58, 175
＊スキナー, B. F.　122
ストレングス　14, 40, 61, 64, 107, 118, 124, 162, 171, 198
ストレングスモデル　95, 105
生活モデル　95, 111
精神分析的アプローチ　103, 110
絶対的貧困　31
セツルメント　4
相互作用　97
相対的貧困　31
ソーシャルワークのグローバル定義　96
ソーシャルワークの定義　95
ソリューション・トーク　124
ソリューション・フォーカスト・アプローチ　61, 124

た行
体外受精　21
多機能保育所　9
地域子育て支援事業　143
地域子育て支援センター　40
適応機制　111

な行
＊生江孝之　4
認定こども園　10
認定こども園法　10

は行
パーソナリティ　112
パートナーシップ　13
＊ハートマン, A.　146, 166
＊バイスティック, F. P.　101
バイスティックの7原則　101
＊間人たね　5
病理（医学）モデル　95
フォーマル　59
プランニング　108, 109
＊フロイト, S.　110
プロセティック環境　123
ペアレント・トレーニング　123
保育所保育指針　7, 51, 136, 176, 195, 196
保育ソーシャルワーカー　40
保育七原則　7
防衛機制　111
方面委員　4
＊ボウルビー, J.　130
「ポストの数ほど保育所を」　7
ホメオスタシス　→恒常性（ホメオスタシス）
＊ホリス, F.　111

ま行
メンタルヘルス　26
モデリング　122
モニタリング　108, 109
モンスター　26

や行
夜間保育事業　8
要保護児童対策地域協議会（要対協）　38, 39, 57, 119, 142

ら・わ行
ラポール　→信頼関係（ラポール）
＊ランク, O.　174
＊リード, W. J.　114
リフレーミング（肯定的意味づけ・言い換え）　61, 171, 173
＊リンデマン, E.　117
レジリエンス　165
ワーク・ライフ・バランス　186

欧文
Nobody's Perfect　124
PDCAサイクル　105, 193

執筆者紹介 （所属：分担，執筆順，＊は編著者）

榎原　良行（社会福祉法人キリスト教ミード社会舘前理事長：刊行にあたって）

＊得津　愼子（編著者紹介参照：はじめに，第3章3節，困りごと点検シート1〜5［様式］［記入例］，第4章2節❺，演習課題3，第5章2節）

西尾　祐吾（元福井県立大学大学院教授，元大阪地域福祉サービス研究所所長：第1章1節，コラム1，コラム2）

＊土田美世子（編著者紹介参照：第1章2・3節，第6章2節）

＊小口　将典（編著者紹介参照：演習課題1，第3章2節，第4章1節・2節❸，演習課題3，演習課題4，第6章3節）

谷向みつえ（関西福祉科学大学心理科学部教授：第2章1節，第5章1節1項）

加納　光子（大阪ソーシャルサポートシステム研究所代表，社会福祉学博士：第2章2節）

須永　　進（三重大学教育学部特任教授：第3章1節1項）

須永　真理（和泉短期大学非常勤講師：第3章1節2項）

津山　恵子（元関西福祉科学大学講師：コラム3，演習課題2，コラム5）

立花　直樹（聖和短期大学准教授：演習課題2，第5章1節2項）

松本　眞美（甲子園大学栄養学部非常勤講師：第4章2節❶・4）

杉谷　宗武（社会福祉法人キリスト教ミード社会舘　社会福祉士：第4章2節❷）

久保　信代（関西福祉科学大学心理科学部准教授：第4章2節❻，コラム4）

玉田　典代（元関西福祉科学大学准教授：第4章3節1〜4項）

種村理太郎（関西福祉科学大学社会福祉学部講師：第4章3節5項）

鶴　　宏史（武庫川女子大学教育学部准教授：第5章3節1・3項）

今井　知春（元武庫川女子大学教務助手：第5章3節2項）

竹之下典祥（盛岡大学文学部教授：第6章1節）

《監修者紹介》

大阪地域福祉サービス研究所

　1986（昭和61）年に社会福祉法人キリスト教ミード社会舘に付設された地域福祉に関する研究所である。ミード社会舘の実践に資する理論的裏づけを行う役割を担い，開設以来，多くは社会福祉の研究者と実践者でほぼ毎月研究会を行い，成果を書籍などで発表し，時代のニーズに即した研究活動を進めている。

《編著者紹介》

小口　将典（おぐち・まさのり）
　現　在　関西福祉科学大学社会福祉学部准教授。
　主　著　『保育ソーシャルワーク』（共著）ミネルヴァ書房，2018年。
　　　　　『保育者の協働性を高める子ども家庭福祉・子育て支援』（共著）晃洋書房，2019年。

得津　愼子（とくつ・しんこ）
　現　在　NPO法人ゆめ理事代表，ファミリーレジリエンス研究所代表。
　　　　　元関西福祉科学大学・大学院教授。
　主　著　『ソーシャルワーク——ジェネラリストソーシャルワークの相談援助（新版）』ふくろう出版，2017年。
　　　　　『家族主体のソーシャルワーク論——家族レジリエンス概念を手がかりに』ナカニシヤ出版，2018年。

土田美世子（つちだ・みよこ）
　現　在　龍谷大学社会学部教授。
　主　著　『保育ソーシャルワーク支援論』明石書房，2012年。
　　　　　『現代社会における「福祉」の存在意義を問う——政策と現場をつなぐ取り組み』（共著）ミネルヴァ書房，2018年。

子どもと家庭を支える保育
——ソーシャルワークの視点から——

2019年11月10日　初版第1刷発行　　　　　　〈検印省略〉

定価はカバーに
表示しています

監　修　者　　大 阪 地 域 福 祉
　　　　　　　サ ー ビ ス 研 究 所

編　著　者　　小　口　将　　典
　　　　　　　得　津　愼　　子
　　　　　　　土　田　美 世 子

発　行　者　　杉　田　啓　　三

印　刷　者　　坂　本　喜　　杏

発行所　株式会社　ミネルヴァ書房
607-8494　京都市山科区日ノ岡堤谷町1
電話代表　（075）581-5191
振替口座　01020-0-8076

© 小口・得津・土田ほか，2019　　冨山房インターナショナル・清水製本

ISBN 978-4-623-08660-3
Printed in Japan

―――――― 新・はじめて学ぶ社会福祉 ――――――

〈杉本敏夫　監修〉

①高齢者福祉論［第2版］

杉本敏夫・家髙将明　編著

A5判／208頁／本体2400円

②児童家庭福祉論［第2版］

立花直樹・波田埜英治　編著

A5判／256頁／本体2400円

③障害者福祉論

杉本敏夫・柿木志津江　編著

A5判／200頁／本体2400円

④社会福祉概論

立花直樹・波田埜英治　編著

A5判／228頁／本体2400円

⑤保健医療サービス

中島　裕・坂本雅俊　編著

A5判／242頁／本体2400円

⑥障害児の保育・福祉と特別支援教育

立花直樹・中村明美・松井剛太・井上和久　編著

A5判／320頁／本体2800円

―――――― ミネルヴァ書房 ――――――

https://www.minervashobo.co.jp/